AF525885

Nancy Sherman

STOISCHE WEISHEIT

Alte Lektionen für moderne Resilienz

Nancy Sherman

STOISCHE WEISHEIT

Alte Lektionen für moderne Resilienz

Bibliografische Information der Deutschen Nationalbibliothek
Die Deutsche Nationalbibliothek verzeichnet diese Publikation in der Deutschen Nationalbibliografie. Detaillierte bibliografische Daten sind im Internet über http://dnb.d-nb.de abrufbar.

Für Fragen und Anregungen:
info@finanzbuchverlag.de

1. Auflage 2022

© 2022 by FinanzBuch Verlag, ein Imprint der Münchner Verlagsgruppe GmbH
Türkenstraße 89
80799 München
Tel.: 089 651285-0
Fax: 089 652096

Die englische Originalausgabe erschien 2021 unter dem Titel *Stoic Wisdom: Ancient Lessons for Modern Resilience* bei Oxford University Press. © Oxford University Press 2021. All rights reserved.

Stoic Wisdom was originally published in English in 2021. This translation is published by arrangement with Oxford University Press. FinanzBuch Verlag is solely responsible for this translation from the original work and Oxford University Press shall have no liability for any errors, omissions or inaccuracies or ambiguities in such translation or for any losses caused by reliance thereon. Diese Übersetzung wird in Absprache mit Oxford University Press veröffentlicht. Der FinanzBuch Verlag ist allein verantwortlich für diese Übersetzung aus dem Originalwerk und Oxford University Press übernimmt keine Haftung für Fehler, Auslassungen, Ungenauigkeiten oder Zweideutigkeiten in dieser Übersetzung.

Alle Rechte, insbesondere das Recht der Vervielfältigung und Verbreitung sowie der Übersetzung, vorbehalten. Kein Teil des Werkes darf in irgendeiner Form (durch Fotokopie, Mikrofilm oder ein anderes Verfahren) ohne schriftliche Genehmigung des Verlages reproduziert oder unter Verwendung elektronischer Systeme gespeichert, verarbeitet, vervielfältigt oder verbreitet werden.

Übersetzung: Kerstin Brömer
Redaktion: Anne Büntig-Blietzsch
Korrektorat: Dr. Manuela Kahle
Umschlaggestaltung: Marc-Torben Fischer
Umschlagabbildung: Shutterstock.com/Erd.Concept
Satz: Zerosoft, Timisoara
Druck: GGP Media GmbH, Pößneck
Printed in Germany

ISBN Print 978-3-95972-573-6
ISBN E-Book (PDF) 978-3-98609-085-2
ISBN E-Book (EPUB, Mobi) 978-3-98609-086-9

Weitere Informationen zum Verlag finden Sie unter

www.finanzbuchverlag.de

Beachten Sie auch unsere weiteren Verlage unter www.m-vg.de

Inhalt

Für Marshall
Für seine Liebe (und seinen Humor) – für immer

»Manche Dinge liegen in unserer Macht, manche nicht.«

Epiktet

»Ich akzeptiere nicht länger das, was ich nicht ändern kann. Ich ändere das, was ich nicht akzeptieren kann.«

Angela Davis

»Wenn du ein echter Profi sein willst, blicke über den eigenen Tellerrand.«
»Wer wird die Verantwortung für das Großziehen der nächsten Generation übernehmen?«

Ruth Bader Ginsburg

Abb. 1: Seneca, Eduardo Rosales, 1836–1873

EINLEITUNG

DAS GROSSE REVIVAL DES STOIZISMUS

EIN NEUES ZEN

Der Stoizismus hat ein Comeback erlebt – und zwar ein gewaltiges. Es gibt Selbsthilfebücher über Stoizismus, Sammlungen stoischer Zitate, Webseiten mit stoischen Weisheiten für einen guten Start in den Tag, Podcasts, Sendungen und Onlinekurse. In manchen davon kann man lernen, forscher zu werden, in anderen, gelassen zu werden, manche vermitteln, wie man auf römische Art meditiert, andere, wie man Enthaltsamkeit übt, manche bringen einem bei, wie man verstärkt das Heft in die Hand nimmt, andere, wie man sich weniger aufhalst. Tim Ferriss, der bekannte Autor von *Die 4-Stunden-Woche* und populäre Silicon-Valley-Vordenker und Podcaster, preist den Stoizismus als die »ideale« Philosophie »für Unternehmer«. Er sei das richtige »Betriebssystem«[1], wie er es nennt, um Menschen, die große Träume hegen, zu lehren, wann und wie sie ihr Ego zügeln sollten. Der Stoizismus ist das »neue Zen« geworden. Es handelt sich um eine philosophische Praxis zur Stressreduzierung und zur Kultivierung des Guten. Über die stoische Online-Gemeinschaft hinaus gibt es das »Stoicon«, ein internationales, jährlich stattfindendes Treffen, das Interessierten aus allen Gesellschaftsschichten helfen soll, stoische Praktiken in ihr tägliches Leben zu integrieren. Die Begeisterung hat sich auch auf die Alt-Right-Bewegung ausgeweitet, deren Stoizismus-Enthusiasten die großen Werke der westlichen Zivilisation als eine Bastion des Weißseins und der Maskulinität ansehen.

Man kann mit Fug und Recht behaupten, dass viele Menschen ihre Liebe zum Stoizismus entdeckt haben. Aber warum? Zunächst einmal ist es eine leicht zugängliche Philosophie mit prägnanten Weisheiten. Zu ihren römischen Autoren und Anhängern gehörten Kaiser und politische Berater wie Cicero, Seneca und Mark Aurel, die über Macht und Klasse und die Gabe des Schreibens verfügten. Im Fall von Seneca war es so, dass sein berühmtester Schüler Nero täglich Unterweisungen in der Beherrschung von Wut und Zorn benötigte. Das politische Klima war damals reif für den Stoizismus – eine Philosophie der Gelassenheit im Angesicht kaiserlicher Macht und Intrigen. Dazu gibt es heutzutage durchaus Parallelen.

Aber der Stoizismus war nie nur für die Elite bestimmt. Er war auch für versklavte Menschen wie Epiktet da, der in einer bemerkenswerten Ironie der Geschichte einen Kaiser, Mark Aurel, dazu inspirierte, seine eigenen stoischen Gedanken aufzuschreiben. Diese *Selbstbetrachtungen* waren nur für Mark Aurels eigene Augen bestimmt. Es handelte sich um persönliche Betrachtungen, die er während der Germanenfeldzüge bei Einbruch der Dunkelheit in einem Zelt an der Donau niederschrieb. Die abendlichen Aufzeichnungen sollten ihn als Kaiser und Feldherr daran erinnern, wie wichtig Demut und vernunftbasierte Tugend angesichts seiner unbegrenzten Macht waren. Mark Aurel übernahm Epiktets Ansicht, dass wir Macht über unseren eigenen Verstand haben, nicht jedoch über äußere Ereignisse. Unser Wohlergehen hängt von unseren Urteilen über das ab, was uns betrifft, und nicht von rohen, uninterpretierten Objekten oder Ereignissen. Wir sind automatisch Interpreten der Welt. Es gibt keine ungefilterte Erfahrung. In diesem Punkt waren die Stoiker ihrer Zeit voraus.

Aber warum ist der Stoizismus ausgerechnet *jetzt* das neue Zen des Westens? Zum Teil wird das Bedürfnis, Ruhe zu finden, in der westlichen Kultur immer drängender. In der Welt der Technologie-Start-ups können die Arbeitswochen höllisch sein, der Weg zu neuen Finanzierungsrunden ist noch schwieriger, und der Druck, Produkte zu entwickeln, die sowohl benutzerfreundlich als auch ein Aushängeschild für intelligente Technik sind, führt zu Stress und Burn-out. Lifehacking, also Abkürzungen zu einem effizienten und guten Leben zu schaffen, hat neue Anziehungskraft gewonnen. Der Stoizismus spricht viele an, weil er Lösungen bietet, die sich über eine lange Zeit bewährt haben. Für die Alt-Right-Bewegung besitzt er das zusätzliche Gütesiegel, eine Philosophie der »toten weißen Männer« zu sein.

Mit der Covid-19-Pandemie sind für jeden Menschen neue Sorgen erwachsen, da die Menschen plötzlich mit sozialer Isolation, Arbeitsplatzverlust, massivem Sterben und grundlegenden Ängsten konfrontiert wurden. Die Pandemie hat uns überdeutlich vor Augen geführt, dass wir uns emotional und seelisch auf schlimmste Katastrophen vorbereiten müssen. Kurz gesagt, wir sind auf der Suche nach Mitteln und Wegen, mit denen sich Ängste abbauen und die Verzweiflung mildern lassen. Es gibt Rufe nach Möglichkeiten zur Selbsthilfe und zur Selbstberuhigung. Für diejenigen, die nach Rat und Weisheit im traditionellen westlichen Kanon suchen, verleihen die griechisch-römischen Wurzeln dem Stoizismus eine Art Gütesiegel. Da er einen Großteil des nachfolgenden westlichen Denkens erkennbar geprägt hat, ist er noch umso zugänglicher. Darüber hinaus handelt es sich bei ihm (zumindest bei der römischen Schule des Stoizismus) um eine Philosophie, die nicht nur gedanklich betrachtet, sondern seit ihrer Entstehung auch praktiziert wird. Ihr zentraler Gedanke besteht nicht darin, das eigene Selbst loszulassen, wie es der Zen-Buddhismus lehrt, sondern die Selbstbeherrschung zu stärken und gleichzeitig deren Grenzen anzuerkennen. Die Praxis des Stoizismus war für die Menschen in der Antike ein Weg zur Stärkung der Resilienz – und das gilt auch heute für die Menschen der Moderne. Er bedient sich psychologischer, aber auch philosophischer und normativer Methoden, verbunden mit einem Leben, das der Tugend und einem guten Charakter gewidmet ist. Das Ziel ist eine innere Stärke, die durch und durch von einer in der Vernunft wurzelnden Güte durchdrungen ist. Das Ergebnis ist unschlagbar: Antike Tugendethik trifft auf moderne Lebensmanagementfähigkeiten.

Es ist schwer, sich von einigen Aspekten des Stoizismus nicht angezogen zu fühlen, insbesondere von seinem Kerngedanken, die Selbstbeherrschung zu stärken und gleichzeitig klare Grenzen, die von Kräften außerhalb unserer selbst gesetzt werden, hinzunehmen. Die Anwendungsmöglichkeiten sind allgegenwärtig. Man muss nicht Seneca am Hofe Neros sein oder der US-Marinepilot und Kriegsgefangene der Vietnam-Ära James B. Stockdale, dem die Philosophie von Epiktet als Überlebensmethode während seiner siebenjährigen Gefangenschaft diente. Die Herausforderung, die Grenzen der persönlichen Kontrolle auszuweiten, ist Teil unseres Lebens, sei es als Elternteil, das herauszufinden versucht, wie es sein erwachsenes Kind beeinflussen kann, aber befürchtet, dass zu viel Kontrolle zu einer Entfremdung führt, oder als Lifehacker, der den Tod besiegen will und dabei feststellt, dass es wahrscheinlich eine übersteigerte Selbstbezogenheit ist, die ihn antreibt. In vielen Bereichen des Lebens möchten wir mehr Kontrolle ausüben, kennen die Grenzen nicht genau, wollen so weit gehen, bis sie erreicht sind, und wollen dann mit Gleichmut akzeptieren, was sein muss. Kurz gesagt, wir wollen Kontrolle überall da, wo wir sie haben können, und wir wollen zu gegebener Zeit deren Grenzen akzeptieren, damit wir nicht der Wut oder der lähmenden Enttäuschung verfallen. Wir wollen die Meister unseres Schicksals sein, die Kapitäne unserer Seele, um das von den Stoikern inspirierte Gedicht »Invictus« des englischen Dichters William Ernest Henley zu paraphrasieren.

Aber die Herausforderung für die Stoiker – sowohl für die antiken als auch für die modernen Anhänger – besteht darin herauszufinden, was genau unserer Beherrschung und unserem Geschick unterliegt. Wenn wir als Stoiker die Grenzen zu eng ziehen, wirkt der Stoizismus wie eine Methode, auf Nummer sicher zu gehen, eine Art, nur in einem begrenzten Rahmen das Kommando zu haben, weil so vieles außerhalb unseres Willens liegt, in den Händen des Zufalls oder des Universums. Wenn andere die Grenze für uns ziehen, kann eine Hinwendung zum Stoizismus uns als Individuen überfordern und den Mythos eines unbezwingbaren Willens schaffen, der sich ungeachtet der Bedingungen und Systemstrukturen, wie widrig sie auch sein mögen, durchsetzen könne und solle. Dies lässt jedoch die kollektive Anstrengung, diese systemischen Strukturen zu verändern, außer Acht. Das Bild des auf der Folterbank gequälten Weisen, der sich dennoch entfalten und gedeihen kann, ist eines, das Aristoteles als »ungeheuerlich« ablehnt und das die orthodoxen Stoiker als Paradebeispiel für eine zum Glück ausreichende Tugend wiederbeleben.

Aber die meisten von uns, und das gilt mit Sicherheit auch für Stockdale, sind unglücklich, wenn wir, ohne etwas erreicht zu haben, an Grenzen stoßen oder das Wohlwollen derer untergraben, die wir zu beeinflussen versuchen. Die ungehinderte Ausübung antrainierter oder angeborener Fähigkeiten bringt Freude. Doch im entgegengesetzten Fall gilt auch: Wir empfinden Schmerz, wenn wir trotz größter Bemühungen ausgebremst werden, selbst wenn wir für die Zukunft Verbesserungspotenzial erkennen können.

Kurz gesagt, Resilienz als Unbezwingbarkeit ist ein Irrglaube. Epiktet, eine unserer Quellen, nutzt häufig den Begriff der Resilienz, ebenso wie die Vorstellung, ein Training in Moral sei wie das in einer athletischen Sportart, bei der man sich jederzeit wieder aufrappeln und erneut in den Ring steigen könne. Willenskraft und Durchhaltevermögen kennen seiner Ansicht nach keine Grenzen. Aber Epiktet übertreibt. Und er schenkt den sozialen Stützen, die uns tragen oder im Stich lassen können, zu wenig Beachtung.

Andere stoische Autoren schaffen es besser, unsere Verbundenheit und Verwundbarkeit im Hinblick auf Liebe und Verlust zu thematisieren. Ein weniger bekannter stoischer Schriftsteller, Hierokles, stellt eine Reihe von ausgedehnten, konzentrischen Kreisen mit dem Selbst im Zentrum bildlich dar. Um »die Verbundenheit mit der Welt« zu erreichen, müsse man danach streben, die äußersten Kreise näher an das Zentrum zu bringen. Der schottische Aufklärer Adam Smith, der selbst von den Stoikern beeinflusst wurde, nannte diesen Identifikationsprozess, der durch Übungen in Einfühlungsvermögen und Vorstellungskraft verfeinert wird, »in der Fantasie den Platz eines anderen einnehmen«. Mark Aurel malt in seinen *Selbstbetrachtungen* ein noch plastischeres Bild: Stellen Sie sich eine abgetrennte Hand und einen abgetrennten Kopf vor, die neben dem Rest des menschlichen Rumpfes liegen. Laut Mark Aurel sei dies genau das, was der Mensch aus sich selbst mache[2], wenn er sich von der Welt abschneide, von der er ein Teil sei. Mark

Aurel schrieb, während er sich auf einem Feldzug befand. Vermutlich hatte er das ihm vertraute Töten und Zerstückeln im Sinn, das er zuvor auf dem Schlachtfeld gesehen hatte. Körperteile können nicht funktionieren, wenn sie von dem organischen Ganzen, zu dem sie gehören, getrennt sind. In ähnlicher Weise können wir nicht gedeihen, wenn wir von dem politischen und sozialen Ganzen, dessen Teil wir sind, getrennt sind. Dies ist von entscheidender Bedeutung in einer Welt, in der die zerstörerischen Formen des Nationalismus und zügelloser Hass, der durch Stammesdenken genährt wird, zunehmen. Die Pandemie hat deutlich gemacht, dass wir eine globale Gemeinschaft sind, ob es uns gefällt oder nicht. Die Ängste und Risiken abzubauen, ist nicht nur für unser eigenes Überleben von entscheidender Bedeutung, sondern auch für das Wohlergehen anderer, die sich weit von uns entfernt befinden mögen, mit denen wir jedoch über Viren, Lebensmittelversorgung, Transportwesen, Medizin und Technologie verbunden sind.

Die Stoiker waren die ersten ernst zu nehmenden Kosmopoliten. Das ist nicht überraschend. Sie lebten in einer politischen Welt, die ihre Grenzen über den kleinen griechischen Stadtstaat oder die *Polis* hinaus ausdehnte. Das Römische Reich erstreckte sich über weite Landstriche auf mehreren Kontinenten. Die eigentliche Prägung des Begriffs »Kosmopolit« ist sogar noch älter als die Stoiker. Diogenes der Kyniker, der unmittelbare Vorgänger der Stoiker im 4. Jahrhundert v. Chr. aus Sinope (wahrscheinlich in der Nähe von Korinth, Griechenland), antwortete auf die Frage, woher er stamme, bekanntermaßen: »Ich bin Weltbürger.«[3], ein *kosmopolitēs*. Zenon von Kition (Zypern, etwa 335 v. Chr.), der Begründer der stoischen Schule, entwickelte diese Idee weiter und lehrte, dass soziales und politisches Engagement in diesem globalen Universum notwendig sind, um sich weiterzuentwickeln. Demnach besitzen wir alle eine gemeinsame Vernunft und sind auf soziale Unterstützung und Zusammenarbeit angewiesen, um ein gutes Leben zu führen. Was die Stoiker der Antike mit der Teilhabe an einer kosmischen Vernunft meinten, entspricht eher nicht unserer heutigen Auffassung. Aber eine Sache, die der stoische Begriff des Kosmopolitismus nahelegt, ist, dass es bei Resilienz nicht nur darum geht, selbst sein Bestes zu geben, wobei die individuelle Anstrengung und Ausdauer über das Überleben bestimmen. Ganz im Gegenteil, »Verbundenheit mit der Welt« – ein weiterer zentraler stoischer Begriff, den wir erforschen werden – bedeutet, mit anderen verbunden zu sein, die in einen investieren und die das Gute in einem erhalten und unterstützen. Diese umfassendere stoische Geschichte darüber, durch die Ausdehnung der Kreise nach außen Tugend zu erwerben, muss Teil eines kritischen Leitfadens dafür sein, wie man als Stoiker wachsen kann. Das ist ein Teil der Geschichte, die ich hier erzählen werde.

Dieses Buch ist eine praktische Anleitung für eine *glaubwürdige* stoische Philosophie, die sich ins wahre Leben integrieren lässt. Es rückt die Verzerrungen gerade, die jüngste Popularisierungen des antiken Stoizismus aufgebracht haben, und argumentiert für stoische Lehren und Praktiken, denen sich zu folgen lohnt. Es bietet Hinweise darauf, wie man ein gutes Leben führen kann, und es erforscht den Grund für das Revival des Stoizismus in der Tech-Welt, im Militär, in der Alt-Right-Bewegung, in Selbsthilfekreisen und sogar in der Psychotherapie. Es erforscht die Anziehungskraft, die er auf uns alle ausübt, auf Menschen aus allen Gesellschaftsschichten, auf der gesamten Welt, die auf der Suche nach Ruhe sind angesichts der Pandemie des Jahrhunderts.

Eine Vorschau auf die Lektionen

Die römischen Stoiker beschäftigten sich mit Philosophie in Form eines praktischen Diskurses. Sie lehrten und schrieben Briefe und nachdenkliche Betrachtungen, um anderen auf diese Weise Ratschläge zu erteilen. Sie gaben Unterweisungen in der »Kunst des Lebens«, wie sie es ausdrückten. In diesem Sinne finden Sie in diesem Buch eine Zusammenfassung der stoischen Lehren.

In Lektion 1 stelle ich den Lesern die Stoiker vor – wer sie waren, ihre Vorstellungen im historischen Kontext und ihr Vermächtnis. Der Bogen des stoischen Einflusses ist lang und stark. Die stoische DNA ist eingebettet in Judentum und Christentum, in das Denken des Mittelalters und der Renaissance, in die Philosophie der Aufklärung und in das Denken der amerikanischen Intellektuellen, etwa in den Werken von Ralph Waldo Emerson. Emerson wandelte die stoische Vorstellung von Selbstbeherrschung[4] in eine Vorstellung von Eigenverantwortlichkeit um, die darauf abzielte, gängige Konventionen durch Authentizität und eine in der Natur offenbarte Gemeinsamkeit des Geistes infrage zu stellen. Die stoischen Themen der inneren Beherrschung, die von der Sozialität und der Natur abhängt, ziehen sich durch die gesamte Geschichte.

Ich kann einige der intellektuellen Trends in diesem Buch nur andeuten, aber der Kern ist, dass die Stoiker eine Brücke zwischen der antiken und der modernen Welt darstellen. Sie stehen an der Schwelle des ersten Jahrtausends und leiten das jüdisch-christliche Zeitalter und die nachfolgenden westlichen Philosophien ein. Bei der Lektüre dieses Buches sollte man sich vor allem vor Augen halten, dass die römischen Stoiker ganz und gar öffentliche Philosophen waren. Sie traten dafür ein, die Philosophie auch tatsächlich anzuwenden. Der Stoizismus war eine weit bekannte Philosophie, die sowohl gelehrt als auch praktiziert wurde. Genau das macht den Reiz des Stoizismus heute aus. Er ist eine Philosophie für den Alltag, die nicht nur in einem Elfenbeinturm existiert. Aber Popularisierungen führen häufig zu Übertreibungen und Verfälschungen. So war es auch damals – die Stoiker waren berühmt für ihre Übertreibungen, mit deren Hilfe sie junge Männer, ihre Hauptzielgruppe, von den Vorzügen ihrer Schule überzeugen wollten. Möglicherweise wiederholt sich die Geschichte nun in der Art und Weise, in der der Stoizismus heute falsch dargestellt wird. Dieses Muster, damals wie heute, aufzudecken, ist ein wichtiger Bestandteil dieses Buches. Erlangen wir bei all der Anziehungskraft, die der Stoizismus auf uns ausübt, ein ausgewogenes Bild der stoischen Lehren?

In Lektion 2 wende ich mich der Frage der stoischen Praxis zu. Wie funktioniert sie und was sind die stoischen Techniken zur Selbstbeherrschung? Sind die Stoiker Kontrollfreaks? Oder zeigen sie uns gesunde Wege auf, unser kompliziertes Gefühlsleben zu steuern? Die Stoiker sind eingefleischte Neologen, sie prägen eifrig neue Begriffe, die nicht von alten Denkweisen verdorben sind. Ihr Ziel ist es, die Trennung von innerer und äußerer Welt an anderen Stellen zu vollziehen als ihre Vorgänger. Das praktische Ergebnis dieses neuen konzeptionellen Plans ist, dass er Bereiche für eine größere Selbstbeherrschung und Techniken zur Stärkung dieser Kontrolle aufzeigt. Ganz wesentlich ist dabei, die Eindrücke und Bewertungen, denen wir zustimmen, während wir die Welt wahrnehmen, zu überprüfen. Genauso wichtig ist aber auch, alle möglichen Arten von Verlusten und Misserfolgen, mit denen wir konfrontiert werden könnten, im Voraus zu erproben, um den Schock des Unvorhergesehenen – sollte es dann irgendwann eintreffen – abzufedern. Das Streben nach etwas vom letztlichen Resultat zu trennen, ist ebenfalls wesentlich dafür, die Ruhe und Gelassenheit zu finden, die sich aus dem Wissen um die Grenzen unserer Kontrolle ergibt. Sich Stressoren auszusetzen und die Reaktionen darauf einzuüben, ähnelt auffallend den heutigen Methoden der Traumabewältigung, auch wenn diese Techniken heute eher im Nachhinein, also therapeutisch, statt im Vorfeld, also prophylaktisch, eingesetzt werden. In diesem Bereich können uns die Stoiker etwas Wichtiges darüber beibringen, wie wir uns selbst darin trainieren können, physischen und psychischen Stress abzubauen, bevor wir von ihm überwältigt werden.

Was raten uns die Stoiker, wie wir mit unseren Emotionen umgehen sollen? Und mit welchen Emotionen eigentlich? Kurz gesagt: Lässt die stoische Praxis Emotionen überhaupt zu? Dies ist das Thema von Lektion 3. Die Stoiker beschreiben Emotionen in sehr ausgefeilter und vorausahnender Weise als kognitiv. Und sie gehen von verschiedenen Ebenen der emotionalen Erfahrung aus, von nahezu autonomen Reaktionen bis hin zu kultivierten Emotionen, die Tugend und Weisheit ausdrücken. Eine wichtige Frage, die wir uns bei der Untersuchung der Emotionssteuerung stellen müssen, ist, ob die Stoiker uns lehren können, wie wir den Stress im Leben begrenzen können, ohne die Gefühle abzuschwächen, die dem Leben einen Sinn geben – sei es als Liebende, Pflegende, Lehrer, Tänzer, Theaterbesucher, Romanleser oder engagierte Bürger. Wie hält man Interesse, Engagement, Motivation und Durchhaltevermögen aufrecht, ohne die Art von Leidenschaft, die einen gelegentlich aus den Angeln heben kann? Ich werde diese Fragen aufwerfen, wenn wir auf Gefühle im Allgemeinen und speziell auf Wut und Trauer zu sprechen kommen.

Viele Anhänger des Stoizismus fühlen sich von einem Programm zur Selbstbeherrschung angezogen, das auf harter Ausdauer und Zähigkeit beruht. Der Stoizismus ist zu einem Kürzel für eine altehrwürdige Methode geworden, mit der sich eine robuste Resilienz aufbauen lässt. Aber wie ich in Lektion 4 darlege, kann die Vorstellung von Resilienz leicht verfälscht werden. Es ist eine Sache, sich im Angesicht von Traumata und Widrigkeiten gut anzupassen. Eine ganz andere Sache ist es, die Kraft des Einzelnen überzubewerten, ungeachtet der Ressourcen solche Traumata und Widrigkeiten zu ertragen und durchzuhalten. Noch kritischer ist, dass diese Vorstellung von strapazierfähiger Eigenverantwortlichkeit den antiken Stoizismus missbraucht. Epiktet, eine unserer Quellen, spricht zwar oft von Unbezwingbarkeit, aber er popularisiert und ist für seine prägnanten Epigramme bekannt. Damit ist er nicht unser bester Vertreter eines differenzierteren stoischen Denkens.

Ich untersuche die stoischen Techniken zum Aufbau von Resilienz im Lichte der heutigen Vorstellungen von Resilienz. Die meisten aktuellen psychologischen Studien betrachten das resiliente Individuum nicht mehr als »unverwundbar«, sondern beziehen die sozialen und kulturellen Schutzfaktoren, die eine Anpassungsfähigkeit an Risiken und Widrigkeiten fördern, mit ein. Auch einige der Stoiker legen uns nahe, den Schutz vor Risiken und Widrigkeiten zu trainieren. Anpassungsfähigkeit ist das Ziel, nicht Unbezwingbarkeit. Wenn ein modernes stoisches Modell der Resilienz plausibel und nicht nur für diejenigen attraktiv sein soll, die um jeden Preis durchhalten wollen, dann muss es ein Modell für gesunde Resilienz sein. Andernfalls vertreten die Anhänger des Stoizismus Modelle, die potenziell ernsthafte Risiken für die psychische Gesundheit mit sich bringen. Wie ich bereits angedeutet habe, steht die soziale Dimension, die Teil unseres Wohlbefindens ist, im Mittelpunkt der *Selbstbetrachtungen* von Mark Aurel. Sie ist auch ein immer wiederkehrendes Thema in vielen Schriften Senecas – in seinen Briefen und Essays und am anschaulichsten in seiner Tragödie *Hercules Furens* (der rasende Herkules)[5]. Hier zeigt Seneca, dass selbst herkulischer Mut der heilenden Zärtlichkeit einer sanften Berührung des Vaters und des Mitgefühls eines lieben Freundes bedarf, um ihm das zu zeigen, was er in seinem Drang zum heroischen Handeln selbst nicht zeigen kann. Selbst für einen Herkules ist es entscheidend, sich auf einen anderen verlassen zu können.

Der Stoizismus prägt seit Langem die Kultur des Militärs, wie ich in Lektion 5 anhand meiner eigenen Erfahrungen als Lehrer an militärischen Einrichtungen darlege. Für diejenigen, die dienen, ist »sich durchbeißen und weitermachen« gleichbedeutend damit, stoisch zu sein. Die Schriften von Epiktet und Mark Aurel werden an den Militärakademien in den Vereinigten Staaten sowie in anderen Ländern standardmäßig gelehrt. James B. Stockdale, ein Marineadmiral, verehrter amerikanischer Held und Militärdozent, schrieb sein siebeneinhalbjähriges Überleben als ranghöchster Kriegsgefangener in Nordvietnams berühmtem »Hanoi Hilton« der Verinnerlichung des *Handbüchleins der Moral* von Epiktet zu. Die stoische Lehre steht jedoch in einem Spannungsverhältnis zu dem, was in Militärkreisen zunehmend als psychologischer Preis des Krieges und als Gefahr für einen Kämpfer, der sich der Moral verpflichtet fühlt, anerkannt wird: die moralische Verletzung. Moralische Verletzung ist eine extreme Form von moralischer Bedrängnis. Einige ihrer Symptome überschneiden sich mit denen des posttraumatischen Stresses, aber ihr Auslöser ist in der Regel nicht eine überwältigende Lebensbedrohung, sondern das Gefühl, moralische Übertretungen begangen, erlitten oder miterlebt zu haben. Ein Beispiel wäre, wenn ein Soldat bei einem kollateralen Zwischenfall an einem Kontrollpunkt ein kleines Kind in einem Auto tötet, als sich das Auto dem Militärstützpunkt nähert und trotz wiederholter Warnungen nicht anhält. Der Soldat, der selbst Vater ist, wird von überwältigenden Schuldgefühlen geplagt, die auch nicht durch die Tatsache gemindert werden, dass der Schuss nach den geltenden Kriegsregeln und den spezifischen Einsatzregeln zulässig war. Können die Stoiker in einer Ausbildung, die auf die Beseitigung von Stress ausgerichtet ist, Raum für moralische Verletzungen lassen? Wenn ja, sagen sie uns dann auch, wie wir aus moralischen Verletzungen lernen und daran wachsen können? In Lektion 5 beantworte ich beide Fragen mit »Ja«. Ich zeige, wie die Stoiker die Möglichkeit von »gutem« moralischem Leid und Heilung durch Selbstmitgefühl einräumen. Das ist entscheidend, wenn eine Verletzung den Weg für moralisches Wachstum und Ruhe öffnen soll.

In Lektion 6 frage ich: Warum ist das Silicon Valley vom Stoizismus so angetan? Wenn der Stoizismus die Weisheit der Demut und das Wissen um die Grenzen der eigenen Kontrolle lehrt, wie passt er dann zu denjenigen, die die Grenzen dieser Kontrolle so unbedingt verschieben wollen, dass sie sogar das Leben hacken, um den Tod zu besiegen? Geht es bei stoisch inspirierten Lifehacks immer um das eigene Ich, oder geht es manchmal auch um eine bessere Möglichkeit, andere ohne Voreingenommenheit und irrationale Ängste zu sehen? Kann die sofortige globale Verbindung über Twitter oder andere soziale Medien selbst ein moderner stoischer »kollektiver« Lifehack sein, um Ängste bezüglich Rassismus zu überwinden? Wie antwortet der moderne Stoiker auf die Zweckentfremdung der griechisch-römischen »toten weißen Männer«, um soziale Institutionen zu schaffen, die weißer sind und Frauen, Minderheiten und Randgruppen ausschließen? Waren die antiken stoischen Philosophen selbst in ihren Schriften frauenfeindlich?

In Lektion 7 vergleiche ich die stoische und die östliche Meditation. Die römischen Stoiker meditierten am Ende eines jeden Tages.

Seneca beschreibt seine eigenen Praktiken. Mark Aurel schrieb seine Tagebucheinträge am Ende eines Kampftages. In diesen meditativen Aufzeichnungen schwingt immer auch die Moral mit: die auf Vernunft basierenden Tugenden stärken und analysieren, was im Einklang mit der Natur steht; sich nicht an Ansehen, Reichtum und Ehre klammern; der Kultivierung der eigenen Güte den höchsten Wert beimessen; Dankbarkeit und Demut üben. Dies sind Wege zu Gelassenheit und Gleichmut. Östliche Meditationspraktiken, die ich in verschiedenen Formen praktiziert habe, beinhalten weniger Appell an die Moral. Bei der vedischen Meditation geht es darum, den Geist durch das Wiederholen eines Mantras zu beruhigen. Es geht dabei nicht um Tugend, Güte oder moralische Vollkommenheit. In der Tat ist es keine diskursive Praxis. Die Idee dahinter ist nicht, zu reden oder zu schimpfen, sondern das unnütze Geschwätz zum Schweigen zu bringen. Der Buddhismus betont eine Vorstellung von Leere, indem er die mit dem Ego verbundenen Illusionen loslässt. Wenn man bedenkt, dass die Meditation zu guten Teilen zur Anziehungskraft des Stoizismus beiträgt, wie sieht dann diese Meditationspraxis aus? Wenn es sich bei den Mantras nicht um »Om«-Gesänge, sondern um moralische Maximen handelt, wie können diese Maximen dann zu einer Gemütsruhe führen, wenn sie doch gerade darauf abzielen, uns an unsere Unzulänglichkeiten zu erinnern, damit in uns der Wunsch erwacht, uns zu bessern? Ist das Moralisieren überhaupt die passende Methode, um Gelassenheit zu finden? In dieser Lektion reflektiere ich über meine eigenen Meditationspraktiken, östliche und stoische, und die anderer, die sich in ihrem Berufsleben auf den Stoizismus stützen.

In Lektion 8 ziehe ich einige Schlussfolgerungen über das stoische Leben. Wenn Sie immer noch ein Stoiker sein wollen, können Sie dann ein psychisch gesunder moderner Stoiker sein?

Kann ein moderner Stoiker ein Leben mit lebendigen sozialen Beziehungen führen, in denen er andere unterstützt und von ihnen unterstützt wird? Ist stoische Resilienz mehr als nur individuelle Widerstandsfähigkeit und Durchhaltevermögen? Ich behaupte in diesem Buch, dass alle diese Fragen mit »Ja« beantwortet werden können, aber dazu ist es erforderlich, sich nicht nur die kursierenden Karikaturen des Stoizismus anzusehen, sondern den reicheren Informationsschatz der realen stoischen Texte zu nutzen. Dazu muss man sich auch mit der Einstellung der Stoiker zur Sklaverei auseinandersetzen. Epiktet war ein versklavter Römer, der sich der inneren Freiheit zuwandte, weil die äußere Freiheit nicht möglich war. Seneca war nicht versklavt, auch wenn er in die Verbannung geschickt wurde. Er plädierte nachdrücklich für eine humane Behandlung versklavter Römer, aber seine Motive waren kompliziert und oft eigennützig. Das Geflecht menschlicher Beziehungen ist nicht immer von Wohlwollen oder Respekt geprägt, auch wenn dies versprochen wird. Texte sind von der Geschichte geprägt, und die Realität eines tatsächlich gelebten Lebens ist moralisch chaotischer als die reinen Absichten, die in Schriften dargelegt werden.

Dennoch geben uns diese Texte und die in ihnen zum Ausdruck gebrachten Bestrebungen eine Fülle weiser Ratschläge, darunter auch Prototypen von Lifehacks, wie wir in einer Welt, die von weit verbreiteter Furcht und Angst geprägt ist, eine gesunde Ruhe finden können. In den Lektionen geht es um Tugend im Großen und Ganzen, nicht nur um mich und den Umgang mit Wünschen oder Risiken, sondern um uns und um Hilfsmittel, die wir gemeinsam nutzen können, um einem höheren Ziel zu dienen. Die Stoiker halten uns dazu an, unser Potenzial durch Vernunft, Zusammenarbeit und Selbstlosigkeit zu entfalten.

Anmerkung zur Terminologie

Texte sind von der Geschichte geprägt, und das gilt auch für Sprache und Begriffe. Das wahre Leben ist chaotisch, und das trifft auch auf den Wechsel zwischen verschiedenen Zeitaltern zu. Der Stoizismus gilt für uns, nicht als Griechen oder Römer in der Antike, sondern als moderne Menschen, die in unserer eigenen Zeit leben, mit unseren eigenen Herausforderungen und einer ehrlichen Abrechnung mit unserer Vergangenheit. Zu unserer Vergangenheit gehört die Versklavung der Afroamerikaner und zu unserer Gegenwart die Altlasten dieser Versklavung. Die »Black Lives Matter«-Bewegung, die nach dem Tod von George Floyd im Sommer 2020 neu entfacht wurde, hat eine nationale Diskussion über Ethnien, einschließlich der Sprache, die wir verwenden, um über sie zu sprechen, und die Bedingungen der Marginalisierung, neu eröffnet. Der Begriff »Sklave« suggeriert nach meinem Empfinden, dass er für die gesamte und dauerhafte Identität einer Person steht. »Sklaverei« wiederum verschleiert die Institutionen und das Handeln derjenigen, die andere versklaven. Ich fühle mich mit beiden Begriffen unwohl und habe es vermieden, sie in meiner eigenen Sprache zu verwenden, egal ob ich über moderne oder antike Zeiten spreche.

Die Griechen und Römer haben uns eine Geschichte der Versklavung hinterlassen. Menschen wurden durch Geburt, durch Kriegsgefangenschaft und durch Verkauf auf Auktionen versklavt. Doch die Stoiker distanzieren sich bekanntlich von institutioneller Versklavung. Für sie ist die wahre Versklavung ein Zustand der Seele. Philon von Alexandria greift das stoische Paradoxon in zwei Abhandlungen auf[6]: in »Jeder gute Mensch ist frei« und in einer weiteren (leider verloren gegangenen) namens »Jeder schlechte Mensch ist ein Sklave«. Der mächtige und freie Schwindler, Schurke und Sklavenhalter kann versklavt sein. Der gekaufte und geschlagene Versklavte kann frei sein. In diesem Sinne wird die Moral von der sozialen und politischen Realität abgekoppelt.

Weisheit erfordert, aus der Vergangenheit zu lernen, aber auch ihre Sünden und Fehler zu vermeiden. Nur dann können wir moralisch, politisch und gesellschaftlich vorankommen. Deshalb habe ich in meinen Schriften den Begriff »versklavte« Personen und Institutionen der »Versklavung« verwendet, um darauf hinzuweisen, dass Versklavung ein politischer und sozialer Zustand ist, der einer Person auferlegt wird. Wir müssen uns immer wieder vor Augen führen, dass alle Menschen Teil der Menschheit sind. Wenn sie zu bloßen Werkzeugen, Eigentum oder Objekten gemacht werden, wie es bei Folter und Versklavung der Fall ist, wird dies von außen aufgezwungen. Ebenso halte ich es bei Philon, den ich nicht als »Philon Judäus«, sondern als »Philon von Alexandria« bezeichne. »Judäus« verwässert seine Identität.

Abgesehen davon verwende ich Texte, die von anderen übersetzt wurden, deren profunde Gelehrsamkeit ich schätze und respektiere. Wenn sie in ihrer Übersetzung eines Textes von Seneca oder Epiktet oder anderen die Begriffe »Sklave« oder »Sklaverei« verwenden, behalte ich das bei. Ich habe kein Interesse daran, die Vergangenheit und ihre Aufzeichnungen auseinanderzunehmen. Wir müssen sie sehen, um zu wissen, wie eine bessere Zukunft für die gesamte Menschheit aussehen könnte. Das fortwährende stoische Versprechen besteht darin, uns in unserer gemeinsamen Menschlichkeit zu bestärken. Daran müssen wir uns erinnern, wenn wir uns dem Stoizismus zuwenden, um uns von ihm leiten zu lassen.

Abb. 2: Obere Reihe, von links nach rechts: Zenon von Kition, Kleanthes, Chrysipp. Mittlere Reihe, von links nach rechts: Cicero, Philon von Alexandria, Seneca. Untere Reihe, von links nach rechts: Musonius Rufus, Epiktet, Mark Aurel

Lektion 1

Wer waren die Stoiker?

Die Geschichte der Stoiker beginnt mit **Sokrates** (470–399 v. Chr.). Sein einfacher Lebensstil, die Versammlungen seiner Anhänger auf dem Marktplatz und sein sagenhafter Tod machen ihn zum Urvater der Stoiker. Sein Image und sein Einfluss sind für das stoische Denken von großer Bedeutung.

Der Sokrates, wie ihn die meisten von uns kennen, ist das Werk seines Schülers Platon. Sokrates gab seine Philosophie rein mündlich weiter – er hinterließ keine schriftlichen Texte. In seinen frühen Dialogen zeichnet Platon ein lebendiges Porträt seines Lehrers als das eines philosophischen Erneuerers, der sich für die Gesundheit der Seele (der Psyche) und für Praktiken, die diese fördern, einsetzt. Sokrates' berühmte Methode besteht darin, die Menschen, die er auf dem Marktplatz trifft, ins Kreuzverhör zu nehmen, um herauszufinden, ob ihre als aufrichtig vorgebrachten Überzeugungen in Bezug auf Gerechtigkeit, Tapferkeit, Mäßigung, Frömmigkeit und dergleichen einer Überprüfung standhalten. Konventionelle Ansichten greifen unweigerlich zu kurz, und die sokratische Untersuchung endet in einer Sackgasse. Aber dieses Vorgehen, ein tatsächliches Leben mit den bissigen Methoden des sokratischen

Kreuzverhörs (*elenchus*) unter die Lupe zu nehmen, schuf ein überzeugendes Modell für eine ehrliche Untersuchung darüber, wie man ein gutes Leben führt. Die Stoiker führen dieses Modell fort.

Die sokratische Praxis wird durch eine Persona verkörpert. Diese Persona ist zentral für die Verbreitung des Einflusses von Sokrates. Sokrates ist der Inbegriff der Selbstbeherrschung. Von Platon erfahren wir, dass er lange Zeit ohne Essen und Schlaf auskommen konnte, dass er Kälte ertrug und sowohl im Sommer als auch im Winter nur ein einziges Gewand trug. Er konnte bei Trinkgelagen gutes Essen und guten Wein zu sich nehmen, ohne sich zu sättigen oder zu betrinken[1]. Durch diese Erzählungen über Sokrates wird das Ideal der Selbstbeherrschung zu einem wesentlichen Bestandteil der stoischen Geschichte über die Erlangung innerer Freiheit. Die Hinwendung nach innen wird auch durch die Tatsache begünstigt, dass Sokrates den meisten Berichten zufolge nicht gerade attraktiv war. Er hatte ein merkwürdiges Aussehen und Auftreten. Für die Stupsnase mit ihren ausgeprägten Nasenlöchern konnte er nichts. Aber er nutzte das, was die Natur ihm gab, um ein Bild der Fremdartigkeit zu kultivieren. Aristophanes persifliert ihn in seiner Komödie *Die Wolken*[2]:

> *»Du stolzierst durch die Straßen und wirfst deine Blicke zur Seite,*
> *gehst barfuß und erträgst eine Menge Leid,*
> *aber setzt einen hochnäsigen Gesichtsausdruck auf …«*

Auch wenn Sokrates' seltsame Erscheinung für viele zeitgenössische Athener schwer zu ertragen war und eine schmerzhafte Kritik an ihren eigenen gewöhnlichen Konventionen darstellte, inspirierte sie die nachfolgenden Generationen zu einem Bild von wahrer Schönheit, die auf dem Inneren und nicht auf dem Äußeren beruht. Konventionelle Güter und Vererbungen, mit denen glückliche Umstände und gutes Aussehen einhergehen, als gut anzusehen, wurde durch die Person des Sokrates infrage gestellt.

Diese Infragestellung wird zum zentralen Thema der sokratischen Ironie. Sie wird erneut parodiert, diesmal von Xenophon in seinem komischen Porträt. Sokrates' eingedrückte Nase und seine auffallenden Nasenlöcher seien das wirklich Schöne – nicht im Sinne einer Model-Nase, sondern als Prototyp eines »effizienteren Luftlochs«. Da seine Nasenlöcher weit geöffnet seien und nicht auf den Boden zeigten, könnten sie besser Düfte von überall her aufnehmen. Hinzu komme, wenn Schönheit nicht nur eine Frage der Form, sondern auch der Funktion sei, dann seien seine hervorstehenden Augen wahrlich schöner als die meisten anderen, denn Sokrates könne auch peripher und nicht nur geradeaus sehen. Die sokratische Nasen-Augen-Kombination sei einfach unschlagbar: Eine Stupsnase »stellt keine Barrikade zwischen die Augen«, sondern ermögliche eine »ungehinderte Sicht« um volle 180 Grad.[3]

Die sokratische Ironie[4] ist bei Platon eine subtilere und ernstere Angelegenheit. Sokrates gibt in der *Apologie des Sokrates* bekanntlich zu, dass er zwar weise, sein Wissen aber in Wirklichkeit recht begrenzt sei. Oder wie Platon ihn mit einer ironischen Wendung sagen lässt: »Ich glaube nicht zu wissen, was ich nicht weiß.«[5] Diese berühmte Enträtselung des Orakels des delphischen Gottes – dass niemand weiser sei als Sokrates – ist es, was Sokrates dazu veranlasst, die Behauptungen über das Wissen – sein eigenes und das der anderen – zu überprüfen. Die Ironie liegt nicht in der geheuchelten Unwissenheit, sondern in der aufrichtigen Überzeugung, dass er keine *wirkliche* Weisheit besitze.[6] Dies ist genau die Art von Gold, die der junge Alkibiades und andere Anhänger so eifrig bei ihm suchen.

Dennoch – und das ist wichtig für das stoische Vermächtnis – geht die sokratische Ironie mit einer stillschweigenden Befürwortung einer philosophischen Methode einher, die Bedeutungen umkehrt: Unwissenheit wird zu einer Form des Wissens. Hässlichkeit wird zu einer höheren Form der Schönheit. Die Worte behalten ihren vertrauten Sinn, aber sie stehen nun für etwas anderes. Dieser Tausch wird Teil der philosophischen Methode der Stoiker, die damit unsere Erfahrungen und unsere Bewertung dieser Erfahrungen mit neuen Etiketten versehen. Was wir für gut hielten, kann ein falsches Gut sein (oder zumindest ein minderwertiges), und ein anderes Gut kann diese Bezeichnung eher verdienen. Sich im Stoizismus zu üben, ist zu einem nicht geringen Teil eine Umerziehung von Einstellungen und Gefühlen, damit die Erfahrung mit diesen neuen Bewertungen und Zuordnungen übereinstimmt. Sokrates räumte zwar ein, nicht in völliger Unwissenheit zu leben, aber er glaubte nicht, dass die Art von Wissen, die er oder andere besaßen, die Gewähr dafür biete, ein sinnvolles und glückliches Leben zu führen.

Die Stoiker nehmen diese resignierte Sichtweise des Sokrates nicht für bare Münze. Ihrer Ansicht nach muss die Natur uns so erschaffen haben, dass wir in der Lage sind, das für das Glück notwendige Wissen zu erlangen[7], auch wenn nur ein höchst selten vorkommender Weiser, der nur so oft wie der Phönix aufersteht, diese Art von unfehlbarem Wissen erreichen kann. Auch wenn Sokrates für viele Stoiker das Vorbild eines stoischen Weisen ist, so liegt das nicht daran, dass er die Unwissenheit als Weisheit ansieht.

Diogenes der Kyniker (um 413–323 v. Chr.) ist eine Schlüsselfigur in der Entwicklung des Stoizismus von Sokrates hin zu den ersten Stoikern. Die Stoiker verkündeten gern eine Abfolge, die ihren Ursprung bei Sokrates hat: Sokrates lehrte Antisthenes. Antisthenes lehrte Diogenes. Diogenes lehrte Krates. Krates lehrte Zenon. Und

Zenon war das erste Oberhaupt der Stoa[8]. Aber von all diesen Menschen besaß Diogenes nach Sokrates den größten und vielfältigsten Einfluss. In der stoischen Hagiographie ist er oft Teil eines Duos mit Sokrates als Quasi-Weise[9]. Diogenes lebte wie Sokrates ein einfaches Leben mit minimalen Bedürfnissen. Aber er war ein Exzentriker und Exhibitionist. Und sein ehrfurchtsloser, aber strenger Asketismus sorgte für politisches Straßentheater. Als er keine Hütte finden konnte, erkor er sich einen großen Tonkübel als Obdachlosenheim aus und stellte ihn mitten auf der Athener Agora ab. Im Sommer rollte er das Fass über den heißen Sand[10], und im Winter umarmte er kalte Statuen, um sich an Entbehrungen zu gewöhnen. Gemäß der kynischen Kleiderregel[11] faltete er sein Gewand, sein einziges Kleidungsstück, so zusammen, dass es als Bettzeug dienen konnte, und er trug nur einen Stab und eine Brieftasche bei sich, in der er seine gesamten Habseligkeiten mit sich trug. Er wanderte durch die Straßen und zündete bekanntermaßen bei Tageslicht seine Lampe an, um nach einem ehrlichen Mann zu suchen. »Verunstalte die Münzen« wurde sein typischer Slogan, was so viel hieß wie »Missachte die politischen Konventionen«. Er gehörte einer Gegenkultur an, er war ein Hippie seiner Zeit. Seine Anti-Geld-Parolen erinnern an Abbie Hoffmans berühmte Attacke auf die Wall Street im Jahr 1967[12], als sie Hunderte von Dollarnoten von den Galerien der New Yorker Börse fallen ließ und damit de facto das Handelsparkett schloss, da die Börsenmakler um die Scheine kämpften.

Auf die Frage, wo er herkomme, antwortete Diogenes, er sei ein »Bürger der Welt«, und meinte damit wahrscheinlich, dass er »nirgendwo zu Hause war – außer im Universum«[13]. Er war ein Bürger, der nicht an die Grenzen einer Stadt gebunden war – ein Bürger des Kosmos – und daher ein »Kosmopolit«, woher der Begriff stammt. Er verschmähte die Ehe als Konvention[14] und hatte nicht viel für Macht und Politik übrig. Zusammen mit anderen Kynikern setzte er sich für Unisex-Kleidung und das freizügige Zurschaustellen von Körperteilen ein[15], nicht nur beim Sport. Er verurteilte Scheinheiligkeit – sei es bei denen, die behaupteten, dass ehrliche Menschen den Reichen überlegen seien, während sie selbst die Reichen beneideten, oder bei denen, die für ihre Gesundheit den Göttern opferten, während sie sich bei den Opferfesten gierig vollstopften. Die allgemeine Abkehr der Kyniker von regressiven Normen in Bezug auf Ehe, Geschlecht, Kleidung und Geld hat erst den Weg für eine stoische Vorstellung von moralischer Autorität geebnet, die nicht in Konventionen, sondern in der Befolgung der Natur und ihrer angenommenen rationalen Ordnung wurzelt. Die innere Tugend wird bei den Stoikern zur Tugend im Einklang mit der Natur.

Diogenes verkündete mit schwarzem Humor, dass psychische Gesundheit von innerer Freiheit und Selbstbeherrschung abhänge. Seine geistreiche Schlagfertigkeit ist der Traum eines jeden Biografen. Und unser Biograf, Diogenes Laertios (der wahrscheinlich um 250 n. Chr. lebte), schwelgt in seiner Nacherzählung. Es ist eine Nacherzählung, denn er hat wahrscheinlich in großem Umfang aus Bibliotheksmanuskripten abgeschrieben und zitiert, die das bewahrt hatten, was sonst für immer verloren gegangen wäre. Dennoch kann das Gerede des Diogenes sehr interessant sein, und es ist in Ermangelung anderer Biografien eine gute Lektüre. Daher sind wir gezwungen, uns an ihn zu wenden. Er erzählt uns, dass Diogenes der Kyniker als versklavter Mensch, der zum Kauf angeboten wurde, nach seinen Fähigkeiten gefragt wurde. Es war im Grunde kein Scherz, als er dem Auktionator sagte, dass er »über Menschen herrschen« könne, um den potenziellen Käufern zu signalisieren, dass sie mit ihm vielleicht jemanden bekämen, der der wahre

Herrscher des Hauses sei. Echte Herrschaft war eine Angelegenheit des Inneren, ob man nun ein Versklavter oder ein Sklavenhalter war. Er nannte Demagogen die »Lakaien des Volkes«[16] und sagte denjenigen, die glaubten, sie könnten ihre Fehltritte durch eine kleine rituelle Reinigung auslöschen: »Wisst ihr nicht, dass man Verhaltensfehler genauso wenig durch ein paar Tröpfchen loswerden kann wie Grammatikfehler?«[17] Einen »ungebildeten reichen Mann« nannte er ein »Schaf mit goldenem Vlies«[18]. Die Legende besagt, dass Diogenes, als er von Philipp II. gefragt wurde, wer er sei und warum er als Gefangener zu ihm gebracht werde, dem König dreist antwortete: »Ich bin ein Spion deiner unersättlichen Gier.« Beeindruckt von seiner draufgängerischen Art, ließ Philipp ihn frei[19]. Einmal sah Diogenes, wie Tempeldiener einen kleinen Dieb abführten, weil er eine Schale gestohlen hatte, und sagte: »Die großen Diebe führen den kleinen Dieb ab.«[20]

Diogenes war hemmungslos, »schamlos« wie ein Hund, daher sein Spitzname, der »Kyniker«, *kunikos,* (was »hundeartig« bedeutet). Er ist der »verrückt gewordene Sokrates«[21], der geschwätzige Störenfried in einer verrückten Komödie. Aber wie Sokrates' beißendes Kreuzverhör sollten auch Diogenes' komische Sticheleien die Zuhörer schockieren, damit sie ihre Normen infrage stellten.

Diogenes leistete sich mehr Eskapaden als die meisten Stoiker. Aber die Substanz seiner Lehren – das Infragestellen der Autorität von Kultur und Gewohnheit, die Anpassung an die Umstände und die Launen des Schicksals, die Suche nach dem Glück in der Selbstbeherrschung unter höchst widrigen Umständen, das Leben als Weltbürger, die Umkehrung von Bedeutungen und deren Betonung durch Übertreibung – all das gehört zum stoischen Erbe[22]. Das Gleiche gilt für das Lehren mittels eines anstrengenden mentalen Trainings[23], das dem sportlichen Training des Körpers ähnelt und mit ihm Hand in Hand geht – harte Arbeit, ständiges Streben, schrittweiser Aufbau von Ausdauer und Kraft. Mit diesen Waffen, so lehrte Diogenes, ist man »fähig, über alles zu siegen«[24]. Die Stoiker lassen etwas von der strengen Enthaltsamkeit des Kynismus ab. Aber sie entwickeln Diogenes' Grundidee des Kosmopolitismus weiter, ebenso die Vorstellung, dass die Selbstbeherrschung durch die Zugehörigkeit zu einer Gemeinschaft unterstützt wird, die sich auf alle Menschen erstreckt. Wir sind sozial, wie Aristoteles betonte. Die Stoiker geben diese Einsicht nicht auf, auch wenn sie sie auf neue Weise interpretieren.

Zenon (334–262 v. Chr.) war ein Schüler von Diogenes' Schüler Krates. Zenon, der aus Kition oder Zypern stammte, war es auch, der die stoische Schule in Athen gründete. Seine Anhänger wurden bald als Stoiker bezeichnet, nach der *Stoa Poikilē* (einer bemalten oder besser mit Fresken ausgekleideten Säulenhalle) auf der zentralen Athener Agora, wo sich die Anhänger – »die Männer von der Stoa« – trafen, um zu philosophieren und sich mit den neuen konzeptionellen Werkzeugen und der Terminologie vertraut zu machen, die Zenon entwickelte. Seit der Zeit von Sokrates war die Philosophie eine öffentliche Angelegenheit – ihre Themen wurden auf Spaziergängen, in Gärten, Sportstätten und auf der Agora diskutiert. Der Stoizismus setzte diese Tradition fort.

Der Stoizismus war nicht die einzige Schule mit Anhängern. Der Einfluss von Aristoteles in Athen schwand. Aristoteles selbst war 343 v. Chr. nach Makedonien gegangen, um Alexander zu unterrichten, der später Alexander der Große werden sollte. Mit Alexanders Hellenisierung des Mittelmeerraums und der Begeisterung für alles Griechische kamen Menschen aus anderen Teilen der Welt – wie beispielsweise Zenon – nach Athen, um dort Philosophie zu betreiben und sich niederzulassen. Andere, teils aus Griechenland, teils aus weiter entfernten Gegenden, gründeten ebenfalls Schulen[25] mit eigenen Lehren und treuen Anhängern, wie etwa die Skeptiker (die sich vor allem bei den Stoikern und ihren »orthodoxen« Lehren bedienten) und die Epikureer. Die Philosophie wurde zu dieser Zeit noch immer draußen auf der Straße gelehrt und diskutiert, aber sie spezialisierte sich und wurde viel fachlicher. Ihre Schulen waren in einer Weise philosophisch, wie man es sich zur Zeit von Aristoteles nur schwer vorstellen konnte, dessen Forschungen am Lyzeum widerspiegelten, wer er war – ein praktizierender Wissenschaftler (ein Meeresbiologe) und Philosoph. Die Breite seines Wissens und seiner akademischen Kompetenz war wirklich bemerkenswert.

Es ist nicht verwunderlich, dass diejenigen, die sich nur gelegentlich oder am Rande mit dem Stoizismus beschäftigen, Zenons Werk nicht so gut kennen wie das der römischen Stoiker – etwa Epiktet, Mark Aurel oder Seneca. Wir kennen Zenons Werk nur in Ausschnitten, die von anderen Verfassern und Kommentatoren erzählt und wiedergegeben wurden. Dennoch können wir uns glücklich schätzen, dass Malcom Schofield, ein Wissenschaftler unserer Zeit, in atemberaubender, detektivischer Arbeit ein Puzzle aus verschiedenen Quellen zusammengesetzt hat[26], um ein Bild von Zenons politischer Abhandlung, *Der Staat*, zu entwerfen. In dieser Abhandlung legt Zenon die Grundlagen für eine ideale kosmopolitische Stadt[27] des Menschlichen und Göttlichen, eine Art kritische Antwort auf Platons *Der Staat*, die sowohl das Thema von Platons Stadt als auch die kynische Überzeugung aufgreift, dass die Normen der Moral nicht auf Konventionen, sondern auf der Vernunft und der rationalen Ordnung der Natur beruhen. Das Universum ist die Heimat dieser Stadt – einer Stadt, die keine Grenzen oder Mauern kennt und von einer providenziellen Natur verwaltet wird, die den Menschen »milde, freundlich und wohlgesonnen«[28] ist. Die politische Autorität wird nicht dem Staat, sondern der Vernunft – dem *Logos* des Universums – übertragen.

Dieses stoische Ideal einer kosmischen Stadt erinnert die modernen Stoiker daran, dass der Gründer des Stoizismus das Ideal der Selbstregulierung mit einem System globaler sozialer Zusammenarbeit verband. Wie skizzenhaft das Bild auch sein mag, der Kerngedanke ist, dass die universelle Vernunft uns eint und dass eine auf dieser Vernunft basierende Gemeinschaft, in der die Menschen aufgrund der gemeinsamen Vernunft respektiert werden, gehegt und gepflegt werden muss. Wir sind auf diese Gemeinschaft angewiesen, auf ihr beruht auch unsere eigene Stärke. Jeder Stoiker, der die Selbstverantwortung von dem Gefühl der Zugehörigkeit zu dieser Gemeinschaft trennt, verkennt ein wesentliches Element der stoischen Lehre.

Wir müssen hier, zum Glück, Zenons *Der Staat* nicht im Detail durchgehen. Aber es ist wichtig zu betonen, dass seine Themen – Dinge aus der Sicht des Ganzen und nicht aus der Sicht des Einzelnen zu betrachten, Politik nicht lokal, sondern global in einem Lebensraum zu machen, in dem Menschen und Götter miteinander verkehren – von späteren Autoren aufgegriffen werden, von politischen Führern wie Mark Aurel bis hin zu Moraltheoretikern wie Immanuel Kant. Unsere tief verwurzelte Sozialität ist in der Antike kein neues Thema. Wir sind von Natur aus soziale und politische Tiere[29], wie Aristoteles bekanntlich sagte. Der Ausgangspunkt der Stoiker liegt weder in der Beschränkung der Gemeinschaft auf diejenigen, die zufällig unsere Nachbarn sind, noch in der Vorzüglichkeit der praktischen Vernunft und ihrer Funktion für die menschliche Natur. Die Götter befinden sich in unserer Gemeinschaft.

Zenon ist kein Exzentriker wie Diogenes. Aber seine Biografie, die ebenfalls von Diogenes Laertios nacherzählt wurde, hat komische Züge. Offenbar wusste Zenon, dass er dazu bestimmt war, Philosophie zu studieren, nachdem ihm das Orakel gesagt hatte, dass der Weg zum besten Leben darin bestehe, »die Hautfarbe der Toten anzunehmen«[30]. Einem Schüler, der zu viel redete, soll er gesagt haben, seine Ohren seien heruntergerutscht und seine Zunge habe sie sich einverleibt; einem anderen, der leugnete, dass ein Weiser sich verlieben könne, sagte er, wenn er das wirklich glaube, sei niemand ein unglücklicherer Jüngling als er[31]. Das Lehren erforderte nun einmal damals wie heute einen gewissen Witz, um das Publikum zu unterhalten.

Zenon systematisierte drei Bereiche der Philosophie, die für das griechische stoische Denken von zentraler Bedeutung waren: Logik, Physik und Ethik.[32] Wir befassen uns hier mit der Ethik, und zwar mit der Ethik, wie die Menschen in der Antike sie verstanden: wie man ein gutes Leben führen kann, in dessen Mittelpunkt Tugend oder ein vorzüglicher Charakter stehen.

Nach Ansicht der Menschen in der Antike ist die Tugend von der Vollkommenheit unserer kognitiven Fähigkeiten und insbesondere unserer praktischen Vernunft geleitet. Zenon leistete hierzu Pionierarbeit und legte eine der ausgefeiltesten und vorausschauendsten Darstellungen der kognitiven Grundlage von Emotionen in der Geschichte der Philosophie vor. Entgegen der weit verbreiteten Vorstellung, der Stoizismus sei eine hölzerne Philosophie, die die Emotionen aus der menschlichen Erfahrung ausblende, hat Zenon nie argumentiert, dass wir alle Emotionen loswerden sollten, sondern vielmehr, dass wir diejenigen Emotionen in den Griff bekommen sollten, die uns schwächen und die zu unkontrollierbarem Verlangen, zu Ängsten oder Kummer führen. Ein Großteil der Reaktionen – von Schock bis Ehrfurcht – auf den stoischen Umgang mit Emotionen entspringt den Werken späterer römischer Stoiker, insbesondere Epiktet. Zenon ist zwar weniger Praktiker als Theoretiker, aber wenn er bestimmte Gefühle skizziert, erkennen wir sie an seinen konkreten Beschreibungen: Trauer kann eine »Schwere« sein, »die uns niederdrückt«. Ärger kann mit dem Gefühl einhergehen, »eingeengt« zu sein, eine Art emotionale Stenose – eine Verengung, ein Hindernis –, die es uns schwer macht, die Dinge zu durchleben oder sie zu überwinden. Kummer ist ein Gefühl, das durch übermäßiges »Wiederkäuen«, also Grübeln, entstehen kann. Ablenkung bei Kummer kann das Urteilsvermögen stören und »uns daran hindern, die Situation als Ganzes«[33], in ausgewogener Weise, zu sehen. Diese Gefühle sind greifbar, sie werden von einem Stoiker beschrieben, der genau zu wissen scheint, wie sie sich anfühlen.

Emotionen werden im weiteren Verlauf dieses Buches noch eine Rolle spielen. So werden wir uns damit befassen, was sie sind und wie man sie steuert. Zenon erkannte, wie eng die Tugend mit unseren Emotionen verknüpft ist und warum wir eine ausgefeilte Darstellung der Emotionen und ihrer Steuerung für das Tugendtraining brauchen.

Entscheidend für Zenons Vermächtnis ist zudem die Verfeinerung von Sokrates' Auffassung, dass die Tugend für das Glück ausreiche. Für die Stoiker bedeutet das, dass alle anderen Güter »gleichgültig« sind, obwohl dies, wie Zenon lehrte, nicht bedeutet, dass sie in unserem Leben gleichgültig sind: Sie sind nur keine maßgebenden Komponenten unseres Glücks. Sie weise anzunehmen oder abzulehnen, wird zu einer Frage des »Lebens im Einklang mit der Natur«. Die Bedeutung dieses kryptischen Satzes legt eine Agenda für kommende Generationen fest, die sich auf das Naturgesetz und seinen Platz in der menschlichen Führung konzentriert. **Kleanthes** (331–232 v. Chr.) aus Assos (moderne Westtürkei) ist Zenons Kollege an der Stoa und sein Nachfolger als stoisches Oberhaupt. Offenbar war er nicht die hellste Kerze auf der Torte. Wie Diogenes Laertios berichtet, war er eher für seine Muskeln als für seinen Verstand bekannt. Als Jugendlicher war er Faustkämpfer, und als er in Athen ankam, war er verarmt, sodass er seine Tagesbeschäftigung, das Studium der Philosophie, durch ein Arbeiten in Nachtschichten finanzierte, in denen er Wasser aus einem örtlichen Brunnen schöpfte. Gebaut wie ein Ochse, widersetzte er sich den Sticheleien von Seinesgleichen über seinen Intellekt, indem er darauf hinwies, dass »er allein stark genug sei, die Last des Zenon zu tragen«[34]. Nur wenige seiner Schriften sind erhalten geblieben, obwohl die Titel seiner Werke auf ein breites Spektrum an ethischen Themen hinweisen, die für das stoische Denken von zentraler Bedeutung sind – über das Angemessene, den Trieb, die Dankbarkeit, den Neid, die Liebe, die Ehre und die Besonnenheit, um nur einige zu nennen. Seine Amtszeit an der Schule wurde durch das dritte und letzte Oberhaupt der Stoa überschattet.

Diogenes Laertios schreibt, **Chrysipp** (um 206 v. Chr.) habe »im Fleiß alle anderen übertroffen«[35]. Aber Chrysipp von Soloi (in Südanatolien) übertraf auch die meisten anderen Menschen an Brillanz und Kreativität. Zusammen mit Zenon ist er für den enormen Einfluss des stoischen Denkens auf den größten Teil der westlichen Philosophie verantwortlich. Sein Werk war sehr umfangreich (es existieren mehr als 705 Titel) und umfasste Arbeiten über Logik und Irrtümer, grammatikalische Fehler und Schnitzer in der Vortragsrede und der Alltagssprache, ethische Werke über die Tugenden, Charaktereigenschaften und Argumente gegen das Vergnügen als höchstes Gut. In »Gegen das Ausbessern von Gemälden« äußerte er sich sogar zur Kunstrestauration. Schon früh trainierte er als Langstreckenläufer, und Ausdauer und Durchhaltevermögen gehörten auch zu seinem geistigen Profil. Für viele ist der frühe Stoizismus gleichbedeutend mit der Philosophie des Chrysipp. Er spielt eine wichtige Rolle in Ciceros Darstellung der stoischen Ansichten zu Emotionen und dem höchsten Gut, und seine Argumente zeugen von Präzision, Raffinesse und Scharfsinn.

Die spärlichen Fragmente der griechischen stoischen Schriften stehen in Gegensatz zu dem großen Umfang, der von den Werken römischer Stoiker erhalten geblieben ist. Letztere wurden als Teil der europäischen intellektuellen Tradition der Renaissance und der Aufklärung gelesen und wieder gelesen und in gewissem Maße umgestaltet, und auf ihnen fußt auch das aktuelle Revival des Stoizismus. Einige der eher negativen stoischen Ansichten über die Unbotmäßigkeit der Emotionen sind zu festen Teilen des modernen Denkens geworden.[36]

Wir verdanken **Cicero** (106–43 v. Chr.) viel für die Weitergabe der griechischen stoischen Ideen an die römische Welt. Obwohl er selbst kein Stoiker war, sympathisierte er mit vielen stoischen Ansichten. Er bemühte sich, einige der geheimnisvollen griechischen Begriffe, die Teil des stoischen Konstrukts waren, in verständliches Latein zu übersetzen, und setzte sich dafür ein, den Stoizismus und allgemein die griechische Philosophie einem nicht Griechisch lesenden Laienpublikum zugänglich zu machen. Viele werden sein öffentliches Leben in groben Zügen kennen: Aus bescheidenen Verhältnissen stammend, stieg er kometenhaft durch die Reihen des Senats auf und wurde im jungen Alter von 43 Jahren Konsul. Er war ein bekannter römischer politischer Redner, Feldherr und Verbündeter von Pompeius. Am Ende seiner politischen Karriere, nach der Ermordung Cäsars und während er sich vor seinen eigenen zukünftigen Mördern, Antonius und den anderen Triumvirn, versteckte, widmete er sich der philosophischen Literatur. Nach dem Tod seiner geliebten Tochter Tullia bei der Geburt ihres Kindes wurde das philosophische Schreiben für ihn zu einer zutiefst persönlichen Angelegenheit. In seiner Trauer wandte er sich den Stoikern zu, obwohl er, wie wir in *Gespräche in Tusculum* sehen werden, mit den Stoikern ebenso viel haderte, wie er auf der anderen Seite ihre tröstende Weisheit in sich aufsog. Seine Werke *Vom höchsten Gut und vom größten Übel* sowie *Von den Pflichten* sollten später mit ihren stoischen Positionen für das politische Denken in Europa unentbehrlich werden.[37]

Seneca der Jüngere, der Seneca, den die meisten von uns kennen (3 v. Chr.–65 n. Chr.), stammte aus einer angesehenen Familie, die ihn schon früh auf eine politische Karriere vorbereitete. Als kränklicher Jugendlicher, der mehrmals an Tuberkulose erkrankte und als Heranwachsender einen Selbstmordversuch unternahm, kannte Seneca von klein auf das Auf und Ab in Form von Rückschlägen und dann wiederkehrender Erholung. Er war in Rhetorik und Philosophie ausgebildet – Senecas Vater war ein berühmter Lehrer für Rhetorik – und in jungen Jahren ein ausgezeichneter Schüler des Stoikers Attalus. Zu diesem Zeitpunkt hatte die Philosophie, auch dank Cicero, im öffentlichen Leben der römischen Elite bereits beträchtliche Glaubwürdigkeit erlangt und galt sogar als Alternative zur Politik. Viele vermischten jedoch Philosophie und Politik, insbesondere den Stoizismus und öffentliche Ämter, obwohl die im Stoizismus enthaltenen strengen kynischen Lehren nur schwer mit der Dekadenz des kaiserlichen Roms vereinbar waren. Diese Spannung ist ein immer wiederkehrendes Thema in Senecas Leben und Schreiben[38] – das Verlagen und die Bewältigung des Verlangens, sei es nach Austern oder Pilzen, nach Zorn oder Alkohol, nach Macht oder guten Beziehungen. Das römische Leben, insbesondere das der Mächtigen, zeigte in großem Maße, wie notwendig es ist, die Leidenschaften zu zügeln.

Seneca ist in vielerlei Hinsicht der mit Makeln behaftete Protagonist dieses Buches. Er ist eine wichtige Quelle für den modernen Stoizismus, und wir sollten ihn öfter lesen. Er ist voller Nuancen, auch wenn er nicht ohne Heuchelei ist. Er hat sich vielleicht weniger prägnant ausgedrückt als Epiktet, aber er ist ein meisterhafter Schriftsteller mit umwerfenden rhetorischen Fähigkeiten. Und er ist ein Moralapostel, der in einer komplizierten, unübersichtlichen Welt lebt. Er sehnt sich nach persönlicher Freiheit in einem Ökosystem, das größer ist als er selbst. Er ist in der Tat ein pragmatischer Philosoph, der die trüben Gewässer der Politik und der Macht gut kennt. Als Neros Lehrer, politischer Berater und Redenschreiber schwimmt er in diesen Strömen. Nero, der 16-jährige junge Kaiser, wollte nicht unbedingt die Herrschaft von Caligula wiederholen, aber er hielt sich auch nicht zurück, als die dynastische Nachfolge bedroht war. Seneca dachte, er könne ihm helfen und seine Ausschweifungen zügeln. Aber wie die Geschichte zeigt, war er damit letztlich nicht besonders erfolgreich.

Ein paar historische Details sollten genügen: Seneca kam durch die Vermittlung von Agrippina, der Mutter des jungen Nero, an den Hof. Agrippina hatte ihn als Lehrer ausgesucht, weil er den besten Ruf im Römischen Reich für Rhetorik und öffentliche Reden hatte. Sie wurde seine Gönnerin und holte ihn aus dem Exil auf Korsika (41 n. Chr.), wohin ihn ihr Mann Claudius wegen seines angeblichen Ehebruchs mit seiner Nichte Julia Livilla für acht Jahre verbannt hatte. Ein Teil von Agrippinas Motiv war, Nero durch die mächtige Feder Senecas näher an den Thron zu bringen. Senecas eigene Motive bestanden dann darin, den Jungen an der Macht zu halten, auch wenn das bald unter anderem hieß, die Mutter, die bei ihrem Sohn in Ungnade gefallen war, aus dem Spiel zu halten. An Intrigen mangelte es in diesem Palast, in dem Seneca sich im

Hintergrund aufhielt, nicht. Der leibliche Sohn des Claudius, Britannicus, wurde vergiftet, als er volljährig wurde und den Thron besteigen wollte – ein Komplott, von dem Seneca als Palast-Insider wahrscheinlich wusste. Agrippina war zwar seine Wohltäterin, die ihm den Weg in den Palast geebnet hatte, doch er zeigte ihr gegenüber nur verhaltene Dankbarkeit, indem er Neros Mord an ihr in einer Rede verteidigte, die den Aufzeichnungen zufolge nicht bei allen gut ankam[39]. Alles rächt sich früher oder später – Neros Wut mag zwar gelegentlich etwas gezügelt worden sein, aber sie war keineswegs immer beherrscht. Seneca muss sich der Bedrohung seines eigenen Lebens sehr wohl bewusst gewesen sein, da er in seinen späteren Jahren wiederholt versuchte, sich aus dem öffentlichen Leben zurückzuziehen, und sich in seinen Schriften (in den *Briefen an Lucilius*) in jenen Jahren, nachdem er sich endlich tatsächlich zurückgezogen hatte, allgemein mit Fragen der Sterblichkeit und der Vergänglichkeit der Macht beschäftigte. Im Jahr 65 n. Chr. befahl Nero den Selbstmord Senecas unter dem Vorwurf, er sei in das Pisonische Komplott zur Ermordung des Kaisers verwickelt.

Diese Mini-Biografie erinnert uns daran, dass Seneca, wenn er über Barmherzigkeit, Trauer, Zorn oder Beständigkeit schreibt oder gegen die Übel des Materialismus wettert, in moralischen oder politischen Belangen nicht naiv ist. Er kennt die Anziehungskraft von Reichtum und Macht und die Gefahren des Versuchs, ihr unter den Augen eines wachsamen und rachsüchtigen Tyrannen zu entkommen. Er greift zur Feder und zu seiner geschulten stoischen Haltung, auch um seine eigenen Ängste vor der politischen Macht zu mildern und nach etwas Reinerem zu streben. Nach eigener Aussage schreibt er nie aus der Perspektive eines Weisen, sondern aus der des moralischen Arztes, der zugleich Patient ist und der stoischen Medizin und Heilung bedarf. Seine berühmten abendlichen Meditationen dienen dazu, sich selbst zu beruhigen und moralisch beizustehen. Aber manchmal richtet sich der Spiegel auch nach außen[40], und sein Zeigefinger zielt auf weniger weltgewandte Menschen, die ihn beleidigt haben mögen. Er stammte aus einer bescheidenen Ritterfamilie in der Provinz und hielt sich nie, wie es einige andere Stoiker in Rom taten, von Neros innerem Kreis fern. Als er einmal drin war und wieder herauswollte, entschied er sich lieber für seinen eigenen Selbstmord, als dazu gezwungen zu werden, darin bleiben zu müssen. In dieser Hinsicht schreibt er nicht wie Epiktet, der ein frei gelassener, aber ehemals versklavter Mensch war und sein ganzes Leben lang außerhalb der Hallen der Macht und in Armut lebte und nicht danach strebte, geschliffene Prosa zu schreiben, die ihm über die Jahrhunderte hinweg Ruhm einbringen sollte. Kurz gesagt, Seneca ist ein Pragmatiker[41]. Er hat sich in den politischen Schützengräben aufgehalten, hat Ruhm und Schmach erlitten und sich nach einer persönlichen moralischen Veränderung und einer Neudefinition dessen gesehnt, was als Ruhm angesehen wird. So könnte man zumindest einige der moralischen Abhandlungen, Briefe und Tragödien lesen, die ich hier aufgreife. Seine Schriften sind wichtig für unsere eigenen politisch unruhigen und stürmischen Zeiten.

In der Liste der römischen Philosophen taucht **Musonius Rufus** (30–101/2 n. Chr.), ein römischer Senator und Stoiker, der zu verschiedenen Zeiten in Rom lehrte, üblicherweise nicht auf. Das ist schade, denn er ist der Lehrer von Epiktet, dem wohl am häufigsten zitierten Stoiker, und Musonius Rufus' eigene Schriften sind selbst wichtige Aufzeichnungen des römischen stoischen Denkens. Dass er in letzter Zeit in Vergessenheit geraten ist[42], liegt zum Teil daran, dass Auszüge aus seinem Werk nicht in einem Sammelband veröffentlicht wurden. [Anmerkung: Auf Deutsch existiert ein Werk, das alle erhalten gebliebenen Weisheiten von Musonius Rufus beinhaltet: *Die Kunst, trotz Mühsal gut zu leben: Die Lehren eines römischen Stoikers.*] In der Antike war er jedoch als wichtige Persönlichkeit bekannt: Der christliche Theologe Origenes stellte ihn als moralisches Vorbild in eine Reihe mit Sokrates. Der Historiker Tacitus schildert seine Anhänger als einen strengen, ernsten Haufen, darunter Staatsmänner und Politiker, die, wie es ein Gelehrter 1896 formulierte, »während des wilden Aufruhrs am Hofe zu Neros Zeiten ruhig warteten, bis sie an die Reihe kamen«[43]. Sich den Lehren der Stoiker zuzuwenden, um innere Ruhe zu finden, während man sich auf bessere politische Zeiten vorbereitet, könnte ein gutes Rezept für unsere heutige Zeit sein. In der Tat war Musonius Rufus bereit, mit den Politikern zusammenzuarbeiten, wenn sie durch ihre Stimme und ihren Einfluss eine größere Verbesserung für die Allgemeinheit bewirken konnten. Diejenigen, die keine Politiker waren, kamen zum Stoizismus, weil sie sich ernsthaft Gedanken über den Zustand ihrer Seele machten. Dazu gehörte auch Epiktet.[44]

Musonius Rufus schrieb Abhandlungen, die von moderneren Stoikern gelesen werden sollten, darunter »Sollten Töchter die gleiche Erziehung erhalten wie Söhne?« und »Warum auch Frauen Philosophie studieren sollten«. Seine Anlehnung an Platons *Der Staat*, was die Gleichberechtigung der Frauen anbelangt, lässt sich nachzeichnen. Und er scheint sich eng an das Thema von Kleanthes in dessen verloren gegangenem Werk »Über die Tatsache, dass die gleiche Vortrefflichkeit (oder Tugend) einem Mann und einer Frau innewohnt«[45] anzulehnen. Während Rufus' Feminismus zuweilen durch Zugeständnisse an die römischen Sitten gedämpft wird, ist seine feste Ansicht, dass die Vortrefflichkeit eines guten Lebens für alle Menschen gleich ist, entschieden stoisch.

Epiktet (50–130 n. Chr.) wurde versklavt; er stammte aus Phrygien, einer griechischsprachigen Provinz in Anatolien. Er wurde von Epaphroditus, einem wohlhabenden Freigelassenen und Sekretär Neros, erworben (und später frei gelassen). Während er noch versklavt war, studierte er in Rom bei Musonius Rufus Philosophie und gründete nach seiner Freilassung in Nikopolis an der Adriaküste Westgriechenlands seine eigene Schule. Wie Sokrates, dessen Stil Epiktet möglicherweise als Vorbild diente, lehrte er ausschließlich mündlich. Seine Zuhörerschaft bestand vor allem aus jungen Männern im Alter zwischen 18 und 23 Jahren. Sein Schüler Arrian schrieb seine detaillierten Lehren in den *Unterredungen* (vier der ursprünglich acht Bände sind erhalten) und in dem populär gewordenen kurzen Handbuch, dem *Encheiridion* oder *Handbüchlein der Moral,* nieder. Die Schriften sind informell und in dem gewöhnlichen Griechisch verfasst, das Epiktet bei seinen Vorträgen verwendet haben dürfte.[46]

Das Leiden eines versklavten Römers durchdringt Epiktets Schriften. Einigen Berichten zufolge war er aufgrund einer Krankheit ein Krüppel, anderen zufolge aufgrund von Schlägen als versklavter Mensch. Selbst als Freigelassener wählte er ein asketisches Leben mit einer Pritsche und einer Binsenmatte als Einrichtungsgegenstände. Die Versklavung hinterlässt deutliche Spuren in Epiktets Lehre: Demnach ist die wahre Freiheit eine innere Freiheit, die auch in der Knechtschaft aufrechterhalten werden kann. Er ist zwar nicht unbedingt ein Stoiker auf der Folterbank, aber körperlicher Schmerz und Widrigkeiten leiten ihn.

Seine Schriften sind auch deshalb so beliebt, weil sie voller prägnanter und zitierfähiger Epigramme sind, die großzügig mit Übertreibungen gespickt sind. Obwohl er gern popularisiert[47], wurzeln seine Ansichten in den systemischen Lehren und Argumenten der früheren Stoiker. Epiktet wendet Taktikten an, mit denen er seine Zuhörer schockiert oder Ehrfurcht in ihnen weckt, zum Teil, um sie aufzurütteln – junge Männer an der Schwelle zum Erwachsensein, die materiellen Gütern nachjagen oder Angst vor Verlust und unumkehrbarem Pech haben. Der Stil soll unterhalten und ermahnen und ein Programm für die Erziehung zur Disziplin aufstellen. In der Tat ist sein Werk voll von Tests mit mentalen Übungen in Worst-Case-Szenarien – was eine Person in einem schwierigen Fall *tun würde*. Mit den kontrafaktischen Reaktionen auf schwierige Fälle probt man für das wirkliche Leben. Sie sind eine Form des virtuellen Trainings. Die Tests sind hart, und Epiktet zeigte mit ihnen seine liebevolle Strenge. Hierin nahm er sich eine Lektion von seinem Lehrer Musonius Rufus zu Herzen. Epiktet sagt: »Es ist nicht leicht, die Aufmerksamkeit junger Männer zu gewinnen, die weich sind, denn einen weichen Käse kann man nicht mit einem Haken fassen; aber die von Natur aus Begabten halten, selbst wenn man sie abweist, umso fester an der Vernunft fest.« Rufus versuchte zumeist, neue Anhänger zunächst abzuweisen, aber die Begabten ließen sich nicht so leicht abweisen[48]. Die Disziplin der Schüler erfordert eine Prüfung der Festigkeit, genau wie beim Käse!

In einer Ironie der Geschichte wendet sich der römische Kaiser **Mark Aurel** (121–180 n. Chr.) einem versklavten Römer, nämlich Epiktet, zu, um zu wichtigen Erkenntnissen zu gelangen. Das, was uns als *Selbstbetrachtungen* überliefert wurde, sind im Wesentlichen Tagebucheinträge (in griechischer Sprache), die nie für die Lehre oder zur Verbreitung gedacht waren. Es handelt sich um weitschweifige meditative Notizen, die am Ende eines langen Kampftages während der germanischen Feldzüge niedergeschrieben wurden, als Mark Aurel an der Donau lagerte (170–174 n. Chr.). Sie sind eine Art praktischer Leitfaden und spiegeln einen Herrscher wider, der mit sich selbst Zwiesprache hält, der mitfühlend daran erinnert, wie man mit dem möglichen Verlust von Macht und Titel umgeht, wie man sich nicht von Gold und Glitzer verführen lässt und wie man in der Einfachheit Zufriedenheit findet. Eine riesige goldene Statue von ihm wurde vermutlich herangerollt, als sich tagsüber die Bataillone aufstellten. Abends musste er sich selbst in Erinnerung rufen, wie eitel das Ganze doch war. Die Widersprüche von Macht und Enthaltsamkeit herunterzuspielen, war nicht sein Ding. Das ist der Stil von Seneca. Trotz seiner Macht ist Mark Aurel ein bescheidener Bittsteller, der sich des heraklitischen Flusses bewusst ist, der nimmt, was er gibt. Aurel ist sich bewusst, dass wir durch die gemeinsame universelle Vernunft miteinander und mit Gott verbunden sind.

Im populären modernen Stoizismus ist Mark Aurel das Ideal von männlicher Stärke und Selbstvertrauen, verkörpert durch die monumentale Reiterstatue[49], die auf vielen stoischen Websites und Büchern prominent abgebildet ist. Aber Mark Aurel war kein einsamer Reiter. Und er würde auch nicht wollen, dass wir das glauben. Wie ich in der Einleitung angemerkt habe, unterstreicht sein Bild vom Schlachtfeld die Notwendigkeit sozialer Beziehungen und die Gefahren der Isolation. Wir sind unvollständig ohne andere und voneinander abhängige Teile eines Ganzen. Angesichts einer Pandemie sind seine Ansichten über die globale Verflechtung aktueller, als wir es uns je hätten vorstellen können. Seine Auffassung von gegenseitiger Abhängigkeit[50] spiegelt die stoische Lehre wider, dass die menschliche und die kosmische Natur Teile desselben Ganzen und Verbündete sind. Wir sind Mitglieder einer Gemeinschaft, die uns Menschen und unser besseres Selbst – oder die Götter – vereint. Unsere Erfüllung finden wir darin, mit anderen zusammenzuarbeiten.

Philon von Alexandrien (ca. 15 v. Chr.–50 n. Chr.) wird in den Aufstellungen bedeutender stoischer Persönlichkeiten nicht oft erwähnt. Sein Werk stellt jedoch einen wichtigen Aspekt der Hellenisierung in der jüdischen Welt dar, insbesondere einen Versuch, das Alte Testament im Lichte der griechischen stoischen Lehren zu interpretieren. Philon stützt sich auf stoische Lehren über vielschichtige emotionale Erfahrungen, um zu erklären, wie Sarah, die nach seiner Lesart der Genesis an der Schwelle zur Weisen steht, lachen konnte, als Gott ihr mitteilte, sie werde im reifen Alter von 90 Jahren ein Kind bekommen. Wenn Lachen eine emotionale Störung wäre, dann sollte sie als fast weise Frau in der Lage sein, es besser zu kontrollieren. Aber das hat sie in gewisser Weise, meint Philon: Denn sie hat nur »in sich hineingelacht«. Man könnte sagen, es handelte sich um ein nervöses Lachen. Sobald sie sich gefangen hatte, war sie bereit, »von Freude und göttlichem Lachen erfüllt zu werden«. Und so ergeht es auch Abraham, als er zu Sarahs Grab geht, um zu trauern und zu weinen. Er fängt sich zunächst, bevor er schließlich in unkontrolliertes Wehklagen verfällt.[51] Er war *drauf und dran* zu weinen, aber er *fing* sich, bevor er es tat. In diesen stoischen Interpretationen der Genesis bietet Philon Lektionen darüber, wie Emotionen kontrolliert und gesteuert werden können. Prä-Emotionen können im Keim erstickt werden[52], bevor sie zu voll ausgeprägten gewöhnlichen Emotionen werden. Und gewöhnliche Emotionen können zu kultivierten, guten und tugendhaften Gefühlszuständen werden, die einem Weisen, oder in diesem Fall einer biblischen Matriarchin und einem Patriarchen, angemessen sind.

Philon stützt sich auf andere antike Quellen, darunter Aristoteles' *Nikomachische Ethik*. Hier ahmt Philon Aristoteles in Bezug auf unsere soziale Natur genau nach: »Die Natur hat den Menschen nicht wie die einzelgängerischen Tiere erschaffen, sondern höchst gesellig wie die Herdentiere, die gemeinsam weiden, damit er nicht für sich allein lebe, sondern für seinen Vater und seine Mutter und seine Geschwister und seine Frau und seine Kinder und seine anderen Verwandten sowie seine Freunde und seine Mitbürger und die anderen Menschen seines Volkes und für sein Land und die der gleichen Ethnie und für alle Menschen ...« Erst am Ende dieses Abschnitts setzt Philon einen deutlich stoischen Akzent – dass sich die sozialen Verbindungen über die *Polis* hinaus auf die gesamte Menschheit erstrecken.[53]

Die Stoiker hatten einen großen Einfluss auf das christliche Denken. Wie Philon griffen auch die frühen Christen auf den stoischen Begriff der Prä-Emotionen zurück, um darüber nachzudenken, wie man Gefühle kontrollieren und Versuchungen vermeiden kann. Mit einigen Drehungen und Wendungen und einer Verwässerung des Konzepts, damit es der neuen religiösen Agenda besser entsprach, definierten sie die stoischen Prä-Emotionen so um, dass sie die eigene Schuld des Menschen seien. Sie vertraten die Auffassung, dass »schlechte Gedanken« mit den emotionalen Erregungen des Körpers, seinen Tränen und nervösen Zuckungen, seinen Schrumpfungen und Schwellungen einhergehen. Auf diese Weise konnten sie mehrere Abstufungen von Sünde[54] zulassen. Mit dem Christentum kam auch die Vorstellung, dass böse Engel oder der Teufel die körperliche Erregung hervorrufen könnten, die zur Versuchung führt.[55]

Viel später griff der niederländische Humanist und Theologe **Erasmus** (1466–1536) Epiktets Konzept eines Handbuches auf, indem er sein eigenes Handbuch, das *Handbuch des christlichen Streiters*, verfasste. Er schrieb es an der Schwelle zum 16. Jahrhundert. Das Buch richtet sich an den Laien, wie Erasmus erklärt, und soll dazu dienen, die Ritter auf den Krieg gegen die Türken vorzubereiten. Als Handbuch, das man in die Schlacht mitnehmen kann, bemüht es sich, »mehr zu ermahnen ... als zu lehren«, »nicht durch drohende Episteln«, sondern mit einer Methode, die »mit wenigen Worten lehrt« und die richtige »Art zu leben« deutlich macht. Die Verbreitung des Evangeliums ist der »Grund« für die Kriege der Ritter, beziehungsweise deren Zweck. Die Kriegsführung, so lehrt Erasmus, hängt von ritterlichem Verhalten ab. Und diese Lektionen in Ritterlichkeit haben eine bessere Chance, hängen zu bleiben, sagt er seinen Lesern, wenn sie ausdrucksstark und kurz sind. Zwar ist sein Handbuch kurz, aber es hat wenig von Epiktets Ausdrucksstärke.

Dennoch sind viele der Lehren in Erasmus' Handbuch stoischer Natur, so auch die Auffassung von plötzlichen Prä-Emotionen oder »ersten Regungen«, die nicht zwangsläufig dazu führen müssen, die Weisheit eines Kriegers infrage zu stellen: Ein »vollkommen weiser Mensch sollte keine« gewöhnlichen »Regungen« haben, auch wenn er immer noch jenen »ersten Regungen« unterliegt, die er zwar in Form von Eindrücken wahrnimmt, auf die er jedoch nicht reagiert.[56] Das Beispiel des Weisen soll den Kriegern aller Ränge als Maßstab dienen. Emotionale Zurückhaltung, sei es in einem ritterlichen Kodex wie zu Erasmus' Zeiten oder in der Theorie des gerechten Krieges in unserer Zeit, ist ein ständiges Merkmal der Kriegsführung. Sie ist auch für die Polizeiarbeit von entscheidender Bedeutung[57], wie wir in späteren Lektionen sehen werden.

Der Gesamteinfluss des Stoizismus auf das spätere moralische und politische Denken in Europa ist zu umfassend und tiefgreifend, um ihn hier zusammenzufassen. Die Stoiker, und insbesondere die römischen Stoiker, wurden von den meisten, die sich als gebildet betrachteten, gelesen, wieder gelesen, angeführt und zitiert. Beispielsweise die Tradition des Naturrechts im Christentum bis hin zu den modernen säkularen Werken von Grotius und Pufendorf im 16. und 17. Jahrhundert verdanken dem Stoizismus eine ganze Menge.

Montaigne (1533–1592) stützt sich Mitte des 17. Jahrhunderts auf viele antike Autoren, vor allem aber auf die Stoiker, wenn er seine Leser ermahnt, Widrigkeiten und Entbehrungen zu ertragen und die notwendigen Tugenden zu entwickeln, »um dem Schmerz zu trotzen«. »Es sind unsere Meinungen, die den Dingen einen Wert geben«, nicht die Dinge selbst, schreibt er mit einer deutlichen Anspielung auf die Stoiker. Montaigne ist ein schillernder Schriftsteller, und sein Befürworten des Stoizismus ist bestenfalls eine halbe Sache. Ihm gefällt die Ansicht der Stoiker: »Alle Laster sind gleich«, trotz ihrer Vielfalt. Aber das Trinken, so beharrt er, sollte nicht darunterfallen. Nun, vielleicht für die Deutschen, »die fast gleichgültig von allen Weinen mit Vergnügen trinken«. Aber warum sollte ein Franzose angesichts seines kultivierten Gaumens auf Wein verzichten? Wenn Trunkenheit ein Laster wäre, resümiert er, dann wäre es »weniger bösartig und schädigend als die anderen, die fast alle die Allgemeinheit unmittelbarer bedrängen«. Was auch immer der Stoizismus für Montaigne bedeutet, es ist jedenfalls kein reiner Asketismus.[58]

In seiner Korrespondenz mit Prinzessin Elisabeth von Böhmen wendet sich **René Descartes** (1596–1650) Seneca zu, um ein Porträt des stoischen Weisen und des glückseligen Lebens zu zeichnen. Er rät der Prinzessin, »einen festen und beständigen Entschluss zu fassen, alles zu tun, was die Vernunft empfiehlt, ohne sich von Leidenschaft oder Begierde ablenken zu lassen«. »Verlangen, Bedauern und Reue« stehen dem Glück im Wege. Doch Descartes passt die stoischen Lehren an die modernen Grundsätze an und zeigt, wie der Glaube und die christliche Religion – und nicht nur die »natürliche Vernunft« – in diese neue moderne Darstellung einfließen müssen. Er bringt auch den Zweifel und den Fallibilismus der modernen Zeit mit ein: »Es ist nicht notwendig, dass unsere Vernunft frei von Irrtümern ist«; ein Gewissen, das die Entschlossenheit und das »beste Urteil« bezeuge, reiche aus.[59] Hiermit wurde also der Stoizismus durch ein Modell in die Moderne katapultiert, das die Führung durch einen monotheistischen Gott und den menschlichen Fallibilismus an die Stelle der Weisheit setzt, die niemals irrt.

Immanuel Kant (1724–1804) ist zweifellos der Philosoph, der die stoische Idee des moralischen Gesetzes (bei Kant oft Sittengesetz genannt), das untrennbar mit unserer Vernunft verbunden ist, auf originelle und revolutionäre Weise weiterentwickelt hat. Sein Ansatz ist insofern revolutionär, als nun die *autonome* menschliche Vernunft, frei von den Zwängen der Natur oder der göttlichen Führung, die Grundlage unserer Moral bildet. Dennoch ist die Idee einer allen Menschen gemeinsamen universellen Vernunft ausgesprochen stoisch. Kants berühmter Gedanke, dass allen Menschen aufgrund der ihnen gemeinsamen Menschlichkeit, als Zweck an sich, Achtung gebührt, stammt unmittelbar ab von der stoischen Vorstellung einer gemeinsamen Menschlichkeit in einer kosmopolitischen moralischen und politischen Ordnung.[60]

Wie viele Menschen der Moderne stürzt sich Kant auf die stoische Ansicht, dass Emotionen exzessiv und schwer zu zügeln sein können (oder »pathologisch«, wie Kant sagt) und daher unzuverlässige moralische Motivatoren sind. Handeln aus Pflicht und nicht aus Emotion wird zu einem typischen kantischen Thema. Aber das ist ein stark vereinfachtes Bild von Kants Ansicht über die Rolle der Gefühle in der Moral. Er sagt uns, dass Emotionen uns helfen zu tun, was die Pflicht allein nicht vermag, ob es nun darum geht, die Bedürfnisse anderer durch Mitgefühl zu erkennen oder menschliche Güte zu zeigen, indem man sich um andere kümmert. Sie sind ein

»Gewand, das die Tugend vorteilhaft kleidet«[61], und so haben wir die moralische Pflicht, sie zu Verbündeten der Pflicht zu machen. Einige Emotionen, sagt Kant, sind für die Vernunft empfänglicher als andere. Sie sind »praktische Gefühle« und haben eine auffallende Ähnlichkeit mit dem, was die Stoiker die »guten Emotionen« nennen, die Menschen mit voller Tugend kultivieren.

Abgesehen davon hat Kant die stoische Auffassung, dass alle Emotionen kognitiv seien, nie übernommen. Er lehnte sie ab. Aber er war nicht der Einzige unter den Modernen, der Verlangen und Emotionen von der Vernunft trennte. Die stoische Sichtweise der Emotionen ist im Laufe der Geschichte ins Abseits geraten. Umso mehr sollten wir uns heute den stoischen Texten zuwenden, um zu verstehen, auf welche Weise Emotionen intelligent sind und sein können.

Das Vermächtnis der Stoiker hört natürlich nicht mit Kant und der Aufklärung auf. Es setzt sich, wie ich in der Einleitung angedeutet habe, mit Emerson und davor mit den US-amerikanischen Gründervätern[62] fort. Jefferson las die römischen Stoiker. Das Gleiche gilt für Washington. Was sie nicht gelesen haben, haben sie dennoch in sich aufgesogen. Denn die antike stoische Tugend lag damals in der Luft, und das tut sie auch heute.

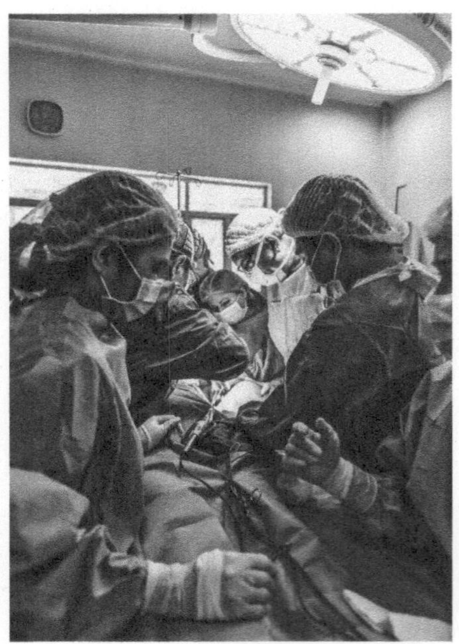

Abb. 3: Ärzte und Krankenschwestern behandeln einen Patienten.

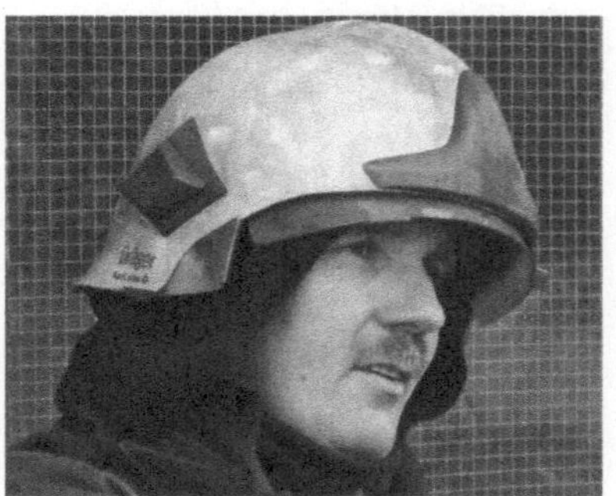

Abb. 4: Aart van Oosten; Brandmeister Arnemuiden, Niederlande

LEKTION 2

GELASSENHEIT FINDEN

STOIZISMUS IN PANDEMISCHEN ZEITEN

Ich schreibe diese Zeilen, während eine Pandemie wütet. Wir befinden uns im Belagerungszustand. Wann all dies enden wird, lässt sich kaum vorhersagen. Aber eines ist sicher: Wir leben in einer Zeit, in der wir sämtliche Versprechungen des Stoizismus erproben können. Covid-19 hat uns in einen weltweiten Krieg gegen einen unsichtbaren Feind gestürzt, gegen den wir kaum gewappnet sind. Ich habe drei Jahrzehnte lang über den Krieg und seine Auswirkungen geschrieben, als Person, die nicht in die Kampfhandlungen involviert war. Aber hier handelt es sich um einen Krieg, der uns alle betrifft, in dem wir alle gegen einen gemeinsamen Feind kämpfen. Schulter an Schulter kämpfen wir alle, als globale Gemeinschaft, die die Kyniker und Stoiker vorausgesagt haben. Wir alle sind Teile eines großen Ganzen, was den Schutz und das soziale Verhalten betrifft, was aufgeklärte Führung und klare Botschaften, Finanzmärkte, Reisen, Versorgungsketten und – ganz wichtig – Tests, Behandlung und den Wettlauf um die Entwicklung eines wirksamen und sicheren Impfstoffs angeht, den es gerecht zu verteilen gilt. Wir alle warten auf Ergebnisse, suchen aber gleichzeitig im Alltag nach Wegen, unsere Angst vor einer Ansteckung mit dem Virus mindern zu können, suchen Wege aus der Einsamkeit, machen uns Sorgen um die Sicherheit unseres Gesundheitspersonals und die anderer Menschen, die an vorderster Front kämpfen, über den begrenzten Zugang zu Krankenhäusern und über die Verfügbarkeit lebensrettender Ausrüstung. Wir werden mit unserer eigenen Sterblichkeit so direkt konfrontiert, wie es viele von uns noch nie zuvor erlebt haben. Dies ist ein Moment, in dem wir, wenn wir schon nicht zu Stoikern werden, zumindest die stoischen Hilfsmittel auf kluge Art und Weise anwenden sollten.

Wir tun, was wir können, um vorbereitet zu sein. Anthony Fauci, der Chefarzt für Infektionskrankheiten an den National Institutes of Health[1] in den USA, richtete sich mit der Botschaft an die Öffentlichkeit, dass strategische Vorbereitungen zu treffen seien. Fauci, mit seinem Brooklyn-Akzent, ist ein hervorragender Kommunikator, der, wie einst auch Epiktet, genau weiß, wie er ein Laienpublikum mit den passenden Worten erreichen kann: »Wenn man es mit einer ansteckenden Krankheit zu tun hat, dann bietet sich dieser Ausspruch, den die Leute so gern verwenden, als Metapher an: Wayne Gretzsky geht nicht dorthin, wo der Puck ist, er geht dorthin, wo der Puck sein wird. Wir wollen also sowohl dort sein, wo die Infektion sein wird, als auch dort, wo sie jetzt gerade ist«.[2] Das heißt, wir müssen jetzt so handeln, als würden wir uns bereits in der Zukunft befinden. Wir müssen proaktiv handeln, nicht nur rein reaktiv. Wir müssen vorausschauend handeln.

»Vorab-Proben«, »Vorwegnahme«, »im Voraus planen«[3], sich künftige Bedrohungen so lebhaft vorstellen zu können, als wären sie bereits gegenwärtig, das ist der Schlüssel zum stoischen Ansatz zur Linderung von Angst. Kenne den Feind, den du zu bekämpfen haben *könntest*. Lassen Sie sich nicht überrumpeln. Wenden Sie diese Hilfsmittel auf das Covid-19-Szenario an: Führen Sie Simulationen durch, halten Sie sich den potenziellen Verlauf einer Pandemie vor Augen, und halten Sie dann nach Warnzeichen Ausschau. Das Gesundheitsministerium der Trump-Regierung führte von Januar bis August 2019 eine solche Simulation mit dem Codenamen »Crimson Contagion« durch. Die daraus resultierenden Warnungen wurden nicht beherzigt.[4] Stoisch ausgedrückt: Es wurden im Vorfeld umfangreiche Simulationen auf höchster Ebene zu möglichen Szenarien durchgeführt, deren Ergebnisse aber von den Machthabern ignoriert wurden. Das Fazit ist, dass wir es sowohl auf individueller als auch auf systemischer Ebene versäumt haben, uns vorzubereiten.

Eine Pandemie ist eine kolossale Krise. Es ist überaus schwierig, etwas von so riesigem Ausmaße vorherzusehen, und noch schwieriger, eine lang anhaltende und wirksame globale Reaktion darauf zu koordinieren. Eine Lektion jedoch, die wir hieraus gelernt haben, ist, dass das Überleben der Menschheit ein Gemeinschaftsprojekt ist, das Zusammenarbeit erfordert. Ein Teil der Anziehungskraft des Stoizismus, vor allem bezogen auf die Onlinegemeinschaft, liegt in der Fülle seiner Lektionen darüber, wie man unabhängig wird. Epiktet gab einmal den Ratschlag: »Ja, dir läuft die Nase. Aber wozu hast du Hände? Möglicherweise, um dir die Nase damit putzen zu können?« Ganz offensichtlich schwingt darin mit: Klage nicht! Manche legen den Schwerpunkt auf die Aufforderung zur Eigenständigkeit[5]: Kümmere dich selbst darum, dir die Nase zu putzen, und warte nicht darauf, dass jemand anderes es für dich tut. Viele verallgemeinern den Ausspruch als ein eindeutiges stoisches Thema, das universell anwendbar sei.

Aber die menschliche Autarkie ist, wenn man ehrlich ist, relational. Sie hängt auf allen Ebenen immer auch von der Unterstützung derjenigen ab, deren Hilfe wir oft nicht anerkennen oder deren Würde wir nicht immer angemessen respektieren.[6] Der Gedanke der zwischenmenschlichen Verbundenheit ist tief im Stoizismus verwurzelt – ebenso tief wie auch das Thema der Eigenverantwortlichkeit. Mark Aurel drückt es folgendermaßen aus: »Vernunftbegabte Wesen, die für eine Gemeinschaft der Zusammenarbeit geschaffen wurden, sind mit ihren voneinander getrennten Körpern analog zu den verschiedenen Gliedern des Körpers eines einzelnen Organismus zu sehen. Diese Erwägung wird dir umso mehr einleuchten, wenn du dir Folgendes vor Augen hältst: ›Ich bin ein Glied der Gesamtheit von vernunftbegabten Wesen.‹«[7] Der kalifornische Gouverneur Gavin Newsom formulierte mit seiner sehr früh ausgesprochenen Anordnung an alle Einwohner des Staates, zu Hause zu bleiben, um sich und andere zu schützen, eine Botschaft, die nicht nur Mark Aurels Denkweise, sondern auch seine Worte widerspiegelt: »Ein Staat, der so groß ist wie der unsere, ein Nationalstaat, besteht aus vielen Teilen, aber letztendlich sind wir ein Körper. Es gibt Gemeinsamkeiten und es gibt die Erkenntnis unserer gegenseitigen Abhängigkeit voneinander.«[8] Er sagte weiterhin, dass wir alle moralische Pflichten haben, die tief in unserer Gesellschaft verankert sind.

Dieses Kapitel befasst sich mit stoischen Techniken zur Linderung von Ängsten. Aber das stoische Beharren darauf, dass wir gesellschaftlich voneinander abhängig sind, wird immer gegenwärtig sein – mal mehr, mal weniger. Wir sind durch ein »gemeinsames Band miteinander verwoben«[9] und »kaum etwas ist dem anderen fremd«, schreibt Mark Aurel und verweist damit auf Zenons Vorstellung einer kosmischen Stadt. Unsere Fähigkeit, uns der Gegenwart und der Zukunft zu stellen, hängt von unserem eigenen Willen und dem Willen anderer ab, koordinierte, auf Fakten basierende kooperative Anstrengungen zu unternehmen.

Ein beständigeres Glück

Dennoch ist es schwierig, die stoische Vorstellung von sozialer Verbundenheit mit ihrer Ansicht in Einklang zu bringen, dass unsere Verletzlichkeit durch Dinge verursacht wird, die wir auch mit noch so viel Tugendhaftigkeit nicht beeinflussen können. Das stoische Versprechen besteht darin, dass man sein Geschick durch einen gefestigten, zuverlässigen und rechtschaffenen Charakter beeinflussen kann. Dies war auch das Ziel des großen geistigen Vorgängers der Stoiker, Aristoteles. Aber Aristoteles war darüber hinaus der Ansicht, dass ein guter Charakter allein nicht ausreiche, um Glück zu finden. Wir benötigen zusätzliche Ressourcen, Gelegenheiten, Mittel und Freunde, um tugendhaft in der Welt zu agieren. Andernfalls, so Aristoteles, könne Glück auch einfach ein passives »Dahindämmern« für den Rest des Lebens bedeuten und »mit dem größten Leid und Ungemach« vereinbar sein.[10] Ist das Glück jedoch mit tugendhaftem *Handeln* verbunden und hängt somit auch von Dingen ab, die nicht in der eigenen Macht liegen – wie zum Beispiel vom Zufall, von Kindern, die einen überleben, von einer guten politischen Führung und vielem mehr –, dann vertraut man, wie Aristoteles selbst zugibt, »das Größte und Beste dem Zufall an«, und dies sei ein »mangelhaftes Arrangement«.[11] Den gesunden Menschenverstand beiseitezulassen und zu behaupten, man könne auch dann glücklich sein, wenn man auf der Folterbank gepeinigt wird[12] oder 13 Söhne verliert, wie es Priamos während des Trojanischen Krieges erlebt haben soll, ohne dass das Glück sich trübe, ginge zu weit. Und so hatte Aristoteles, so scheint es, eine instabile Argumentationsbasis. Glück war für ihn sowohl von inneren als auch äußeren Werten abhängig. Aber wie man es in einem rechtschaffenen Leben vermeiden kann, dass Dinge, die außerhalb der eigenen Kontrolle liegen, das Glück zunichtemachen können, wurde nie ganz geklärt. Aristoteles vertrat vermutlich die Ansicht, dass diese Frage nicht formell gelöst werden könne. »Die Entscheidung liegt beim Betrachter und dessen Wahrnehmung«.[13] Wir »erkennen die Besonderheiten« und bewerten die Dinge je nach Einzelfall. Wir geben uns damit zufrieden, wie die Dinge »üblicherweise« sind. Es sei »töricht«, so betonte er, in der Theorie der Ethik die gleiche Art von Präzision zu suchen, die man bei der »Beweisführung eines Mathematikers« verlangen würde.

Das hinderte die Stoiker jedoch nicht daran, sich mehr Präzision und Einsicht zu wünschen.[14] Zumindest den vollkommen Tugendhaften wollten sie Glück und Gemütsruhe zusichern können und anderen einen Weg zu größerer Tugendhaftigkeit weisen. Wenn dafür neue Konzepte geschmiedet und neue Begriffe geprägt werden mussten, dann war es eben so. Mit der Seelenruhe als Endziel stellte auch ein schwerfälliger Mechanismus kein Hindernis dar.

Äußere Dinge, so die Stoiker weiter, müssten anders bewertet werden als die Tugend. Man könne ihnen nicht das Prädikat »gut« verleihen. Hier berufen sich die Stoiker auf Sokrates, der sagte, dass Glück allein durch Tugend erreicht werden könne. Gute Gesundheit zu besitzen oder ein regelmäßiges und ausreichendes Einkommen, gute Freunde und Familie, aufgeklärte politische Institutionen und Gemeinschaften, soziale Wertschätzung und Respekt – all das ist nach Ansicht der Stoiker nicht Teil des Glücks – und somit »gleichgültig«. Sie lassen hierbei aber gesunden Menschenverstand walten und räumen ein, dass wir als Menschen uns unserer Natur gemäß zu diesen Dingen hingezogen fühlen. Es handelt sich dabei um »bevorzugte Gleichgültige«. Ihre Gegensätze sind die Dinge, die wir im Allgemeinen von Natur aus meiden oder ablehnen.[15] Die Stoiker nennen sie »nicht bevorzugte Gleichgültige«. Aber sie bestehen darauf, dass es für das Glück oder Unglück nicht entscheidend ist, ob sie vorliegen oder nicht. Für die Stoiker sind alle äußeren Dinge »gleichgültig«, sie haben keinen positiven oder negativen Einfluss auf das Glück. Wie wir noch sehen werden, ist der Haken an der Sache, dass sie dennoch eine wesentliche Rolle in unserem Leben spielen. Tugendhaftigkeit bedeutet auch, sie weise auszuwählen oder abzulehnen.

Diese Sichtweise ist eine Herausforderung, heute nicht weniger als in der Antike. Aber es ist wichtig, sich in Erinnerung zu rufen, dass, wenn in diesem Sinne für uns etwas »gleichgültig« (*adiaphora*) ist, dieser Begriff nicht etwa »Gleichgültigkeit« oder Desinteresse bedeutet. Weder ist uns dieses Gute oder Üble von Geburt an egal, noch sollten wir uns so dagegen abhärten, dass es uns egal wird. Dennoch erfordert das Erlernen eines stoischen Lebensstils eine grundlegende Neuausrichtung unserer Werte. Insbesondere müssen wir nicht nur auf intellektueller Ebene lernen, sondern auch in unserem Verhalten umsetzen, dass wir Dinge zwar bevorzugen oder ablehnen können, aber ohne gleich von rastloser Sehnsucht oder panischer Abscheu erfüllt zu sein. Die Stoiker haben also nicht nur ein anderes Bewertungssystem für das, was wir grob beschrieben als innere und äußere Dinge bezeichnen würden. Sie entwickeln auch eine besondere Art von Verhaltensweisen, die zu Gelassenheit führen sollen – wir eignen uns Dinge an, ohne uns an sie zu klammern; wir lehnen Dinge ab, aber ohne angsterfüllt einen großen Bogen um sie zu machen oder gar Entsetzen davor zu verspüren. Zu lernen, wie man diese neuen Verhaltensweisen kultiviert, ist Teil der stoischen Ausbildung. Und das Streben danach, dieses neue Wertesystem zu verinnerlichen, ist selbst eine stoische Lebensweise.[16] Auch wenn der sprichwörtliche Weise – ein Mensch, der göttlich geworden ist – zu überhöht erscheint, um ihn sich als Vorbild zu nehmen[17], so ist dieser doch dorthin gelangt, wo er ist, indem er die stoischen Strategien verinnerlicht hat, das zu meiden, was außerhalb seiner Kontrolle liegt. Und diese Strategien, so lehren die Stoiker, können wir alle uns zu eigen machen.

Eindrücken zustimmen: »Manche Dinge … liegen in unserer Macht«

Und doch, was sagen wir denn dazu, dass wir am Leben hängen, dass wir Angst davor haben, dass unsere Kinder vor uns sterben könnten, oder Angst vor einer Pandemie, die bereits mehr amerikanische Todesopfer gefordert hat, als US-Amerikaner im gesamten Zweiten Weltkrieg in der Schlacht gefallen sind?[18] Was haben wir denn genau unter Kontrolle, wenn wir angesichts all dessen mit disziplinierter stoischer Selbstbeherrschung handeln? Was lassen wir los?

Die stoische Selbstbeherrschung beginnt damit, eine Grenze zu ziehen zwischen unseren geistigen Fähigkeiten und dem, was außerhalb liegt. Epiktet eröffnet sein berühmtes *Handbüchlein der Moral* auf diese Weise: »Manches liegt in unserer Macht, anderes nicht. In unserer Macht liegen unser Urteilsvermögen, unsere Motivation, unser Verlangen und unsere Abneigung – kurz, all das, was von uns selbst abhängt. Nicht in unserer Macht liegen unser Körper und unser Besitz, unser Ansehen und unsere offiziellen Ämter – kurz, alles, was nicht von uns selbst abhängt.«[19] Viele von uns würden sofort dagegen protestieren, wo diese Grenze gezogen wird. Auch wenn wir Krankheit, Armut, Schande, den Verlust von Karriere oder Amt nicht völlig vermeiden können, so können doch viele von uns Einiges dafür tun, die eigene Gesundheit, die finanziellen Mittel und so weiter zu schützen. Epiktet räumt das ein. Aber irgendwann, so argumentiert er, werden unsere Schutzmaßnahmen, unsere Anstrengungen, selbst die der Privilegiertesten unter uns, dem natürlichen oder durch Menschen verursachten Unglück nicht mehr gewachsen sein. Das ist Epiktets Kernaussage: Wir alle sind auf die eine oder andere Weise Geiseln des Schicksals.

Nun gut, dem können wir zustimmen. Aber wir könnten trotzdem einwenden, dass es keine klare Linie zwischen der Kontrolle des Äußeren und des Inneren gibt. Das Innere ist angreifbar. Unsere Urteilsfähigkeit kann durch Hirntraumata oder den Alterungsprozess des Gehirns beeinträchtigt werden, unser Verlangen nicht mit dem übereinstimmen, was wir eigentlich wollen, unsere Ängste können sich zu pathologischen Phobien entwickeln, die wiederum auf psychischen Erkrankungen beruhen, von denen wir wünschten, wir hätten sie nicht. Es gibt aber auch epistemische Verzerrungen. Das, was wir sehen, kann durch implizite Voreingenommenheit verfälscht werden, und was wir für richtig halten, ist vielleicht weniger »von uns abhängig« als vielmehr das Produkt privilegierter Standpunkte und Zugangsmöglichkeiten. Dies ist natürlich eine sehr moderne Sicht der Psyche und des Wissens. Die stoische Sichtweise hingegen zielt einzig und allein auf den Willen ab. Und ihr Anspruch ist, dass wir unsere Willenskraft steigern können und dies uns zu mehr befähigt: Mit ausreichend Mühe und den richtigen Entscheidungen können wir unseren Blick nach innen richten, um ungewollte Denkmuster zu finden und zu beseitigen. Aus der Sicht des modernen Stoikers könnte es sich dabei um kognitive oder epistemische Verzerrungen handeln. Auf diese Möglichkeiten gehe ich später noch näher ein.

Der entscheidende Zeitpunkt, an dem wir die Kontrolle haben, ist nach stoischer Auffassung der, an dem wir Eindrücken zustimmen – oder anders ausgedrückt – entscheiden, wie unsere äußeren und inneren Sinneseindrücke auf uns wirken. Diese Zustimmung ist der Mechanismus, mit dem wir stillschweigend »Ja« oder »Nein« zu diesem Sinneseindruck sagen. Dies ist der Moment der grundlegenden Kontrolle über Urteil, Motivation, Verlangen oder Abneigung. So können wir zustimmen, dass eine wahrgenommene Beleidigung ein Übel ist, das uns quält, oder dass wir eine Krankheit als Bedrohung wahrnehmen, die wir fürchten müssen, oder dass wir Reichtum als etwas Gutes ansehen, das wir uns wünschen und deswegen erwerben sollten. In jedem Fall handelt es sich um ein wertendes Urteil – um die Annahme, dass das, was uns begegnet, ein Gut oder ein Übel ist. Im Falle von Werturteilen, die gleichzeitig Emotionen sind wie Wut oder Angst, beschäftigen sie uns unmittelbar und bringen uns (durch »Impulse« oder »Triebe« (*hormai*)) zum Handeln. Sie sind motivierend. *Hormē* ist mit unserem Wort »Hormon« verwandt, und gleich dieser organischen Substanz regt es zu Aktionen an. Aber es tut dies erst unter Mitwirkung des Verstandes.

Seneca erklärt dies folgendermaßen: »Zorn wird zweifellos durch den Eindruck eines Unrechts verursacht. Aber folgt er unmittelbar auf den Eindruck und bricht aus, ohne dass der Verstand beteiligt wäre? Oder bedarf es nicht eher der Zustimmung des Verstandes, um ihn in Gang zu setzen? Wir sind der Ansicht, dass er nur mit der Zustimmung des Verstandes entsteht.«[20] Emotionen sind also eine Art freiwillige Handlung.[21] Wir erfassen die Welt und verleihen ihr ein bestimmtes Bild durch die Zustimmungen, die wir stillschweigend den Eindrücken geben, und wir handeln entsprechend den daraus resultierenden Meinungen oder Urteilen. So entstehen auch Emotionen.

Epiktet betont die Verantwortung, die damit einhergeht: »Nicht die Dinge selbst beunruhigen die Menschen, sondern ihre Meinungen über diese Dinge ... Wenn wir also enttäuscht, beunruhigt oder gekränkt werden, sollten wir niemanden dafür verantwortlich machen außer uns selbst, das heißt unsere eigenen Meinungen.«[22] Der Gedanke liegt auf der Hand. Wir interpretieren Dinge unbeirrbar auf der untersten Ebene der Wahrnehmung und stellen uns, um ein einfaches Beispiel zu nennen, ein Geldstück immer in drei Dimensionen vor, selbst wenn wir ausschließlich seine Oberseite und somit nur zwei Dimensionen sehen können. Wir verwenden allerlei Filter, um unsere Umwelt zu sortieren und zu formen, zu konstruieren und zu kategorisieren – und tun dies auch, wenn es darum geht, Gutes und Schlechtes zu kategorisieren und beurteilen zu können, wie sie unser Glück beeinflussen. Wir sehen und bewerten immer von einem Standpunkt aus, den Philosophen als den »epistemischen Standpunkt«[23] bezeichnen.

Wie bereits erwähnt steht es uns nicht immer spontan frei, diese Standpunkte selbst zu wählen.[24] Die von uns gewählte Sichtweise kann möglicherweise von außen manipuliert worden sein, etwa durch die versteckten Überredungskünste anderer, sogenannter »geheimer Verführer«[25], beispielsweise Werbeagenturen oder »Social Bots«, die eine Wahl korrumpieren. Wie wir Situationen erfassen und interpretieren, kann auch das Ergebnis systemischer und tiefgreifender Formen der Herrschaft sein. So kann das lähmende Gefühl der Scham, die eine Frau verspürt, die Opfer einer

Vergewaltigung wurde, eine fremde Meinung sein, die sie nur verinnerlicht hat. Die Doktrin des Patriarchats und der Scham sitzen auch heute noch tief. In ähnlicher Weise kann die Angst eines kleinen Messdieners vor den fortgesetzten Übergriffen eines pädophilen Priesters durch dessen heilige Gewänder und seine onkelhafte Rolle am sonntäglichen Familientisch zum Schweigen gebracht werden. Unsere innere Welt kann ein sozialisiertes Konstrukt sein. Und nicht immer ist sie der erleuchtete Ort der Freiheit und des Friedens, den wir uns wünschen würden. Dennoch kann sie ein Ort des Rückzugs sein, wenn äußere Kräfte nur wenige andere Optionen zulassen. Der Junge findet einen sicheren Rückzugsort in seinem Verstand, wenn auch durch psychologische Dissoziation. Wenn wir unterdrückt werden oder uns in Gefangenschaft befinden, steigern wir unsere Willenskraft bis zum Äußersten.

Dies ist Epiktets Standpunkt: Selbst eine Person, die versklavt wurde oder in Knechtschaft lebt, kann innere Freiheit finden. Genau das hat James Stockdale, einen ranghohen Kriegsgefangenen der US Navy, während seiner siebeneinhalbjährigen Gefangenschaft, davon zweieinhalb Jahre in Einzelhaft, im »Hanoi Hilton« in Nordvietnam, so inspiriert. Das *Handbüchlein der Moral* von Epiktet war seine Rettung. Stockdale und ich haben uns mehrere Male getroffen und über die Folter gesprochen, die er ertragen musste. Er verkörpert für mich, was es bedeutet, als Stoiker unter extremsten Entbehrungen zu leben.[26]

Epiktet ist politisch entrechtet. So es denn eine Freiheit gibt, muss sie von innen kommen. Das ist seine politische Realität, oder zumindest sind es die Bedingungen, die sein frühes Leben prägen, und der Stoizismus ist seine Antwort darauf. Die Situation anderer Stoiker unterscheidet sich hiervon. Seneca wird ein Staatsdiener, wie er im Buche steht. Er hat politischen Einfluss, ist mächtig und als Neros Lehrer und Berater Mitglied des elitärsten inneren Kreises. Aber er besitzt nicht immer die Gunst der Öffentlichkeit. Erinnern wir uns an sein achtjähriges Exil auf Korsika unter Claudius. Und so war ihm der Preis des freiwilligen Rückzugs unter Nero nur allzu gut bekannt.[27] Das Ausscheiden aus dem Staatsdienst bedurfte einer guten (öffentlichen und privaten) Rechtfertigung.[28]

Senecas Besorgnis über den Rückzug aus der Politik, die in vielen seiner Schriften zum Ausdruck kommt, dient als Leitfaden auch für unsere heutige Zeit, in der Beamte wegen schlechter oder korrupter politischer Führung den Rückzug wählen oder dazu gezwungen werden. In »Über die Muße« versucht Seneca, seine eigenen Ansichten mit dem orthodoxen Stoizismus des Zenon in Einklang zu bringen: Während die Epikureer der Ansicht sind, dass »der weise Mann sich nicht in öffentliche Angelegenheiten einmischen soll, außer im Notfall«, sagt Zenon: »Er wird sich in öffentliche Angelegenheiten einmischen, es sei denn, etwas hindert ihn daran.« Eine solche Ausnahme beruhe auf besonderen Umständen, fügt Seneca hinzu: »ein Staat, der rettungslos verdorben ist« oder »vollkommen vom Bösen beherrscht wird«.[29] Die Anspielung auf Nero liegt auf der Hand, und als Seneca sich aus dem öffentlichen Dienst zurückzieht, folgt schon bald Neros Befehl an ihn, Selbstmord zu begehen.

Seneca gibt uns einen klaren Ausblick auf die systemischen Zwänge, die die persönliche Kontrolle und das Durchhaltevermögen einschränken. In demselben Aufsatz unterstreicht er: »Das Hindernis liegt immer in dem, was getan werden muss, nie in dem, der es tut.«[30] Wir leben in Gemeinwesen, lokalen wie kosmopolitischen. Wir bedienen uns bei der Arbeit innerhalb dieser lokalen Gemeinwesen äußerer Dinge wie Macht und Ämtern, bis es nicht mehr weitergeht. Unsere Zustimmung zu Eindrücken sind die Grenzen unserer Freiheit. Wir können diese Grenzen sehr weit dehnen, aber auch hierbei werden wir durch den Zugang zu Informationen, durch implizite Voreingenommenheit sowie unsere eigene intellektuelle Neugier und unseren Trotz eingeschränkt.[31] Die geistige Kontrolle kann an Grenzen stoßen, selbst wenn wir nicht unter Demenz oder neuropsychologischen Störungen leiden. Dennoch halten die Stoiker vielversprechende Werkzeuge für mehr Selbstbestimmung bereit. Wir müssen aber fortwährend die stoischen Grundsätze beachten und uns in Disziplin üben, damit wir unsere Grenzen ausdehnen können, unabhängig davon, ob es sich um innere oder äußere Grenzen handelt.

Mit der Zustimmung zu Eindrücken als Ausgangspunkt wenden wir uns nun anderen spezifischen stoischen Techniken zur Selbstbeherrschung zu und finden heraus, wie wir diese am besten in unser Leben integrieren können.

Körperliches Training und geistige Disziplin

Kürzlich fand ich mich bei einem Physiotherapeuten wieder, um wegen eines Risses der Rotatorenmanschette, der sich durch zu viel Schwimmen verschlimmert hatte, behandelt zu werden. Während ich die mir aufgetragenen und drei überaus öden Kurzhantel-Übungen in 30-facher Wiederholung absolvierte, fragte mich mein Physiotherapeut Chris, was ich beruflich so mache. »Ich bin Philosophin und schreibe ein Buch über Stoizismus«, erwiderte ich. Sein Gesicht hellte sich auf. Plötzlich hatte ich seine volle Aufmerksamkeit. Chris ist ein gut gebauter und sportlicher Mann, der hart trainiert und sowohl Menschen wie mich als auch professionelle Sportler behandelt. Er erzählte mir, dass er den Podcast von Tim Ferriss über Stoizismus verfolge und auch bereits ein Buch von Ryan Holiday über das Thema gelesen habe. Er versuche, sich auf dem Weg von und zur Arbeit die *Selbstbetrachtungen* von Mark Aurel anzuhören. Aber dieses Buch sei nicht gerade fesselnd. »Zu viele unzusammenhängende Schnipsel?«, fragte ich. »Ja«, antwortete er. »Es springt zu oft von einem Thema zum anderen.« Also kehrte er zu seinen Podcasts über Stoizismus zurück. Die Philosophie gefiel ihm sehr. Als ich ihn fragte, warum, wurde klar, dass es mit dem Gedanken des harten Trainings und der Disziplin zu tun hatte. Chris hilft anderen beim Muskelaufbau oder bei der Wiedererlangung von Muskelkraft nach einer Verletzung. Übungen für mehr Stärke und Standfestigkeit auch auf einen anderen Bereich zu übertragen, ergab für ihn absolut Sinn. In meinem Fall, so hatte er mir gesagt, hätten der natürliche »Verschleiß« eines »gereiften« Körpers und die wiederholte Überbeanspruchung meinen Schultern geschadet. In psychologischer Hinsicht sind wir täglich mit »Verschleiß« – oder »Abnutzung« – konfrontiert. Der Geist braucht ebenso wie der Körper Übungen, die der Gesundheit zuträglich sind, um die Auswirkungen aufgetretener Verletzungen zu mildern und Traumata zu heilen. Chris und ich waren uns darin absolut einig.

Epiktet stellt körperliches Training als Modell für die allgemeine geistige Disziplin dar: »Sämtliche Mittel, mit denen man einen Körper trainieren kann, können sich auch für das geistige Training eignen, wenn sie in irgendeiner Weise auf Wünsche oder Abneigungen abzielen.« Er warnt aber anschließend, dass der Sinn eines durchtrainierten Körpers oder psychologischer Belastbarkeit nicht darin bestehe, sich eine Fangemeinde aufzubauen: »Wenn ihr Ziel nurmehr bloße Zurschaustellung ist, dann handelt es sich hierbei um

Merkmale einer Person, der nur Äußerlichkeiten wichtig sind, die damit gänzlich andere Ziele verfolgt wie zum Beispiel Zuschauer, die ihr hinterherrufen: ›Was für ein bewundernswerter Mensch!‹«[32]

Das Training dient der Erlangung von Disziplin, nicht der Erlangung von Bewunderung. Sie trägt zur Charakterbildung bei und ist ein Zeichen der Weiterentwicklung und des Strebens nach Höherem.

Das Vorab-Proben möglicher Übel

Eine der bekanntesten stoischen Übungen, um Gelassenheit zu erlangen, besteht darin, künftige Übel oder Missgeschicke im Voraus zu proben beziehungsweise einzuüben. Antizipieren Sie die Fallstricke, die vor Ihnen liegen. Lassen Sie sich nicht überrumpeln. Diese Übung geht auf die frühen Griechen zurück. Cicero zitiert zustimmend ein Fragment des Euripides:

> *»Dies lernte ich von einem weisen Manne[33]: Immer wieder sinnierte ich über künftiges Elend: einen vorzeitigen Tod oder eine schmachvolle Flucht ins Exil oder die Bürden, die mir durch schwere Krankheit auferlegt werden könnten, um den Umgang damit zu proben, damit, wenn eines von ihnen zufällig eintreten sollte, es mich nicht unvorbereitet träfe und ich nicht durch den jähen Schmerz zerrissen würde.«*

Euripides wiederum lehnt sich an den vorsokratischen Anaxagoras an, der, so die Legende, nach dem Tod seines Sohnes sagte: »Ich war mir bewusst, dass mein Kind sterblich ist.« Die Stoiker verwandeln die Lehre in eine Übung zur Vorbeugung: Setz dich innerlich regelmäßig mit möglichen zukünftigen Übeln auseinander, um den Schock von Unfällen und Tragödien abzumildern.[34]

Ich kann mich nicht erinnern, dass ich jemals die Bemerkung von Anaxagoras in einer Vorlesung über stoische Ethik geäußert habe, ohne dass meine Studenten über deren Botschaft entsetzt waren. Sie rollten ungläubig mit den Augen. Das sei kalt und gefühllos, sagten sie. Wie könnte ich von ihnen erwarten, dass sie den Stoizismus ernstnehmen, wenn er so etwas lehrt? Es ist, als ob ich ihnen an Ort und Stelle sagen würde, dass ihre Eltern sie nicht lieben und jederzeit dazu bereit wären, sie aufzugeben. Man muss immer wieder zu den Grundsätzen zurückkehren, um die stoische Botschaft ansprechend zu gestalten. Normalerweise beherzige ich das. Und immer beginne ich mit der Tatsache, dass die Stoiker und insbesondere Epiktet Schock und Ehrfurcht hervorrufen wollten. Das ist ihm eindeutig gelungen. Dennoch ist der Kern der Botschaft, wie ich meine, überaus menschlich: Wir sollten nicht vor der Tatsache unserer eigenen Sterblichkeit davonlaufen. Aber um nicht länger vor dieser Tatsache wegzulaufen, muss man an sich arbeiten. Dies erfordert tägliche Vorab-Proben und die Bereitschaft, über mögliche Verluste auch tatsächlich nachzudenken. Die Stoiker behaupten, dass wir dadurch die »Frische« eines plötzlichen Verlustes ein wenig abmildern können. Der griechische Begriff für »frisch« ist hier aufschlussreich: *Prosphatos* bedeutet nicht etwa zeitliche Nähe, sondern »Rohheit«[35], wie bei frisch geschlachtetem Fleisch. Um den tiefgehenden, brutalen Schmerz von Verlusten abschwächen zu können, müssen wir uns ihm im Voraus gedanklich aussetzen. Diese Technik beinhaltet vermutlich wesentlich mehr als nur beschwörende Worte wie: »Ich war mir bewusst, dass mein Kind sterblich ist.« Sich im Voraus eingehend mit etwas zu beschäftigen[36], mag das Abtauchen in die Fantasie[37] erfordern, aber auch Humor und Liebe.

Als meine Mutter, Beatrice Sherman, Mitte neunzig war und in einem Pflegeheim lebte, dachte ich oft darüber nach, wie wir über den Tod sprechen würden. Noch war sie gesund, aber ich wusste, dass das Ende irgendwann kommen würde, und ich kannte sie gut – sie würde dieses Thema um jeden Preis vermeiden. Selbst in ihren besten Zeiten war sie nicht sehr gesprächig. Fragte ich sie nach einem ihrer Bücher (sie las drei oder vier Romane pro Woche), dann konnte ich von Glück reden, wenn ich etwas aus ihr herausbekam wie: »Es war gut.« Das war ihre Standardantwort: »Gut.« Das Leben war schön. Sie war keine Nörglerin. Aber sie verleugnete den Tod. Und so beschloss ich irgendwann, es mit Humor zu versuchen und das Thema auf eine witzige Art und Weise anzuschneiden. Wenn wir darüber sprachen, wie sehr sie das Hebrew Home und ihre Betreuer und Freunde mochte, fragte ich immer mal wieder: »Sag mal, Mama, hatten wir für dich eigentlich das Unsterblichkeitspaket gebucht? Denn wenn wir das getan haben, wird es verdammt teuer werden!« Dann lächelte sie sanft. Sie war sehr hübsch. Natürlich verwendete sie nicht die Worte: »Mir war immer bewusst, dass ich sterblich bin.« Aber sie hatte diese Gedanken. Sie konnte nur nicht über den Tod sprechen. Das war einfach nicht ihr Stil. Aber ich bin mir sicher, dass unsere kleinen Vorab-Proben, unsere Witze über das Unsterblichkeitspaket, ihre letzten Tage für uns beide leichter machten. Wir teilten miteinander unsere Sterblichkeit und unsere Überzeugung, dass wir den Tod nicht fürchteten.

Nur drei Tage nachdem wir zusammen getanzt hatten, sie in ihrem Rollstuhl und ich mit anderen »Paaren« auf der »Tanzfläche« des Pflegeheims, starb meine Mutter. In der Woche zuvor hatte sie starken Husten, und wir wussten beide, dass das Ende möglicherweise bevorstehen könnte. Die Antibiotika schlugen nicht an. Die Pflegekräfte überwachten sie engmaschig. Wir verbrachten den letzten Tag zusammen in ihrem Zimmer und sahen dem Tod gemeinsam ins Auge. Unser kleiner Scherz über das Unsterblichkeitspaket war unser beider Vorbereitung, ihre für das Verlassen dieser Welt und meine, um ihr Lebewohl sagen zu können, und um die Sicherheit zu haben, dass es zu den Bedingungen meiner Mutter geschehen würde: »Gut«.

Wie ich bereits angedeutet habe, ist die Vorab-Probe eine Form der Prä-Exposition[38], eine Desensibilisierung vor dem Zeitpunkt des eigentlichen Geschehens. Wenn Ereignisse nicht eintreten, dann können wir das als Gewinn verbuchen. Im Falle des Todes stellt sich nur die Frage, wann er eintritt.

Es gibt zeitgenössische, klinische Parallelen zum Begriff der Vorab-Prüfung. Einige sind vielleicht eher mit Expositionstechniken vertraut, die auf eine Desensibilisierung nach einem Ereignis abzielen. Klinische Ärzte setzen seit einiger Zeit erfolgreich die evidenzbasierte anhaltende Expositionstherapie ein, um posttraumatische Belastungsstörungen (PTBS) zu mildern. Die Expositionstherapie ist eine Form der kognitiven Verhaltenstherapie (KVT, die ihre Wurzeln im Stoizismus hat[39]). Dabei werden die Patienten (*in vivo* oder durch Imagination) mit Situationen oder Ereignissen konfrontiert, die sie an traumatische Situationen erinnern, wobei sie diese aber nun in einem sicheren Umfeld durchleben.

Indem man sich ihr wiederholt aussetzt, statt sie zu vermeiden, wird die Angstreaktion dekonditioniert[40] statt bestärkt. Nehmen wir beispielsweise Beschäftigte des Militärs, die der ständigen Bedrohung durch selbstgebaute Sprengsätze ausgesetzt sind. Ihr Überleben hängt von einer schnellen Reaktion auf diese Bedrohung ab. Eine Angstreaktion kann jedoch überhandnehmen. Erhöhte Wachsamkeit kann Leben retten und ist in einem Kriegsgebiet äußerst nützlich, das gilt aber nicht nach dem Krieg, zu Hause, wenn ein Gewitterdonnern als Schuss wahrgenommen wird, neue Unebenheiten auf dem Bürgersteig als neu gelegte Bomben interpretiert werden oder eine schwarze Plastiktüte auf dem Rasen als Versteck für einen Sprengsatz. Die erneute Konfrontation mit Stressfaktoren, indem man über sie spricht, sie in einer virtuellen Umgebung sieht und Erinnerungen in einer vertrauten und sicheren Umgebung wieder aufgreift und verarbeitet, sind eine Möglichkeit, sowohl Vermeidungs- als auch Hyperreaktionen zu dekonditionieren. Der »neutrale« Müllsack auf dem Rasen oder die neue Bodenwelle auf der Straße in der Nachbarschaft verlieren mit der Zeit die damit verbundene negative Wertigkeit.

In neueren Studien haben Forscher damit begonnen, die Exposition vor der Behandlung zu untersuchen. Die »Aufmerksamkeitslenkung« (auf Englisch: »Attention Bias«[41]; oder, um es mit stoischen Begriffen auszudrücken: die Muster unserer Zustimmung zu Eindrücken) wird neu eingestellt, indem der Fokus immer wieder zwischen bedrohlichen und neutralen Reizen wechselt. Es geht darum zu lernen, die Aufmerksamkeit zu verlagern, sodass wir Wahrnehmungs- und kognitive Ressourcen entwickeln, mit denen wir nicht nur auf Bedrohungen, sondern auch auf neutrale Situationen reagieren können. Forschungsergebnisse deuten darauf hin, dass ein solches Training, bei dem der Fokus zwischen bedrohlichen und nicht bedrohlichen Reizen gewechselt wird, die für die PTBS charakteristische, ängstliche Hypervigilanz verringert. In einem verwandten Forschungsexperiment wurden Soldaten der israelischen Verteidigungsstreitkräfte aus Einheiten, die mit potenziell traumatischen Ereignissen konfrontiert werden könnten, einem »Training zur Veränderung der Aufmerksamkeitslenkung«[42]

unterzogen. Mithilfe von Computerprogrammen wurden sie darin geschult, auf Bedrohungen zu achten, um die kognitive Verarbeitung potenziell traumatischer Ereignisse zu verbessern. Die Idee dahinter ist, die Reaktion auf Stresssignale anpassungsfähig und flexibel zu machen: die Reaktionsfähigkeit in akut bedrohlichen Situationen im Kampf zu verstärken, aber sie so zu trainieren, dass sie nur vorübergehend ist, sodass sie in sicheren Situationen wieder auf ein normales Level sinkt.

Auch dies können wir in stoische Begriffe kleiden: Wir trainieren im Voraus, unangemessenen Eindrücken von Bedrohung nicht zuzustimmen, indem wir alternative Muster der Zustimmung zu Eindrücken von Ruhe und Sicherheit festlegen. Natürlich lassen sich die stoischen Maßstäbe für das, was angemessen ist und was nicht, nicht auf das übertragen, was die meisten von uns heutzutage für angemessen halten. Es hängt davon ab, wie wir die Lehre davon, was »gleichgültig« ist, im Einzelnen interpretieren und ob wir eine kluge Auswahl treffen. Aber der allgemeine stoische Gedanke, dass wir uns präventiv in der Vorstellung Widrigkeiten aussetzen und trainieren sollten, worauf wir in unserer Umgebung unseren Fokus legen, zeugt von Weitblick.

Die Stoiker gehen davon aus, dass eine Vorab-Probe die zusätzlichen, negativen Auswirkungen sekundären Leids verringern kann – oder, wie Cicero es formuliert, das Leid darüber, dass wir unvorbereitet waren und das Geschehene »vielleicht hätten verhindern können«[43]. Hinterher ist man immer klüger und das kann den Blick auf frühere Ereignisse verzerren, also zu einem sogenannten »Rückschaufehler« führen – damit ist die Tendenz gemeint, im Nachhinein unsere Fähigkeit, ein Ergebnis vorherzusagen, zu überschätzen. Mit »hätte« und »könnte« kann man wunderbar Verantwortung falsch zuweisen. Manchmal gehört dieser Gebrauch des

Konjunktivs auch zu einer bestimmten Form der Trauerbewältigung oder zum Umgang von Überlebenden mit ihrem Schuldgefühl, wie ich bei meiner Arbeit mit Angehörigen des Militärs gelernt habe, die von Einsätzen im Irak und in Afghanistan zurückkehrten. Wir neigen dazu, moralische Verantwortung zu übernehmen, um etwas, das uns sinnlos erscheint, einen Sinn zu geben.[44] Im Fall der Militärangehörigen ersetzten viele von ihnen zufälliges Glück durch gescheitertes moralisches Handeln. Moralische Verletzung[45], also eine extreme moralische Belastung durch tatsächliche oder eingebildete moralische Übertretungen, sei es als Täter, Opfer oder Zuschauer, kann die Folge sein. Das Gewissen wird überlastet und nimmt Schaden. Aber moralisches Verantwortungsbewusstsein muss nicht immer mit Angst verbunden sein. Viele Möglichkeiten, sich vorzubereiten und dafür verantwortlich zu sein, sich vorzubereiten, sind alles andere als irrational oder überdreht. So etwas tun rechtschaffene Menschen, die gut für sich und andere sorgen wollen. Dies steht im Einklang mit den stoischen Vorstellungen, die Vorbereitung auf persönlicher und gesellschaftlicher Ebene ernst zu nehmen.

Dennoch kann die stoische Vorab-Probe, wenn sie den Fokus auf das halb leere und nicht auf das halb volle Glas legt, möglicherweise auch Ängste erzeugen. Die Verringerung zukünftiger Ängste geht auf Kosten der Verstärkung gegenwärtiger Ängste. Wir grübeln über den schlimmstmöglichen Fall nach, stellen uns vor, wie wir auf schlechte Nachrichten reagieren würden, beschäftigen uns mit Widrigkeiten und Verlusten und werden so in den Kampfmodus versetzt, noch bevor es einen Krieg zu führen gilt. Aber noch einmal – es gibt positive wie auch negative Arten, sich mit der Zukunft zu beschäftigen. Strategisches Denken, Risikoanalysen, langfristige Planung sowie koordinierte und gemeinschaftliche Anstrengungen sind allesamt Maßnahmen, um Katastrophen zu entschärfen und die emotionale Belastung durch lähmende Angst oder Depression abzumildern. Es handelt sich nicht um unnötige Panikmache, sondern um Methoden, sich realistisch auf mögliche Ereignisse vorzubereiten.

Die Vorwegnahme einer natürlichen oder medizinischen Katastrophe ist ein gemeinschaftliches Unterfangen, das von Institutionen gesteuert wird. Aber die Vorwegnahme eines tiefgreifenden persönlichen Verlustes ist etwas anderes. Und jeder von uns besitzt in unterschiedlichem Maße Resilienz, was neben anderen Dingen mit psychologischen, sozialen, politischen und historischen Faktoren zu tun hat.

Epiktet empfiehlt, sich durch eine allmähliche Erhöhung der Risiken auf einen möglichen, persönlichen Verlust vorzubereiten. Dazu gehen wir schrittweise vom Einüben kleiner möglicher Unglücke zu größeren über: »Bei allen Dingen, die dir gefallen, die dir nützen oder die du magst, halte dir vor Augen, wie sie beschaffen sind, beginnend mit den unbedeutendsten Dingen.« Er schlägt vor, mit einem Krug zu beginnen: »Wenn dir ein Krug gefällt, dann sage dir: ›Ich mag den Krug‹. Wenn er irgendwann zerbricht, dann wird es dir keinen Kummer bereiten.« Nochmals: Dieser Rat ist sinnfrei, solange es sich lediglich um eine verbale Beschwörungsformel handelt – unabhängig davon, ob sie ausgesprochen wird oder nicht. Versuchen wir, ihn mit Sinn zu füllen. Wir sprechen uns selbst eine Vorwarnung aus. Erst kürzlich sagte ich beispielsweise zu meinem Mann: »Ich mag diesen großen, geriffelten Seladontopf von Richard Batterham wirklich sehr. Wenn einer von uns beiden ihn kaputt macht, dann wird mich das sehr wütend machen.« Was ich hierbei nicht ausgesprochen habe, was wir aber trotzdem beide nun denken, ist: »Ich gehe am besten vorsichtig damit um.« Und dies könnte zu einem weiteren Dialog führen, sei er stillschweigend oder ausgesprochen, darüber, ob es wirklich das Ende der Welt bedeuten würde, würde er zerbrechen: »Er ist dazu gedacht, benutzt zu werden.« »Er ist wie dafür gemacht, das Brot darin aufzubewahren.« »Wir werden sehr vorsichtig damit umgehen.« »Wozu haben wir ihn, wenn wir ihn nicht benutzen?« »Und wenn er kaputt geht, dann geht er eben kaputt.« Möglicherweise wollte Epiktet uns dazu auffordern, etwas in dieser Art zu proben. Seine Ausführungen hierzu sind nur sehr knapp gehalten. Aber es ist uns leider nicht vergönnt, persönlich an seinen Lesungen teilzunehmen, uns unter seine anderen Anhänger zu mischen und gemeinsam mit ihnen zu analysieren und zu interpretieren. Wir beschäftigen uns jetzt mit seinen Worten, rund zweitausend Jahre später. Wir versuchen, uns vorzustellen, wie wir auf Verlust reagieren, während wir gleichzeitig versuchen, unsere Werte in Bezug auf das, was wirklich wichtig ist, neu zu justieren. Wir versuchen zu prüfen, wie stoisch wir sind.

Epiktet weitet seine praktischen Beispiele aus. »Wenn du baden gehst, dann stell dir vor, was im Badehaus vor sich geht – Leute, die dich mit Wasser bespritzen, dich anrempeln, dir unhöfliche Worte entgegenschleudern oder gar deine Sachen stehlen.«[46] Halten Sie sich vor Augen, was Sie erwarten könnte. Dieses Beispiel eignet sich für mich persönlich sehr gut. Ich denke oft darüber nach, abends zum Fitnessstudio zu fahren, um draußen schwimmen zu können, sowohl im Sommer als auch im Winter, und um mich im Winter nach dem Schwimmen im Whirlpool oder in der Sauna aufzuwärmen. Aber die Umkleidekabine ist oft überfüllt mit schreienden Teenagern, die vom Schwimmtraining kommen. Werden sie heute wieder da sein? Ist es ein Trainingstag? Habe ich mir die richtige Zeit für meinen Aufenthalt dort ausgewählt? Mir den Raum mit schreienden Teenagern teilen zu müssen, ist nicht gerade das, was ich mir am Ende eines harten Tages wünsche. Aber die Worte von Epiktet machen mir deutlich, dass, wenn ich mir »von vornherein« sage[47]: »Ich möchte gern baden, aber meine Wünsche müssen auch in Einklang mit der Natur stehen.«, dann bedeutet das, im Einklang mit dem, wie sich die Dinge entwickeln, und auf diese Weise ist es weniger wahrscheinlich, dass ich mich »über das, was geschieht, ärgere«. Das ergibt einen Sinn. Auf diese Weise habe ich mir selbst im Vorfeld die Leviten gelesen und bin gewappnet. Wenn die Mädchen des Schwimmteams laut kichern und tratschen, dann ist das zwar nicht unbedingt das, was ich ursprünglich wollte, aber auf diese Weise kann ich meine Erwartungen besser den Gegebenheiten anpassen.

Epiktet spannt anschließend den Bogen von diesen Kleinigkeiten hin zu den wichtigsten Dingen in unserem Leben. Die mittlerweile bekannte Anekdote wird ausgeschmückt: »Wenn du dein Kind oder deine Frau küsst, dann sage dir, dass du einen Menschen küsst. Dann wird es dich nicht quälen, wenn einer davon stirbt.«[48]

Moment mal! Das ist eine ziemlich steile Entwicklung: von einem zerbrochenen Krug bis zum Verlust eines geliebten Menschen mit einem unruhigen Gedränge im Badehaus irgendwo dazwischen. Eine Vorab-Probe mag Ihnen vielleicht einen kleinen Ausblick auf die Sterblichkeit geben, aber deshalb zu glauben, sie könne Trauer verhindern, deutet sowohl auf die dunkelsten Seiten des Stoizismus als auch auf psychologisch ungesunde Methoden der Verlustbewältigung hin.

Gibt es eine Möglichkeit, diese Sichtweise mit etwas Menschlichkeit zu füllen? Folgendes kann dabei helfen, auch wenn es die genannte Sichtweise nicht abschwächt. Bei der stoischen mentalen Vorbereitung geht es darum, sich auf harte Prüfungen vorzubereiten, denen wir uns möglicherweise stellen müssen und von denen wir wissen, dass wir sie sicher bestehen würden, hätten wir nur ein umfassenderes, gottähnliches Wissen darüber, wie sich die Dinge entwickeln werden. Einige dieser Zukunftsszenarien und der den Fakten zuwiderlaufenden Reaktionen darauf (»Wenn dies und jenes geschehen würde, dann würde ich ...«) empfinden wir jetzt möglicherweise als geradezu abstoßend. Epiktet erläutert: »Chrysipp hatte Recht mit seiner Aussage: ›Solange die Zukunft für mich im Ungewissen liegt, halte ich an den Dingen fest, mit denen mein Leben im Einklang mit der Natur verläuft; denn Gott selbst hat mir aufgetragen, diese auszuwählen.‹« Wenn ich also wüsste, dass ich dazu bestimmt bin, krank zu sein, »hätte ich den Drang dazu, krank zu sein«. Und hätte mein Fuß einen eigenen Verstand, »hätte er den Drang dazu, dreckig zu werden«.[49] Das bedeutet, dass das, was in einem Kontext etwas »nicht bevorzugtes Gleichgültiges« ist, in einem anderen Kontext wiederum wichtig sein kann und bevorzugt ausgewählt werden sollte. »Da wir nicht im Voraus wissen, was passieren wird, ist es angemessen, sich an das zu halten, was von Natur aus besser zur Auswahl geeignet ist.«[50] Natürlich wissen wir nicht, was es bedeutet, »sich an das zu halten, was von Natur aus geeignet ist«, solange wir nicht alle Geheimnisse der Natur kennen und nicht wissen, wie und wann sie uns offenbart werden. Wir können uns aber antrainieren, anpassungsfähig zu sein, und uns auf das Schlimmste vorbereiten, auch wenn wir auf das Beste hoffen.

Pandemien wiederum sind ein ganz anderer Fall. Epidemiologische Experten und Politiker, Wirtschaftswissenschaftler und medizinische Forscher entwickeln gemeinsam Handlungsempfehlungen, mit deren Hilfe wir Maßnahmen zur Vorbereitung ergreifen können. Der Öffentlichkeit wird beigebracht, sich vorzustellen, was unvorstellbar scheint. Und Sie bereiten sich dann auf die persönlichen und emotionalen Folgen vor. Machen Sie sich mit den Zuständen vertraut, die mit einer Katastrophe einhergehen – Angst, Furcht, große Sorge und Trauer, Einsamkeit, Entwurzelung, dem Gefühl einer trostlosen Zukunft. Und bringen Sie auch in Erfahrung, wo es Trost und Unterstützung gibt. Niemand ist gegen psychische Belastungen vollkommen immun. Das wollen wir auch gar nicht sein. Davon abgesehen ist jede Rüstung, die angeblich vollständig davor schützt, ein Betrug, ein Irrweg. Aber es gibt durchaus stoische Lektionen, die uns bei der Bewältigung von Notlagen helfen und Stress mindern können, und die sowohl für den persönlichen Gebrauch als auch auf institutioneller Ebene geeignet sind. Der wesentliche Punkt an den Vorab-Proben ist: Versuchen Sie, sich weit entfernte und fast unvorstellbare Probleme vor Augen zu halten und sie real und nah erscheinen zu lassen. Und dann stellen Sie sich vor, wie man in diesen schwierigen Fällen am besten reagiert – wie sieht der Weg aus der Misere aus? Auf diese Weise wird das Überlieferte mit Menschlichkeit gefüllt und lässt sich an die heutige Zeit anpassen.

Gibt es noch weitere stoische Techniken zur Linderung von psychischem Schmerz?

Absicherungen und Vorbehalte

Zusätzlich zur Vorab-Probe oder Vorwegnahme lehren uns die Stoiker, unsere Pläne und Absichten so zu formulieren, dass wir uns mental auf die Möglichkeit vorbereiten, dass die Dinge eventuell nicht so laufen, wie wir es gern hätten. Sie empfehlen die folgende Technik: Fügen Sie Ihren Absichten, oder wie sie es nennen, Ihrem Verlangen gegenüber bevorzugten Gleichgültigen, einen stillschweigenden mentalen Vorbehalt hinzu: »Sofern nichts passiert, was es verhindert.«[51] Wir können uns diese Strategie als eine Art der Absicherung vorstellen. Es kann sein, dass es nicht klappt. Sehen Sie Ihre Wünsche immer als unverbindlich an.

Seneca veranschaulicht diese mentale Technik wie folgt: Sage dir: »Ich werde in See stechen, *sofern nicht* (*nisi si*) etwas dazwischenkommt.« »Ich werde Prätor [ein römischer Magistrat] werden, *sofern nichts* dazwischenkommt.« »Mein Geschäft wird erfolgreich sein, *sofern nichts* dazwischenkommt.«[52] Epiktet führt eine ähnliche Idee an, wenn er seine Zuhörer daran erinnert, wie sie ihre Haltung gegenüber gleichgültigen Dingen wirksam anpassen können: Da wir keine Weisen sind, liegt es noch nicht »in unserer Macht, uns das zu wünschen, was gut für uns wäre«. »Und verwende ausschließlich den Impuls und die Abneigung, aber mit Leichtigkeit, unter Vorbehalt und auf eine entspannte Weise.«[53] Epiktets Argumente sind komprimiert und in stoischer Ausdrucksweise verfasst. Die Quintessenz ist diese: Als Nicht-Weise haben wir noch keinen dauerhaften Zugang zu einem feinen oder edlen Verlangen, das auf das einzig wahre Gut, die Tugend, ausgerichtet ist. Was uns stattdessen zur Verfügung steht, sind Impulse (und Abneigungen), die auf Gleichgültiges ausgerichtet sind. Indem wir diese Impulse »mit Leichtigkeit« anwenden, vermeiden wir Maßlosigkeit und Anstrengung, den Schmerz der unerfüllten Begierde und die Angst des panischen Vermeidens. Der innere Vorbehalt fügt zusätzlich Denkweisen hinzu wie die des vorsichtigen Badenden im öffentlichen Badehaus: Es könnte dort laut sein. Passe deine Erwartungen an. Was du dort vorfindest, ist vielleicht nicht das, was du dir ursprünglich erhofft hast. Ein Stoiker aus dem späten 1. Jahrhundert v. Chr., Arius Didymus, führt einen ähnlichen Gedanken von der Alten Stoa an: »Sie sagen auch, dass einem würdigen Menschen nichts widerfährt, was seinem Verlangen oder Impuls zuwiderläuft, weil er alles unter Vorbehalt tut und kein Übel unvorhergesehen über ihn hereinbricht.«[54]

Aber welchen Rat genau soll uns das erteilen? Sollen wir Impulse immer so relativieren, dass sie gar nicht scheitern können? Das könnten wir mit eingebauten Airbags im Auto vergleichen, die sich bei einem Unfall entfalten und den Aufprall abfedern. Richtig formuliert, sorgen Impulse für eine psychische Immunität, die schützt, wenn man sie am meisten braucht. Das erscheint ein bisschen zu schön, um wahr zu sein[55] – psychologisch, wenn schon nicht logisch.

Vielleicht ist es besser, den Vorbehalt anhand eines Finanzhandelsmodells zu betrachten. Die meisten von uns sind mit Slogans vertraut, wie sie in Börsenprognosen üblich sind: »Die Wertentwicklung in der Vergangenheit ist keine Garantie für zukünftige Erträge.« Dies ist eine Warnung, sich nicht fest darauf zu verlassen, dass sich eine Investition in der Zukunft rentieren wird, nur weil es sich in der Vergangenheit um eine gute Investition handelte. Das Börsenklima ändert sich. Wir müssen anpassungsfähig sein. Gleichzeitig gilt aber auch, dass etwas, das in der Vergangenheit schlechte Resultate geliefert hat, in Zukunft durchaus gute Chancen beinhalten kann. In jedem Fall müssen wir beweglich bleiben, nicht auf den Markt warten, sondern bereit sein, regelmäßig eine Neugewichtung vorzunehmen, um die angestrebte Vermögenszuweisung zu erreichen.

Dies ist tatsächlich ein recht nützlicher Vergleich, um die Schlüsselaussagen der Stoiker zum inneren Vorbehalt zu verdeutlichen. Nein, die Stoiker waren keine Finanzberater (wenn überhaupt, dann stehen sie aufgrund ihrer kynischen Wurzeln dem Geld eher misstrauisch gegenüber. Denken Sie an das kynische Motto von Diogenes: »Verunstalte die Münzen.«). Der wesentliche

Punkt dieser Finanzanalogie ist vielmehr, dass sich die Informationen über die Welt und somit auch unsere besten Analysen dieser Welt ständig ändern. Impulse sollten auf diese aktualisierten Sichtweisen auf die Welt reagieren und sich ebenfalls ändern. Um also auf Senecas Beispiel zurückzukommen: Ich werde eine Bootsfahrt unternehmen. Aber ich ändere meine Pläne (und mein Motiv oder meinen Impuls, sie zu unternehmen), wenn ich merke, dass ein Sturm aufzieht. Ich plane, mich auf das Amt des Prätors zu bewerben. Aber ich ändere meine Pläne (und den Impuls, die Bewerbung einzureichen), wenn meine Wahl sehr unwahrscheinlich erscheint. Und so weiter.

Der Weise reagiert prompt, sobald neue Informationen zur Verfügung stehen. Dies ist ein stark idealisierter Fall: Die Impulse des Weisen passen sich der gegenwärtigen epistemischen Landschaft an. Der Weise lässt sich nicht auf zukünftige (erwünschte) Eventualitäten ein.[56] Er aktualisiert seine Impulse ständig im Lichte aktualisierter Überzeugungen. Kurz gesagt, der Weise hält nicht krampfhaft an etwas fest, das er sich wünscht oder das einmal war. Das Motiv folgt immer den kognitiven Veränderungen. Und kognitive Agilität garantiert, dass er Schritt hält.

Seneca erläutert die Idee hinter dem inneren Vorbehalt wie folgt. Er greift dabei die vorangegangene, idealisierte Argumentationslinie auf, erweitert diese aber um einige, kritische Ergänzungen: »Deshalb sagen wir, dass einem weisen Menschen nichts Unerwartetes widerfährt – er ist nicht frei von menschlichen Zufällen, aber von den Fehlern der Menschen ... Auch wir sollten anpassungsfähig bleiben, damit wir nicht zu fest an unseren eigenen Plänen hängen ...« Sein letztes Argument betont er: »Sowohl die Unfähigkeit, sich zu verändern, als auch die Unfähigkeit, zu ertragen« sind »Feinde der inneren Ruhe«.[57]

Zu beachten ist hier zunächst, dass der Weise nicht vor »Zufällen« oder Unglück geschützt ist, aber vor menschlichem Versagen. Und das liegt daran, dass das Wissen eines Weisen mit den Tatsachen Schritt hält – im Sinne dessen, was objektiv ist und außerhalb des Wissenden liegt. In diesem Sinne »widerfährt ihm nichts Unerwartetes«. Es geht nicht darum, dass der Weise alle Impulse gegen Enttäuschung oder Misserfolg abfedert. Vielmehr verändert er die Impulse, um mit dem Schritt zu halten, was aktuell der Stand der Dinge ist. Wir fehlbaren Wesen hingegen haben nicht so viel Glück: Unser Wissen ist unseren Missgeschicken leider nicht immer einen Schritt voraus. Aber dann holt Seneca den Weisen ein wenig auf unser menschliches Niveau herab: Ein Weiser kann durchaus darunter leiden, dass er seine Pläne und Wünsche aufgeben muss. Hier erfahren wir also, dass der Weise emotionale Investitionen tätigt, die tatsächlich zu Kummer führen können. Aber das Leiden (*dolorem*) wird »viel leichter« sein, wenn der Erfolg nicht zugesichert war (das heißt, solange es einen inneren Vorbehalt gibt) und die Fähigkeit besteht, sich anzupassen. Das ist ein guter Rat für uns alle, auch für uns, die wir fehlbar sind und oft mit wesentlich mehr Leidenschaft bei der Sache sind, als klug wäre.

Insgesamt handelt es sich um eine bemerkenswerte Reihe von Lehren, die auch heute noch Gültigkeit haben. Wenn es beim inneren Vorbehalt grundsätzlich um kognitive Beweglichkeit geht, darum, den Tatsachen ins Auge zu sehen und zu versuchen, mit den sich wandelnden Informationen Schritt zu halten, dann geht es bei der stoischen Idee weniger darum, wie man die Frustration besiegt, als vielmehr darum, wie man die Motivationen so verändert, dass sie sich den neuen und zuverlässig aufbereiteten Informationen anpassen. Die Überwindung von Frustration mag ein indirekter Glücksfall sein, aber die Arbeit, um dorthin zu gelangen, ist kognitiver Natur. Natürlich idealisieren die Stoiker das Modell, wie bereits erwähnt. Der Weise ist ein erhabener Wissender, ja, ein unfehlbarer Wissender, der sich keine Sorgen machen muss, irreführenden und attraktiv erscheinenden Eindrücken zuzustimmen oder sich zu sehr an seine Gesundheit oder seine sauberen Füße zu klammern, wenn die Unvermeidlichkeit von Krankheiten oder schmutzigen Füßen nun mal das ist, was die Natur hier und jetzt vorsieht und uns damit den Weg weist, zu was wir unsere Zustimmung geben sollten. Und der Weise scheint sich auch keine Gedanken über all die unbewussten Möglichkeiten machen zu müssen, mit denen wir Eindrücke ungeprüft oder gegen unseren Willen aufnehmen. Trotzdem ist die grundlegende Idee, sich den immer neuen Begebenheiten in einer sich verändernden Welt anzupassen, was durch Übungen wie die Vorab-Probe beziehungsweise Vorwegnahme unterstützt wird, eine lehrreiche Lektion darin, wie man in unruhigen Zeiten Ruhe findet.

Wie ein Bogenschütze

Um uns dabei zu helfen, mit der Ungewissheit von künftigen Entwicklungen besser umgehen zu können, bedienen sich die Stoiker auch einer Analogie zum Bogenschießen.[58] Beim Schießen eines Pfeils besteht das »Ziel« oder die »Vorgabe« darin, ins Schwarze zu treffen, aber der eigentliche »Zweck« besteht darin, »alles in seiner Macht Stehende zu tun, so gut wie möglich zu schießen«, »alles zu tun, was man tun kann, um die Aufgabe zu erfüllen«. Es gibt also zwei Werte: ein Ziel (das die bevorzugten Ergebnisse beinhaltet) und einen allgemeinen Zweck (der das beschreibt, wonach man strebt). Wenn es darum geht, ein gutes und moralisch anständiges Leben zu führen, ist das »Verfehlen des Ziels« in Bezug auf bestimmte Handlungen, die man im Laufe des Lebens vollzieht, mit dem Erreichen von Vortrefflichkeit oder Tugend als allgemeinem Zweck vereinbar. Anders ausgedrückt: Die Tugend liegt im Streben, alles zu tun, was wir tun können, um ein gutes Leben zu führen; zufällig geschehende Missgeschicke können zwar unsere Ziele und bevorzugten Ergebnisse vereiteln, nicht aber die Tugend oder Güte als allgemeinen Zweck.[59] Diese beiden Werte – Gleichgültiges oder Bevorzugtes und Tugend oder Güte – unterscheiden sich voneinander.

So manche mögen nun erneut anführen, dass der Stoizismus hier seine harte Seite zeigt. Sollten uns Pech und Pannen nicht bekümmern? Immerhin vereiteln sie ja die Ziele unseres guten Handelns – als Mitarbeiter im Gesundheitswesen Leben zu retten, Unschuldige bei einem Beschuss aus dem Kreuzfeuer herauszuhalten, ein Kleinkind zu retten, dass auf dem Spielplatz einen Unfall erlitten hat. Selbst wenn schwerwiegende, tragische Ereignisse unser gutes Urteilsvermögen und unsere großen Bemühungen nicht infrage stellen, belasten sie uns etwa nicht, lassen sie uns etwa nicht daran zweifeln, alles in unserer Macht Stehende getan zu haben? Und sind diese belastenden Gedanken nicht im Grunde gut, ein Zeichen dafür, dass wir uns um die Welt um uns herum kümmern und uns engagieren?

Stellen Sie sich den folgenden Fall vor, um Ihr stoisches Gespür zu testen. Im Herbst 2019 hielt ich im Psychotraumazentrum in Amsterdam[60] eine Keynote über moralische Verletzung vor einer Gruppe von Krankenhausärzten, erfahrenen Ersthelfern aus Feuerwehr, Polizei und Militär sowie humanitären Helfern und anderen Teilnehmern.

Feuerwehrmann Aart van Oosten[61] erzählte uns von einer erschütternden Entscheidung, die er während eines Weihnachtsabends treffen musste. Er aß gerade mit seiner Familie zu Abend, als er einen Anruf erhielt und gebeten wurde, einen Rettungseinsatz in der kleinen niederländischen Stadt Arnemuiden zu leiten. Die Wohnung über einem chinesischen Restaurant stand in Flammen und vier Kinder der Restaurantbesitzer waren darin eingeschlossen. Die Eltern standen geschockt vor dem Gebäude und mussten dabei zusehen, wie die Flammen aus den Fenstern des oberen Stockwerks schlugen. Drei Feuerwehrleute, die bereits vor Ort waren, hatten versucht, die Kinder zu retten, aber die Flammen hatten ihre Bemühungen zunichte gemacht. Die Lage hatte sich seitdem noch verschlimmert. Als Aart sich einen Überblick über die Lage verschaffte, stellte sich nicht mehr die Frage, *wie* die Kinder zu retten waren, sondern *ob* sie gerettet werden konnten. Und mit seiner 30-jährigen Erfahrung im Rücken kam er zu dem Schluss, dass dieser Einsatz aussichtslos war. Die Kinder konnten nicht gerettet werden und die Feuerwehrleute würden bei einem Versuch, sie zu retten, sterben. Schweren Herzens überbrachte er diese Nachricht seinen Kollegen und einem Polizeibeamten, der bei den Eltern war.

Als Aart an diesem Abend nach Hause kam, wusste seine Frau bereits aus einer Nachrichtensendung von dem abgebrochenen Einsatz. Sie sorgte sich um seine Sicherheit, aber auch um seine Karriere – sie hatten schon einmal einen tödlichen Brand miterlebt, bei dem die Medien die Feuerwehr scharf dafür kritisiert hatten, dass sie nicht in der Lage war, Leben zu retten. Er versicherte ihr und seinen Kindern, dass der Tod der Kinder weder seine Schuld noch die seiner Kollegen war. Die Feuerwehrleute hätten an diesem Abend nicht mehr tun können.

Die nächsten Tage waren von der psychologischen Trauma-Nachsorge für ihn und seine Mannschaft geprägt. Er sorgte dafür, dass die Leichen von der Polizei, die die Ermittlungen führte, geborgen wurden, und nicht von den Feuerwehrleuten, die am Einsatzort gewesen waren.

Einige Tage später veröffentlichte die Polizei einen Bericht über den Vorfall. Die Ermittlungen hatten ergeben, dass die Kinder den Flammen bereits erlegen waren, noch bevor die Feuerwehr am Einsatzort eingetroffen war. Das war ein gewisser Trost. Dennoch muss Aart ständig an das Feuer denken, weil er sich, wie er erklärt, bewusst dafür entschieden hatte, die Rettungsversuche abzubrechen. Trotz seiner langjährigen Tätigkeit als Feuerwehrmann war es das erste Mal, dass er einen Notfall dieses Ausmaßes erleben musste. Wenn er mit Ersthelfern spricht, so wie er es mit unserer Gruppe tat, dann erklärt er ihnen, dass »es fast unmöglich ist, sich mental vollständig auf einen solchen Notfall vorzubereiten«. »Jeder erlebt einen Brand wie diesen anders«. Und es darf »keine Schande oder ein Stigma sein, psychologische Hilfe zu suchen«.

Ich weinte, während ich Aart zuhörte und er uns mit seiner Erzählung in die Geschehnisse jener Nacht versetzte. Ich war wie gebannt von diesem Feuerwehrmann, bewunderte seine moralische und professionelle Führung, seine Fähigkeit, in einer akuten Notsituation ruhig und umsichtig zu urteilen, seinen intellektuellen Scharfsinn. Ich bewunderte ihn dafür, wie er seine Leute und seine eigene Familie schützte und sich um die Familie der vier Kinder sorgte. Ich bewunderte ihn für sein klares Gespür, wie die Einwohner seiner kleinen Stadt über ihn urteilen könnten. Und trotz allem ließ er es nicht zu, dass äußere Faktoren wie Zufall, Schicksal oder sein Ansehen ihn daran hinderten, seine Arbeit gut zu machen, sondern trennte beides fein säuberlich voneinander.

Aus diesem Fall lässt sich eine stoische Lehre ziehen: Aart ist ein hochqualifizierter, vorbildlicher und professioneller Feuerwehrmann, der sein Team mit Erfahrung und professioneller Intelligenz leitet. Nicht alle Handlungen und Unterlassungen bei der Brandbekämpfung führen zu den gewünschten Ergebnissen. Es handelt sich um eine Tätigkeit, die mit hohen Risiken verbunden ist, und eine kluge Entscheidung kann in diesem Geschäft bedeuten zu akzeptieren, dass es sich um ein tödliches Feuer handelt, mit allen Konsequenzen. Vorbereitung schult, aber sie schützt nicht vollständig vor Katastrophen. Dies ist eine abgewandelte stoische Lektion. Die Entscheidung von Aart, die Rettungsaktion abzubrechen, wurde durch den Ermittlungsbericht nach dem Vorfall bestätigt. Und das ist ein gewisser Trost.

Aber die schwieriger zu schluckende stoische Pille ist, dass selbst wenn die Kinder erst *nach dem* Eintreffen der Feuerwehrleute umgekommen wären, Aarts weise Entscheidung seine Feuerwehrleute vor einem Einsatz bewahrt hat, der sowohl sie als auch die Kinder das Leben gekostet hätte, und dass auch dieser Umstand allen Gemütern Seelenfrieden bringen sollte. Denn die Stoiker sind der Ansicht, dass die Fähigkeit, tugendhaft zu sein, mit der Fähigkeit vergleichbar ist, ein guter Arzt zu sein[62]: Ein guter Arzt zu sein, garantiert nicht, dass jede Behandlung zum Erfolg führt. Auch aller Wille und sämtliche Intelligenz, auch das beste medizinische Fachwissen und die beste Ausrüstung können letztendlich keinen hundertprozentigen Erfolg garantieren. Mediziner leben mit dem Trost, ihr Bestes gegeben zu haben. Ebenso gute Feuerwehrleute. Und es gilt gleichermaßen für gute Menschen, argumentieren die Stoiker. Gute Fachleute sind nicht immer auch gute Menschen. Aber viele von ihnen sind es. Und sie haben eines gemeinsam: das Bestreben, immer ihr Bestes zu geben.

Mitarbeiter des Gesundheitswesens, die an vorderster Front kämpfen, wissen das ganz genau, so auch Daniela Lamas, Ärztin für Intensivmedizin im Bostoner Brigham and Women's Hospital[63].

Sie erinnert sich an ein Telefonat mit dem Ehemann einer Patientin. Es war Ende März 2020 und Covid-19 wütete:

> *»Ich war mir nicht sicher, was ich sagen sollte.*
>
> *Wir waren gerade mitten in einem dieser Telefonate mit den Familienangehörigen, die auf der besucherfreien Intensivstation zu unserer neuen Realität geworden waren, als der Ehemann meiner Patientin innehielt. Er hatte eine Frage …*
>
> *Seine Frau hing nun schon einige Tage am Beatmungsgerät, und er verstand, dass die Anzahl dieser Geräte knapp bemessen war. Er wollte nur sichergehen: Hatten wir etwa vor, ihr das Beatmungsgerät wegzunehmen?*
>
> *›Sie kennen sie nicht‹, fuhr er fort. ›Ja, ihr Krebs ist weit fortgeschritten. Aber kurz vor dieser Lungenentzündung hat sie noch von ihrem Krankenzimmer aus Konferenzgespräche geführt. Sie ist schlau wie ein Fuchs. Und witzig. Wir haben gemeinsame Pläne‹, erzählte er mir. ›Es gibt noch viele Orte, die wir sehen wollen.‹*
>
> *In diesem Moment wurde mir klar, was der Mann meiner Patientin vorhatte. Er wollte mir beweisen, dass seine Frau es wert war, gerettet zu werden.*
>
> *Ich lege auf und kehre in das geschäftige Treiben auf meiner Station zurück, um nach meiner Patientin zu sehen. Die Sepsis, die aus ihrer Lungenentzündung resultiert, gepaart mit der durch die Chemotherapie verursachten Immunschwäche ihres*

Körpers, droht, zu viel für sie zu werden. Das Beatmungsgerät verschafft ihr ein bisschen Zeit, aber möglicherweise wird sie es trotzdem nicht schaffen.

Aber ich weiß genau: Wenn sie stirbt, dann werde ich ihrem Mann sagen können, dass wir alles in unserer Macht Stehende getan haben, um sie zu retten. Und das Gleiche werde ich auch mir selbst sagen können.«

Dies ist ein weiser Rat für einen modernen Stoiker: Die Güte in uns und der damit einhergehende Seelenfrieden entstehen, wenn wir unser Bestes geben und mit denjenigen, die sich in gleicher Weise engagieren, auf höchstem Niveau zusammenarbeiten. Vortrefflichkeit macht uns nicht immun gegen Versagen oder Leiden. Auch macht sie uns nicht immun gegen moralische Verletzung. Aber sie ist eine profunde Quelle der psychologischen Unterstützung.

Dr. Anthony Fauci, der zum Zeitpunkt des Interviews 79 Jahre alt ist, wird gefragt, wie man sich an ihn erinnern soll, wenn die Corona-Pandemie einmal vorüber ist[64]: »Ich hoffe einfach, dass man sich an mich so erinnern wird, wie ich meiner Überzeugung nach handele, nämlich dass ich mein Bestes gebe.« Als Arzt sein Bestes zu geben, entspricht dem Leitbild, das die Stoiker die »Kunst des Lebens«[65] nennen. Die meisten von uns, die ehrenvoll leben, versuchen genau das – gut zu leben, indem wir uns Bestes geben.

Abb. 5: Boxer von Quirinal, unbekannter Künstler, 100–50 v. Chr., Bronze, Palazzo Massimo alle Terme

Lektion 3

Die eigenen Emotionen im Griff behalten

»Schreie und Klatschen und Begeisterungsrufe ... Manchmal weinen sie.«

Der bei Random House beschäftigte Verleger Andy Ward beschreibt die emotionalen Reaktionen, die es jeden Mittwochnachmittag in seinem Büro gibt, wenn die Bestsellerliste der *New York Times* in den Posteingängen auftaucht. Die Atmosphäre ist angespannt. »Es gibt diesen Moment der Stille beim Öffnen des Anhangs, und dann hört man Schreie und Klatschen und sich entladende Emotionen in Form von Begeisterungsrufen, die über den Flur hallen.« Es ist »eine schöne Sache«, sagt er, »aber lange nicht so schön wie der Anruf bei einer Autorin, die unglaublich hart an ihrem Buch gearbeitet hat, und ihr mitteilen zu können, dass es nun offiziell ein Bestseller ist. Dieser Moment ist immer wieder aufs Neue schön, man kriegt nie genug davon. Manchmal werden sie ganz still, manchmal weinen sie, manchmal schreien sie OH MEIN GOTT. All das sind angemessene Reaktionen.«[1]

Aber sind sie auch für einen Stoiker angemessen? Wards Begeisterung und die seiner Autoren hängen vom Erfolg ab, von äußerer Anerkennung, vom Streben, das sich durch greifbare, positive Ergebnisse auszahlt. Aber ist diese Freude, die allein von äußeren Dingen abhängt, eine zulässige Art stoischen Vergnügens? Wie wäre es in der umgekehrten Situation, wenn eine Autorin deprimiert wäre, weil das Buch, in das sie so viele Jahre harter Arbeit gesteckt hat, ein Flop wäre, vom Verlag schlecht beworben oder einfach missverstanden würde? Ist es für einen Stoiker angemessen, angesichts einer solchen Situation verärgert, traurig oder wütend zu sein? Oder sollte ein Stoiker nicht vielmehr einfach alles gelassen hinnehmen, ruhig bleiben und weitermachen?

Und wie ist es mit der Trauer über den Verlust eines Lebens oder der Lebensgrundlage? Was ist mit dem Krankenhauspersonal, das während einer Pandemie an vorderster Front kämpft und mit all der emotionalen Last der Arbeit zurechtkommen muss? Sie leiden unter der Trauer über den massiven Verlust von Menschenleben und unter der Angst, ihre Familien anzustecken[2], wenn ihre Schicht zu Ende ist und sie nach Hause kommen. Viele fürchten um ihre Gehälter im Falle, dass sie selbst erkranken. Sind solche Gefühle für einen Stoiker angemessen?

Wenn die Stoiker elementare Emotionen wie Verlangen, Angst, Vergnügen und Kummer mitsamt all den damit verbundenen Gefühlsschattierungen verbieten, was bleibt dann noch übrig von den emotionalen Reaktionen, deren ein Mensch fähig ist? Man könnte sich nun fragen: Gibt es bei den Stoikern überhaupt eine emotionale Komponente? Ich bejahe dies. Aber es braucht etwas Hintergrundwissen, um das zu verstehen.

Mehrere Ebenen von Emotionen

Die Stoiker gehen davon aus, dass es drei verschiedene Ebenen der emotionalen Erfahrung gibt.[3] Im Zentrum stehen elementare oder gewöhnliche Emotionen: Verlangen und Furcht, die sich auf das Gute und das Schlechte richten, welches die Zukunft für uns bereithält; Vergnügen und Kummer, die sich auf das Gute und das Schlechte in der Vergangenheit oder Gegenwart beziehen. Diese Emotionen und ihre Subtypen[4] machen den Großteil emotionaler Erfahrungen in unserem Leben aus. Aristoteles folgend, vertraten die Stoiker in noch stärkerem Maße die Auffassung, dass primäre Emotionen *kognitiv* sind. Es handelt sich um Überzeugungen oder Gedanken, die sich motivierend auswirken: Im Hinblick auf das Verlangen wäre beispielsweise die erfolgreiche Rezeption meines Buches ein erstrebenswertes Gut; bezogen auf die Angst ist ein Grizzlybär ein gutes Beispiel, er ist gefährlich und sollte gemieden werden; Vergnügen würde beispielsweise bedeuten, dass dieser Wein eine hervorragende Note hat und er es wert ist, ihn zu genießen; Kummer bedeutet beispielsweise, dass der Tod meiner Mutter ein schwerer Verlust ist, mit dem tiefer Schmerz verbunden ist. Bei näherer Betrachtung sind Überzeugungen Eindrücke, denen man zustimmt[5], man akzeptiert die Dinge so, wie sie einem erscheinen. Diese Zustimmung ist implizit freiwillig, und so sind nach Ansicht der Stoiker auch Emotionen *freiwillige* geistige Handlungen. Sie liegen in unserer Macht. Seneca verdeutlicht diese Denkweise am Beispiel der Wut. Dieser Schlüsseltext macht deutlich, dass Emotionen etwas sind, das wir tun, und nicht etwas, das wir passiv erleiden:

»Wut wird ausgelöst durch den Eindruck, dass ein Unrecht geschieht. Aber folgt sie dem Eindruck unmittelbar und bricht ohne Mitwirkung des Verstandes aus? Oder bedarf es der Zustimmung des Verstandes, damit sie ausgelöst wird? Unserer Ansicht nach geschieht dies nicht von sich aus, sondern nur nach Zustimmung des Verstandes. Der Eindruck, dass einem Unrecht zugefügt wurde, das Verlangen nach Vergeltung, das Verschmelzen der Aussage, dass dies Unrecht nicht hätte geschehen dürfen und dass es bestraft gehört, ist nicht allein das Werk eines bloßen, unwillkürlichen Impulses. Das wäre ein eher simpler Vorgang. Wir haben es hier aber mit einem Komplex zu tun, der sich aus mehreren Komponenten zusammensetzt: Erkenntnis, Empörung, Verurteilung, Vergeltung. Diese können ohne Zustimmung des Verstandes nicht auftreten.«[6]

Wut befällt uns nicht einfach. Wir wählen sie bewusst. In diesem komplexen Prozess vermischen sich Schmerz und Verlangen – der Schmerz darüber, dass uns Unrecht getan wurde, und das Verlangen nach Vergeltung. Weder der Schmerz noch das Verlangen sind blinde Impulse; beide sind implizit gewählte Motive, die aus zwei Bewertungen bestehen, nämlich aus der Einschätzung, dass man ungerecht behandelt wurde (»dieses Unrecht hätte nicht geschehen dürfen«) und aus der Einschätzung, was die angemessene Reaktion darauf ist (»es gehört bestraft«). Eine Emotion ist also, wie Cicero zuvor auch bei der Erläuterung der Leiden des Chrysipp erklärt hat, immer ein zweistufiges wertendes Urteil[7]: dass etwas Schlimmes geschehen ist und dass dies eine angemessene oder geeignete Verhaltensreaktion erfordert.

Dies ist eine treffende Beschreibung. Der allgemeingültige stoische Rat hierzu ist einfacher: Elementare Emotionen wie Wut sind im Wesentlichen irrational. Es handelt sich um *irregeleitete* kognitive Prozesse[8], *falsche* Bewertungen dessen, was wirklich gut und schlecht ist. Beleidigungen und Kränkungen, Gefahren und Bedrohungen, Liebe und Trauer sind immer an Objekte geknüpft, die nicht wahrhaftig gut oder übel sind. Es handelt sich im Allgemeinen um gleichgültige Dinge, die wir entweder bevorzugen oder ablehnen, so wie wir es von Natur aus tun und tun sollten. Aber Bevorzugung oder »Selektion« sind nicht dasselbe wie eine echte Emotion. Diese gewöhnlichen emotionalen Haltungen des Wollens und Festhaltens, der Angst und des Kummers, können zu innerer Unruhe und Übermäßigkeit führen und Kontrollverlust bewirken.

Chrysipp beschreibt das »Übermaß an Impuls« mit einer klug gewählten Analogie zu einem Läufer[9] – ist man erst einmal in Schwung, dann kann man nicht mehr so einfach stoppen. Seneca schmückt diese Metapher weiter aus: Wütend zu sein, ist, als würde man am Rande eines Abgrunds stehen. Sobald man hinunterfällt, gibt es kein Zurück mehr. Wut ist wie ein Körper »im freien Fall«[10]. Er fällt immer weiter, ohne auf die Vernunft zu achten. Dennoch gibt es eine Möglichkeit, Emotionen ohne Übermaß oder Kontrollverlust zu erleben, und zwar dann, wenn die Emotionen auf wahre Güter und Übel – genauer gesagt Tugend und Laster – ausgerichtet sind. Der Weise als Ideal der stoischen Moralität hat diese »guten« Emotionen kultiviert.

Dies führt uns zu einer zweiten Ebene der emotionalen Erfahrung. Gute Emotionen sind die »gesunden« Entsprechungen gewöhnlicher Emotionen. Es sind ausnahmslos jene, die auf Tugendhaftigkeit und das Vermeiden von Lastern ausgerichtet sind. Durch sie wird die Welt richtig bewertet, lehren die Stoiker. Sie erfassen das Wesen des *wirklich* Guten und Üblen. In diesem Sinne sind sie moralische Emotionen. Nur ein Weiser ist in der Lage, diese Emotionen vollkommen zu kultivieren. Unsere Aufgabe ist es, danach zu streben. Während Streben an sich nicht immer zwangsläufig zu einem wirklichen Fortschritt führen muss, halten die Stoiker an der Idee fest, dass diszipliniertes, moralisches Training durchaus zu einer psychologischen Transformation führen kann. Das Streben danach, gute Emotionen, seien diese auch unvollkommen, zu kultivieren, ist hier der Schlüssel.

Die Entsprechung der kultivierten Emotionen sieht so aus: Statt des stumpfen Verlangens nach äußeren Dingen verspürt der Weise ein »rationales Verlangen«, das auf Tugend und tugendhafte Taten abzielt. Man muss eingestehen, dass selbst ein noch so stoischer Moralapostel immer die Gesundheit der Krankheit und die Liebe der Einsamkeit vorziehen wird. Aber die von ihm getroffene »Auswahl«, ungeachtet dessen, wie sehr er sie bevorzugt, ist weise und umsichtig und beruht auf der Erkenntnis, dass das, was er auswählt, etwas Gleichgültiges ist: Es kann vorkommen, dass wir nicht das bekommen, was wir bevorzugen. In ähnlicher Weise erfährt ein Weiser anstelle von Freude an äußeren Dingen ein »rationales Glück« oder, wie Seneca es ausdrückt, »Hochgefühl« und »geistige Erhebung«[11] durch seinen rechtschaffenen Charakter, seine Taten und jene seiner tugendhaften Freunde. So erfüllt es einen Weisen beispielsweise mit Wonne, wenn er um des Guten oder Gerechten willen Opfer bringt. Vermutlich wird sich auch ein Weiser an gutem Essen und guten Freunden erfreuen, aber so, wie es ein wahrhaft guter und tugendhafter Mensch tun würde, ohne einen Hauch von Unmäßigkeit und mit einem tiefen Sinn für Großzügigkeit, frei von Ärger oder Neid. Anstelle von Angst vor dem Tod oder dem Verlust von Freunden hat ein Weiser eine »rationale Umsicht«[12] kultiviert, eine Art von Vorsicht vor dem Bösen und moralischen Kompromissen. Ein Weiser vermeidet die Verwicklungen, die mit Menschen einhergehen, die zu sehr auf ihren Erfolg fixiert sind oder sogar andere gefährden, nur um einen Vorteil für sich selbst herauszuschlagen. Der Tod und der Verlust von Freunden sind ebenfalls Dinge, die ein Weiser »ablehnt«, aber ohne große Angst oder Qual.

Andere Quellen teilen die allgemeine Ansicht: »Der Weise ist gesellig, taktvoll, ermutigend und strebt in der Gemeinschaft nach Wohlwollen und Freundschaft ... Und sie führen weiterhin aus, dass Wertschätzung, das Willkommensein und Freundschaft nur den Rechtschaffenen zustehen«.[13] Kurz gesagt, dies sind die Merkmale des gegenseitigen Wohlwollens[14], die wahre Freundschaften und die beste Art von moralischen und politischen Gemeinschaften auszeichnen.

Entgegen der landläufigen Meinung, der Stoizismus sei eine Philosophie, die uns der meisten Emotionen berauben würde, meinen die antiken Stoiker, dass die Besten von uns durchaus rationale Gelassenheit, ein rationales Verlangen sowie eine zurückhaltende Vorsicht an den Tag legen, damit wir nicht allzu leicht in die Irre geführt oder getäuscht werden. Wir schätzen Freunde und verhalten uns ihnen gegenüber warmherzig und einladend. Und genau das bedeutet es, rechtschaffen zu sein. Um es ganz deutlich zu sagen: Selbst der Weise verfügt durchaus über Emotionen.

Dennoch wundern wir uns möglicherweise darüber, dass es in dieser Sammlung rationaler Emotionen keine Entsprechung für Arten der psychischen Belastung gibt. Warum gibt es keine gute oder rationale Form des Ärgers, der Frustration, der Scham, der Trauer, des Mitleids oder des Kummers?

Die orthodoxe stoische Antwort lautet, dass das Einzige, was wirkliche innere Unruhe verursachen würde, das Übel des eigenen Fehlverhaltens oder das der engen Freunde ist, welches aber schlicht nicht auftritt, solange man selbst und die eigenen Freunde zu den vollkommen Rechtschaffenen gehören. Aber leider sind die meisten von uns nicht vollkommen rechtschaffen. Und selbst, wenn es so wäre: Wenn gute Menschen Freude an der Tugendhaftigkeit von Freunden mit gleichem Charakter finden können, warum sollten sie dann nicht darüber betrübt sein, wenn sie diese Freunde durch Tod oder Krankheit verlieren? Oder wenn sie ihre eigenen geistigen oder körperlichen Fähigkeiten verlieren? Was ist rationale Freude wirklich wert, wenn sie keinerlei Risiko beinhaltet? Davon abgesehen ist es eine Sache, in unruhigen Zeiten die Ruhe zu bewahren, es ist aber etwas völlig anderes, etwas Beunruhigendes gar nicht zu bemerken oder es als Fake abzutun. Die Stoiker haben hierauf eine Antwort, welche uns zur letzten Ebene der emotionalen Erfahrung führt, oder genauer gesagt, zu einer Subebene der prä-emotionalen Erfahrung.

Den Stoikern zufolge erleben wir unterschwellige, emotionale Erregungen. Einige davon sind fast autonome Reaktionen, körperliche Reaktionen auf unsere Umwelt, wie das »Zittern, wenn wir mit kaltem Wasser bespritzt werden« oder das Zurückziehen unserer Hand »bei der Berührung« von etwas Schleimigem, wie Seneca es beschreibt. Während gewöhnliches emotionales Erleben die Zustimmung zu Eindrücken erfordert – dass etwas attraktiv erscheint oder nicht –, liegen diese prä-emotionalen Reaktionen unterhalb der Schwelle der mentalen Zustimmung. Wir schrecken auf, erschrecken uns, erschaudern und zittern, erröten und schwitzen – all das sind körperlich affektive Erregungszustände, die sich der willentlichen Kontrolle entziehen. Wir durchleben sie, ohne dass der Verstand zustimmt. »Unaufgefordert stellen sie sich ein und unaufgefordert verschwinden sie.«[15] Dennoch können sie eine emotionale Reise in Gang setzen, manchmal eine wahre emotionale Achterbahnfahrt, wenn wir nicht frühzeitig die Kontrolle übernehmen. Selbst die Weisesten unter den Menschen erleben diese vorübergehenden Emotionen, ohne eigenes Einwirken. In ihrem Fall sind sie flüchtig und von kurzer Dauer. Es ist der Körper, der spricht, könnte man sagen, und nicht der Verstand: »Wer glaubt, dass Erbleichen, herabrinnende Tränen, sexuelle Erregung oder ein tiefer Seufzer, ein plötzliches Glitzern in den Augen oder Ähnliches auf ein Gefühl hindeuten ... der irrt; er übersieht, dass es sich dabei lediglich um körperliche Erregungszustände handelt«, so Seneca. Sie mögen unwillkürlich sein, aber sie sind notwendig für unser Überleben: »So wird auch der Tapferste unter den Tapferen blass, wenn er seine Rüstung anlegt, die Knie selbst des kühnsten Soldaten zittern ein wenig, wenn das Signal zum Kampf ertönt, selbst einem großen Feldherrn klopft das Herz bis zum Hals, bevor die Reihen der Kämpfer aufeinanderprallen, selbst dem beredtesten Redner werden die Finger taub, wenn er zum Sprechen ansetzt«.[16] Sie sind adaptiv – ein schnelles Registrieren von Signalen mit Auswirkungen auf Leben und Tod, etwa dass der Feind sich nähert, dass es Zeit ist, alle Kräfte zu sammeln, dass die Truppen sich sofort bewegen müssen. In anderen Fällen verschaffen sie einem erfahrenen Redner einen Vorteil – einen Adrenalinkick, der seinen Verstand auf Hochtouren bringt, auch wenn es mit Lampenfieber einhergeht.

In wiederum anderen Fällen begehen sie einen Verrat an uns, wie es Philons Meinung nach Sarah geschah, die lachte[17], als ihr gesagt wurde, dass sie als beinahe Hundertjährige gebären würde. Es war eine Art nervöses Lachen, jäh und kurz, und möglicherweise nur das emotionale Überbleibsel ihres früheren Lebens, das ihr entglitt, bevor sie sich geistig auf eine kontrolliertere, gelassenere Freude einlassen konnte. Dennoch könnte diese Nervosität ein Zeichen ihrer Angst gewesen sein: Würde sie das Kind wirklich gefahrlos bekommen können, oder könnte die Geburt doch mit Risiken behaftet sein, selbst wenn es Gottes Wille war? Was Seneca und vielleicht auch Philon damit sagen wollen, ist, dass Prä-Emotionen und ihre Adaptiv- und Signalfunktionen selbst für die Tapfersten und Tugendhaftesten eine entscheidende Rolle spielen. »Der weise Mensch überwindet alle Widrigkeiten, dennoch spürt er sie.«[18] Und das liegt daran, dass diese Person immer noch wichtige Informationen durch emotionale Stimuli aufspüren muss – sei es der Vorstoß eines Feindes, eine wundersame Geburt oder ein bevorstehender, heftiger Sturm, der Schiff und Mannschaft gefährden könnte. Dass ein Kapitän bei einem plötzlich aufkommenden Taifun erblasst, so ein stoischer Kommentator, stellt seine Tugend nicht infrage.[19] Diese Reize lösen eine Reaktion des Nervensystems aus, durch die möglicherweise die Mannschaft gerettet werden kann. Wie man anschließend die Fassung wiederfindet, so es denn nötig sein sollte, steht auf einem anderen Blatt.

Diese Schilderung der Schichten der emotionalen Erfahrung, von unmittelbar auftretender, körperliche Erregung über gewöhnliche emotionale Reaktionen bis hin zu idealisierten, moralischen Emotionen, vermittelt uns einen Eindruck davon, wie sehr sich Stoiker mit Emotionen beschäftigen und wie vielschichtig ihre Reaktionen darauf sind. In vielerlei Hinsicht sind sie in ihrem Denken über Emotionen anderen weit voraus. Führende Neurobiologen unterscheiden zwischen »Low-Road«- und »High-Road«-Nervenbahnen[20], die emotionale Reize unterschiedlich verarbeiten. Die führende Emotionstheorie sowohl unter Philosophen als auch unter Psychologen ist eine kognitive Theorie, nach der Emotionen bewertende Überzeugungen oder Bewertungen sind.[21] Wir sollten die stoischen Rezepte für den Umgang mit Emotionen nicht einfach fraglos übernehmen, aber ihre Beschreibungen, wie Emotionen entstehen und wie sie sich auswirken, sind aufschlussreich und hoch entwickelt.

Wut

Mein Vater war jähzornig. Manchmal brach es aus dem Nichts aus ihm heraus und ebbte nur langsam wieder ab. Einmal, ich war etwa 10 Jahre alt, geriet er in einen Streit mit meiner Mutter, an dessen Inhalt ich mich überhaupt nicht mehr erinnern kann. Was mir aber im Gedächtnis geblieben ist, so als wäre es erst gestern gewesen, war die enorme Wut, mit der er den Hörer vom Wandtelefon in der Küche riss und ihn quer durch den Raum schleuderte. Der Ruck war so heftig, dass er das Kabel aus der Basis riss (damals gab es noch keine schnurlosen Telefone). Es wurde niemand verletzt, aber im Anschluss schnappte er sich seine Jacke, stürmte aus der Tür und knallte diese hinter sich zu, damit wir (und vermutlich auch die gesamte Nachbarschaft) wussten, dass er weg war. Wir bekamen ihn viele Stunden lang nicht zu Gesicht. Als er dann zurückkehrte (ich blieb an diesem Abend lange auf und wartete auf ihn), hatte er sich beruhigt. Aber die gesamte nächste Woche war es, als würden wir mit rohen Eiern jonglieren, während wir Ausschau nach Anzeichen für ein erneutes Aufflammen der Wut hielten.

Wut ist hässlich. Seneca eröffnet sei Traktat »Über die Wut« mit all seinem rhetorischen Geschick:

> *»Die Augen voller Glut und Glitzern, eine dunkle Röte, die das gesamte Gesicht durchzieht, weil das Blut aus den Eingeweiden emporsteigt, die Lippen beben, die Zähne sind zusammengepresst, die Haare stehen zu Berge, der Atem geht zischend beim Einsaugen der Luft, das Knacken gekrümmter Finger, ein Stöhnen und Brüllen, abgehackte Sätze mit kaum verständlichen Wörtern, die Fäuste rot vom Zusammenschlagen, Füße stampfen wütend auf den Boden, der ganze*

Körper in gewaltbereiter Bewegung ... das abscheuliche, entsetzliche Gesicht des bis ins Mark gekränkten Stolzes – man weiß nicht recht, ob man dieses Laster als hasserfüllt oder nicht eher als hässlich bezeichnen soll.«[22]

Seneca richtet sich hier an ein römisches Publikum, das auf Gewalt aus ist. Sein Text enthält Voyeurismus. Aber er warnt auch vor dem Übermaß und der Intensität eines Gefühls wie der Wut. Wie sie einen packt und nicht mehr loslässt. Und dann Körper und Seele verwüstet. »Sicherlich wünscht sich jeder, wieder zur Ruhe zu kommen, wenn er erkennt, dass er mit Wut zunächst einmal sich selbst schadet.«[23]

Die Wut, die er beschreibt, ist die Wut der Vergeltung. Der Zorn der Vergeltung ist tief in der griechisch-römischen Psyche verwurzelt. Sie ist der Stoff, dessen sich Homer beim Schreiben der Ilias bediente, und sie zeigt sich in der Wut eines Kriegers. Aber selbst die archaische Wut eines Kriegers kann über das Ziel hinausschießen. Wenn Achilles den toten Hektor für den Tod seines geliebten Patroklos bestraft, indem er Hektors Leiche mit dem Gesicht nach unten um Patroklos' Grab schleift, beschreibt der Dichter nicht mehr nur Wut. Er nimmt eine klare moralische Haltung ein: »Dieser Mann ohne einen Funken Anstand im Herzen« würde selbst »einen leblosen Klumpen Lehm in blinder Wut« erbeben lassen.[24]

Seneca führt aus, dass diese Art von Wut eine primitive Verteidigungsaktion ist, ein Mechanismus des Zurückbeißens, den wir überwinden sollten: So »zieht ein Tier, das sich gegen die Schlinge wehrt, diese nur noch mehr zu«. »Zurückzuschnappen ist eine Charaktereigenschaft verachtungswürdiger, kleingeistiger Menschen; Mäuse und Ameisen drehen dir ihr Maul zu, wenn deine Hand sich ihnen nähert; alles Schwache wähnt sich verletzt, sobald es berührt wird.«[25] Kinderpsychologen lehren, dass diese Aggression ihre Wurzeln in der Kindheit hat, wie in Melanie Kleins anschaulicher Beschreibung der »phantasierten Angriffe« des »Verschlingens und Leersaugens« der »bösen« Brust, die die Milch verweigert[26], um den Bösewicht zu bestrafen. Senecas mahnende Lektion ist, dass die psychologisch und moralisch Schwachen bei der geringsten Provokation zurückschnappen. Narzisstische Beleidigungen, Statusverluste, das Gefühl, unterlegen zu sein oder im Wettbewerb zu unterliegen, sie alle nähren die Lust auf Vergeltung. Dieser Punkt ist auch in der aktuellen politischen Situation von Bedeutung. Immer wieder haben wir Präsident Donald Trumps Rachsucht als Reaktion auf Verletzungen seines Narzissmus miterlebt. Die stoische Lehre von der Moral besagt, dass Verletzungen mit ungesunden Werten verbunden sind. Es sind Verletzungen, die wir nicht erleiden müssten, würden wir nur die richtigen Güter wertschätzen. Es handelt sich um moralisch falsche Reaktionen, in Trumps Fall um zutiefst gefährliche, falsche Reaktionen, die eine Demokratie aufs Spiel setzen.

Doch wenn Seneca uns lehrt, jegliche Wut kategorisch zu ächten, dann begibt er sich hier womöglich auf dünnes Eis. Die meisten von uns erachten es als wichtig, moralische Empörung, Verbitterung und moralische Entrüstung zu empfinden und zum Ausdruck zu bringen, und wir trennen diese Gefühle und Reaktionen von Rache oder Vergeltung. Sie sind Teil dessen, was Menschen dazu bewegt, sich für Menschenwürde und Rechte einzusetzen. Sie sind die Leidenschaft, die das Interesse, das Engagement, die Beharrlichkeit und das Festhalten an einer Sache hervorbringt. Und sie sind ausschlaggebend dafür, uns zu engagieren und die Zustimmung anderer zu gewinnen, wenn wir um Unterstützung werben und Reaktionen hervorrufen wollen. Die meisten von uns würden anführen, dass es nur schwerlich vorstellbar ist, dass sich der Sinn für Gerechtigkeit oder guter Wille völlig ohne diese reaktiven Einstellungen und ihren emotionalen Biss entwickeln.[27] Stellen Sie sich die #MeToo-Bewegung und ihre positiven Auswirkungen für Frauen und Männer vor, ohne dass moralischer Zorn sie antreiben würde. Oder stellen Sie sich die Black-Lives-Matter-Proteste in den USA im Jahr 2020 ohne die öffentliche, moralische Entrüstung über die brutale Tötung von George Floyd durch die Polizei in Minneapolis[28] oder von Breonna Taylor durch die Polizei in Louisville vor. Oder nehmen Sie ein tragisches Ereignis, das mehr als ein halbes Jahrhundert früher, im Jahr 1955, geschah, als der damals fünfzehnjährige John Lewis Zeuge des Lynchmords an dem ein Jahr jüngeren Emmett Till durch zwei weiße Schläger wurde und hierdurch motiviert wurde, das ins Leben zu rufen, was Lewis später als »positiven Aufruhr«[29] bezeichnen sollte. Hätte er die führende Persönlichkeit in der Bürgerrechtsbewegung werden können, zu der er bald aufsteigen sollte, ohne an diesem Tag Feindseligkeit oder Angst vor brutaler Unterdrückung zu empfinden?

Die übergreifende Frage nach dem Stellenwert der Wut im Hinblick auf politische Gerechtigkeit wurde kürzlich von der Philosophin Martha Nussbaum auf meisterliche Art und Weise aufgegriffen.[30] Ein zentraler Punkt ist hier entscheidend für das Verständnis eines plausiblen Stoizismus: Als Menschen der Moderne müssen wir Dinge wie gesellschaftlichen Status, Ehre und Ansehen von den wesentlichen Eigenschaften trennen, die den Kern der Menschenwürde ausmachen und die durch unrechtmäßige Handlungen in Mitleidenschaft gezogen werden können. Der stoische Schwerpunkt liegt auf Ehre, Rang und Ansehen – Dinge, die im Grunde genommen von äußeren Faktoren abhängig sind. Angriffe auf den Ruf oder die Ehre eines Menschen können den gesellschaftlichen Status des Kritikers herabsetzen und so eine Umkehrung des relativen Status bewirken, aber die Verschiebung dieser Balance selbst ist ein äußerer Faktor. Den Ruf eines anderen im Vergleich zum eigenen zu beschädigen, verbessert keineswegs den Ruf durch die eigenen Qualitäten wie etwa die eigene Arbeit, den eigenen Charakter oder die eigene Integrität.

Nussbaum führt das folgende Beispiel an: »Menschen im akademischen Umfeld lieben es, andere Akademiker, von denen sie kritisiert wurden, zu dissen, und sind überzeugt, dass ihnen das etwas nützt. Sie konzentrieren sich dabei aber zu sehr auf den Ruf und gesellschaftlichen Rang, denn es ist doch eigentlich offensichtlich, dass diese Herabwürdigung eines anderen die eigene *Arbeit* nicht verbessert oder etwa die darin enthaltenen Fehler, die jene Person in ihr gefunden hat, korrigiert.«[31] Die Rache an dieser Person allein verbessert die eigene Arbeit nicht. Daran zu glauben, ist reines Wunschdenken, so argumentiert sie. Gleichwohl fällt es leicht zu glauben, dass das eigene Wohl oder die *eudaimonia* von dieser Vergeltungsmaßnahme abhängt, wenn »die Sorge um die eigene gesellschaftliche Position« (»es dreht sich alles um mich und meinen Stolz oder meine Position«) das ist, was man als unabdingbar für das eigene Wohl ansieht.[32]

Beachten Sie bitte, dass genau hierin die Kraft der stoischen Intervention liegt. Unsere Werte sind falsch, wenn wir sie von Dingen abhängig machen, die außerhalb unseres eigenen Handelns liegen, einschließlich äußerer Bewertungen und den Positionen, die damit einhergehen.

Doch was ist mit den intrinsischen Gütern, die aus Sicht der Moderne die Grundlage für menschenwürdiges Leben darstellen – Gesundheit und Ernährungssicherheit, wirtschaftliche Sicherheit, körperliche Unversehrtheit, Schutz vor Gewalt, Freundschaft und dergleichen?[33] Wenn diese durch persönliche oder systemische Ungerechtigkeiten nicht gegeben sind und hierdurch die menschliche Würde bedroht ist – ist dies nicht ein legitimer Grund für Wut auf die Verursacher, ganz besonders dann, wenn es sich um eine Wut handelt, die darauf abzielt, diese Ungerechtigkeiten zu beseitigen?

Auch hier müssen wir, die wir in der Vergangenheit nach Erleuchtung suchen, aufpassen, dass wir nicht unsere eigenen Werte aus dem Blick verlieren. Die Stoiker schätzten diese mit der Menschenwürde verbundenen Werte hoch ein, aber anders, als es moderne Denker tun, die sich mit sozialen und politischen Belangen beschäftigen. Nach stoischer Auffassung handelt es sich lediglich um bevorzugte gleichgültige Dinge, die für ein gutes Leben zwar nützlich, aber selbst keine wahrhaft guten Bestandteile dieses Lebens sind. Sie sind das *Material*, aus dem ein gutes Leben aufgebaut wird, und sollten mit Bedacht ausgewählt werden. Diese »Auswahl« ist, wie bereits erwähnt, keine typische emotionale Haltung, sondern eher ein Präferenzverhalten, das uns aus dem Griff emotionaler Reaktionen befreien soll, die starr, sinnlos oder übertrieben sein können. Was die Reaktion auf Ungerechtigkeit anbelangt, weisen die Stoiker zum Präferenzverhalten darauf hin, dass wir danach streben sollten, Entscheidungen zu treffen, die darauf abzielen, die Würde rational und konstruktiv zu fördern.[34] Insbesondere sollte unser Verhalten nicht dem Irrglauben erliegen, man könne ein verletztes Ego reparieren, indem wir das eines anderen verletzen. Auf diese Weise das Gleichgewicht wiederherstellen zu wollen, ist irrational, auch wenn es keineswegs irrational erscheint zu sagen, dass ein Ausgleich manchmal erforderlich ist, wenn beispielsweise nicht genügend Güter und Positionen vorhanden oder ungerecht verteilt sind, die jedoch gerechter verteilt sein sollten. In solchen

Fällen könnte Wut ein Anstoß für die Wiederherstellung von Gerechtigkeit sein, aber nicht in Verbindung mit einem fehlerhaften Narrativ darüber, wie und warum Wut funktioniert.

Ein Beispiel: Im April 2020 wurde Marinekapitän Brett Crozier[35] das Kommando über den vom Coronavirus befallenen Flugzeugträger USS Theodore Roosevelt entzogen, nachdem ein nicht als geheim eingestuftes Schreiben die Runde machte, in dem er die Versäumnisse der obersten Führungsebene darlegte und um Hilfe bat, seine kranken Matrosen (bei einer Besatzungsstärke von fast fünftausend Mann) von dem Schiff evakuieren zu können. Das Schreiben war ein letzter Hilferuf: »Die Ausbreitung der Krankheit schreitet fort und beschleunigt sich«. Ein Flugzeugträger ist wie eine kleine Stadt. Das weiß ich aus eigener Erfahrung, nachdem ich Mitte der 1990er Jahre einige Tage auf der USS Eisenhower verbracht habe. Es gibt keinen Raum für soziale Distanz oder eine sichere Quarantäne. Die Matrosen schlafen in engen Hochbetten auf drei Ebenen übereinander, essen Ellbogen an Ellbogen, klettern den ganzen Tag Leitern hinauf und hinunter und haben kaum Platz für Privatsphäre.

Nachdem Crozier abgesetzt worden war, folgte ein groß angelegter Rachefeldzug gegen die Besatzung, die ihrem Kapitän aus Solidarität zugejubelt und salutiert hatte, als er den Landungssteg hinunterging und sein Kommando abgab. Der amtierende Marineminister Thomas Modly flog fast dreizehntausend Kilometer weit, um die Matrosen für ihre Unterstützung zu rügen und den Charakter des Kommandanten zu verurteilen, der seine Karriere geopfert hatte, um sie zu schützen. In einer mit Schimpfwörtern gespickten Rede, die über die Lautsprecheranlage des Schiffes übertragen wurde, teilte Modly mit, Crozier sei »entweder ... zu naiv oder zu dumm, um ein Schiff wie dieses zu kommandieren«.[36] Mit dieser Botschaft sollte Croziers öffentliches Ansehen herabgesetzt werden, um Modly und die Trump-Regierung besser dastehen lassen zu können. Das Vorhaben scheiterte auf erbärmliche Art und Weise – Modly musste bald darauf gleichfalls zurücktreten. Der wahre Grund für die Unterstützung des Kommandanten durch die Besatzung hatte nur wenig mit seinem hohen Rang zu tun: Er hatte in einer Notsituation auf See ein gutes Urteilsvermögen und Selbstlosigkeit bewiesen, wenngleich er die Befehlskette hierfür umgangen hatte. Seine Leute hatten nicht seinen Rang, sondern seinen Charakter gewürdigt. Modlys Vergeltungsaktion konnte dem nichts anhaben. Modlys Wut ist genau die Art von Wut, die die Stoiker missbilligen.

Dennoch bleibt die Frage, ob Seneca Raum für die Art von Wut lässt, die für das Gute genutzt werden kann, ohne dass sie die Reputation desjenigen, der sie empfindet, beschädigt oder sich auf sinnlose Vergeltungsfantasien beschränkt, mit denen das Opfer herabgewürdigt werden soll. Seneca begibt sich in einen Dialog mit Aristoteles, von dem er zu Recht sagt, dass er »für die Wut« als »Ansporn zur Tugend« eintritt.[37] »Würde man sie beseitigen, so wäre der Geist entwaffnet, träge und unbrauchbar für jede ernsthafte Anstrengung«. Aristoteles, so sagt er, »gibt der Wut einen Sinn«, »beschwört sie, als hätte sie einen Nutzen und versorgte uns so mit dem nötigen Enthusiasmus für den Kampf, für Handlungen, die zum Gemeinwohl beitragen, und für alles, was mit einer gewissen Portion Inbrunst getan werden muss«. Aristoteles' wahrer Standpunkt ist, dass wir eine »intelligente« Wut kultivieren können, sodass sie sich zur richtigen Zeit und auf die richtige Art und Weise gegen die richtigen Objekte richtet. Das ist mit »ins Schwarze zu treffen«[38] gemeint. Nach Senecas Ansicht aber ist intelligente Wut illusorisch. Es ist ein gefährlicher Pfad: Ein »Ansporn« wird zur Inbrunst, und Inbrunst wird zu Wut. Vollständige Enthaltsamkeit nach dem Vorbild der Abstinenz – »nüchterne Tage ohne Wein«[39] – ist die einzige Möglichkeit, die Krankheit einzudämmen.

Wenngleich Seneca darauf besteht, dass jedwede Art von Wut gefährliche, krankhafte Züge aufweist, gibt es im Stoizismus möglicherweise trotzdem einen Platz für Wut, die keine krankhaften Züge aufweist? Prä-Emotionen könnten uns diesen Platz einräumen. Aus Wut in ihrer frühen, unterschwelligen Form könnten sich konstruktiver Protest und Wiedergutmachung entwickeln lassen. Das liefe in etwa wie folgt. Nehmen wir den systemischen Sexismus als Beispiel: Eine Frau namens Betty erlebt immer wieder, wie man ihr auf der Straße hinterherpfeift, sie muss sexuelle Anspielungen in beruflichen Besprechungen erdulden, Professoren schreiben ihre Bemerkungen einem männlichen Kommilitonen zu und erkennen sie auch nachfolgend als dessen an und wiederholen sie entsprechend, als hätte er sie gemacht. In ihrem neuen Job ist sie die einzige Frau in ihrer Abteilung voller Akademiker, Altherrenwitze mit sexuellen Anspielungen sind Teil des alltäglichen Geplauders unter Kollegen. Betty hat bereits viele unterschiedliche Erfahrungen gemacht, aber was sie hier erdulden muss, ist tief verwurzelte Frauenfeindlichkeit. Etliche Male verspürt sie Unbehagen, das sich körperlich wie geistig bemerkbar macht – nennen wir es einmal »Sorge, Ärger, seelischer Schmerz, Verdruss«[40]. Vielleicht lässt sie es über sich ergehen, und möglicherweise verbessert sich die Kultur in der Abteilung auch ohne ihr direktes Eingreifen. Die #MeToo-Bewegung klärt immerhin breitflächig über die Problematik auf.

Was aber, wenn solche Erlebnisse oder die Erinnerungen daran nicht von allein verschwinden und wenn sie ernsterer Natur sind und echte negative Auswirkungen nach sich ziehen? Dann ist es an der Zeit, die Eindrücke zuzulassen, wie es die Stoiker ausdrücken würden, und zu akzeptieren, dass man großes Unrecht erlitten hat. Dieses Zugeständnis kann auch öffentlich erfolgen, in manchen Fällen sogar sehr öffentlich. Im Falle von Dr. Christine Blasey Ford[41] war dies so. Sie fühlte sich dazu verpflichtet offenzulegen, was Brett Kavanaugh, der damalige Kandidat für den Obersten Gerichtshof, ihr als fünfzehnjähriges Mädchen angetan hat, als er auf einer Highschool-Party stark alkoholisiert war. Zum Zeitpunkt des sexuellen Übergriffs befürchtete sie, dass er sie versehentlich töten würde, indem er sie erstickte, während er sie festhielt. Vor allem sein schallendes Lachen war ihr eindringlich im Gedächtnis geblieben. Sie erzählte dem Senat, dass sie es immer noch hören könne und mit Angstzuständen darauf reagiere. In ihrer Rolle als Psychologin erklärte sie, dass sich die an diesem Tag erlebte Bedrohung im Hippocampus eingeprägt habe – dem Teil des Gehirns, der uns prompt vor Gefahren warnt[42] (wie die stoischen Prä-Emotionen) und so dabei hilft, uns am Leben zu erhalten, wo aber auch posttraumatischer Stress entsteht.

Blasey Ford wollte nicht vor dem Senat aussagen. Sie wollte das Trauma nicht noch einmal durchleben, und sie wollte die öffentliche Ächtung und mögliche Todesdrohungen als Folge nicht ertragen müssen. »Das waren die Übel, die ich vermeiden wollte«. Aber »nun bin ich überzeugt davon, dass meine Verantwortung als Staatsbürgerin[43] schwerer wiegt als die Qual und die Angst vor Vergeltung«. Nachdem die Verteidigung die Behauptung in Umlauf gebracht hatte, sie habe möglicherweise den falschen Mann des sexuellen Übergriffes bezichtigt, fragte man sie geradeheraus: »Wie sicher sind Sie sich, dass Brett Kavanaugh Sie angegriffen hat?« Sie antwortete: »Zu 100 Prozent.«[44] Die Anhörung wurde stark politisiert, für einige war sie parteipolitisch motiviert. Aber für viele andere, mich eingeschlossen, war ihre Aussage absolut glaubwürdig: Ihr Verhalten, ihre Selbstbeherrschung, ihre Anmut und ihre Tapferkeit bei eindringlichen Verhören, ihr deutlich erkennbarer Widerwille, dort auszusagen, überzeugten mich davon, dass sie nicht aus Rachemotiven gekommen war und auch nicht, um Kavanaugh zu demütigen oder seinen Ruf nachhaltig zu beschädigen. Was sie motivierte, war ein moralischer Imperativ, eine staatsbürgerliche Pflicht, ihre Sicht auf den Charakter eines Mannes zu erzählen, der für einen Posten im höchsten Gericht nominiert war. Die Aussage von Brett Kavanaugh mutete an wie das genaue Gegenteil – »streitlustig und aggressiv«[45], mit lauter Stimme, sein Gesicht zuweilen verzerrt, häufiges Zurückschnappen, um sich zu verteidigen[46] –, all das erinnerte stark an Senecas Warnungen über die Hässlichkeit der Wut.

In Blasey Fords Fall können wir nachvollziehen, dass die frühen und verbleibenden Emotionen von Angst und Wut[47] irgendwann dazu umschlugen, dass sie es als ihre Pflicht ansah, die Sache an die Öffentlichkeit zu bringen. Indem sie den Mund aufmachte, brach sie ein Tabu und ermutigte andere Frauen, ihr Schweigen zu brechen – und das alles zu einem hohen persönlichen Preis.

Wenn man die Lehre des Stoizismus großzügig auslegt, dann könnte die Wut selbst, und nicht nur instinktive »Vor-Wut«, der Auslöser für prinzipientreues und konstruktives Handeln sein.[48] Erinnern wir uns: Gewöhnliche Emotionen wie Wut laufen zweistufig ab: Es gibt das wertende Urteil, dass einem ein ungerechtfertigtes Unrecht widerfahren ist, und ein weiteres wertendes Urteil darüber, was als angemessene Reaktion gelten würde. Seneca vertritt, wie viele Menschen der Antike, die Ansicht, dass die übliche Reaktion darin besteht, mit Vergeltung zu reagieren. Aber wie wir handeln, beruht auf einer freiwilligen Bewertung. Kultur und Geschichte haben darauf großen Einfluss. Aber die Stoiker behaupten, dass Emotionen eine Entscheidung[49] sind, und das gilt insbesondere auch für unser Verhalten.

Der entscheidende Punkt ist, dass die Stoiker uns eine Möglichkeit zur Nutzung des Impulses der Vor-Angst und der Wut einräumen, die nicht auf Vergeltung abzielt. Ein letztes Beispiel veranschaulicht das. Nehmen wir hierzu die vierteilige Netflix-Miniserie *Unorthodox*[50] über eine junge jüdische Frau namens Esty, die vor ihrem Ehemann und ihren chassidischen Satmar-Wurzeln in Williamsburg, Brooklyn, flieht, um in Berlin ein neues Leben zu beginnen. Die Serie ist eine Adaption der Memoiren von Deborah Feldman, die selbst in der Satmarer Gemeinschaft aufwuchs. In den ersten Episoden sieht man unterdrückte Wut, Frustration, das unbestimmte Gefühl, nicht in die Welt dieser arrangierten Ehen und des Kindermachens hineinzugehören, ohne jedoch eine andere Welt zu kennen. Die Verzweiflung ist unterschwellig, weil der geistige Horizont so eng umrissen und die Unterordnung allgegenwärtig ist. Wut ist eine schwelende, ständige Erregung, die sich in einem angespannten Gesicht, gespitzten Lippen und einem leeren Blick ausdrückt und für die es keine einfachen Worte oder Konzepte gibt. Was wir sehen und lesen, ist die Unruhe, die sich in ihrem Körper abzeichnet. Aber dann tut sich ein Ausweg auf. Ein Flugticket, das Esty vom JFK Airport zum Berliner Flughafen Tegel bringt. Die allgemeine Wut darüber, nicht zur Gemeinschaft zu gehören, ist der Anstoß zur Flucht. Und der Anstoß, sich auf die Suche nach etwas anderem zu machen. Ein zufällig getrunkener Caffè Americano führt zur offenen Tür eines Konversatoriums und damit zur Welt der Musik, die ihr in ihrer chassidischen Gemeinde verschlossen gewesen wäre. Dort ist es Frauen untersagt, ein Instrument zu spielen oder zu singen. Es ist ein Verstoß gegen die Sittsamkeit. Es bedeutet Schande für den Ehemann.

Jeder Schritt in Estys neuem Leben ist eine Erkundungsreise in eine unbekannte Welt. Aber etwas treibt sie an. Es ist dieses Gefühl der Enge, das Gefühl, ausgehöhlt und »eingeschnürt«[51] gewesen zu sein, die Gewissheit, dass sie in ihrer alten Welt ihres Willens beraubt war. Sie bezeichnet das, was sie erlitten hat, zu keinem Zeitpunkt als »Ungerechtigkeit«, »Unrecht« oder »Schikane«. Stattdessen sagt sie von sich selbst, dass sie dem, was Gott von ihr verlangt hat, nicht gerecht geworden sei. Aber diese Wut über das eigene Versagen und darüber, dass sie den Normen, die sie als Unterdrückung empfindet, nicht gerecht geworden ist, treibt sie dazu an, ein neues, würdevolles Leben zu suchen. Bewusst oder unbewusst trifft sie Entscheidungen darüber, wie man angemessen auf diese Wut reagiert. Und diese Reaktion ist nichts Geringeres als die Entscheidung, ein gutes Leben zu führen.

Trauer

Den Stoikern zufolge ist die Trauer eine andere Form von seelischer Bedrängnis. Sie ist eine Reaktion auf Verluste, die weitestgehend außerhalb unserer Kontrolle liegen, und daher gilt es, sie zu bewältigen. Sie belegt, dass wir Geiseln unseres eigenen Schicksals sind. Geliebte Menschen und Gegenstände, Haus und Heimat, kulturelles Erbe und religiöse Stätten sind gleichgültige Dinge, die wir bevorzugen und mit Bedacht auswählen sollten. Aber ihr Verlust sollte uns nicht am Boden zerstört zurücklassen.

Die Vorstellung, Trauer so zu steuern, dass sie uns nicht mehr belastet, erscheint uns absurd, ganz besonders, nachdem uns eine fürchterliche Pandemie große und unfassbare Verluste beigebracht hat. Wir haben uns nicht aus eigenem Willen dazu entschieden, geliebten Menschen Lebewohl sagen zu müssen, ohne wenigstens ihre Hand halten zu können, ihre Stirn zu küssen oder gemeinsam in einem Krankenhauszimmer zu sitzen und ein letztes Gebet zu sprechen oder gemeinsam ein Schlaflied zu singen. Wir sind hierzu *gezwungen*, weil es medizinisch notwendig ist. Das Bedürfnis zu trauern[52], und zwar auf eine Weise, die wir für richtig halten, ist tief in uns verankert.

Aber wie radikal gehen die Stoiker nun wirklich mit Verlust um? Wenn Trauer geächtet ist, dann scheint es sich bei den gleichgültigen Dingen tatsächlich um Dinge ohne Bedeutung zu handeln. Das Bevorzugen mancher davon wäre dann sämtlicher positiven Gefühle beraubt, sei es die Liebe zur Familie oder die Freude an der eigenen Arbeit sowie der Stolz darauf. Im Umkehrschluss ginge der Verlust der nicht bevorzugten Dinge nicht mit Schmerz einher. Distanziert und leidenschaftslos würden wir uns für oder gegen etwas entscheiden. Wir würden weise auswählen, aber auf Kosten unserer Menschlichkeit.

Cicero und Seneca stellen dieses orthodoxe Bild infrage. Der Grund für Ciceros abweichende Ansicht ist zutiefst persönlicher Natur. Nachdem er im Spätwinter 45 v. Chr. seine Tochter Tullia bei ihrer Geburt verloren hatte, zog er sich auf sein Landgut in den tuskulanischen Hügeln außerhalb Roms zurück, vertiefte sich in trostspendende Literatur und schrieb sich seine eigenen Beileidsbekundungen als Form der Selbsthilfe: »Denn mein Geist war vernebelt, und ich probierte jedes Heilmittel aus, dessen ich habhaft werden konnte.«[53] Zwischen Mitte Juli und Mitte August verfasste er den größten Teil der *Gespräche in Tusculum*[54], die eine Analyse der stoischen Ansichten über die Trauer und die Befürwortung einer milden Form der stoischen Therapie enthalten. Dabei darf man nicht vergessen, dass Cicero kein Stoiker ist. Er selbst bezeichnet sich als Skeptiker. Dennoch ist er ein aufmerksamer hellenistischer Leser und Übermittler von Texten, der sich zu einigen stoischen

Ideen hingezogen fühlt und wiederum anderen kritisch gegenübersteht. Er ist eklektisch, sowohl in seiner Philosophie als auch seinen therapeutischen Methoden: »Manche sind der Auffassung, dass derjenige, der Trost spendet, nur eine einzige Aufgabe habe: dem Leidenden zu vermitteln, dass das, was geschehen ist, gar kein Übel ist. Dieser Ansicht ist Kleanthes ... Chrysipp wiederum ist der Meinung, dass der Schlüssel zum Trost darin liege, den Menschen von der Überzeugung zu befreien, dass er trauern müsse, dass es gerecht und angemessen sei.«[55]

»Bei unterschiedlichen Personen wirken unterschiedliche Methoden«, ergänzt Cicero, und der Zeitpunkt des Eingreifens sei ebenso wichtig wie die Art des Eingreifens. Dennoch hat er nur wenig Gutes zu sagen über die Methode von Kleanthes, dem zweiten Oberhaupt der Stoa. Der orthodoxe Stoizismus untergrabe den eigentlichen Sinn des Trostes: »Ich lasse die Methode des Kleanthes außen vor, denn sie richtet sich an den Weisen, der des Trostes gar nicht bedarf. Denn wenn es dir gelingt, den Trauernden davon zu überzeugen, dass es nichts Schlechtes gibt außer schändlichem Verhalten, dann hast du ihm nicht den Kummer genommen, sondern seine Unwissenheit. Und dies ist nicht der richtige Zeitpunkt für eine solche Lektion.«[56] Kurz gesagt, der Weise hat seine Unwissenheit verloren und mit ihr die Bindung an etwas, durch das die Trauer hervorgerufen wird. Aber für uns Sterbliche, wie auch Cicero, ist es zumindest ein sehr schlechtes Timing, jemandem im Moment eines Verlustes in den Lektionen des Weisen zu unterrichten.

Gibt es eine stoische Intervention, die sich besser eignet? Cicero behauptet, »die bemessen an ihrer Wirksamkeit verlässlichste Methode ist die des Chrysipp«, des dritten Leiters der stoischen Schule. Es handelt sich um eine Methode, die tiefgreifenden Verlust nicht bestreitet, sondern vielmehr darauf abzielt, die Art und Weise, wie wir darauf reagieren, zu ändern. Das bedeutet, sie konzentriert sich auf das zweite wertende Urteil, das, was man als angemessenes Verhalten ansieht. Aber selbst dies ist jemandem, der wie Cicero von einem Verlust betroffen ist, nur schwerlich zu vermitteln: »Es ist ein schwieriges Unterfangen, einen Menschen davon zu überzeugen, dass er aus eigener Entscheidung trauert und weil er glaubt, dass er dies tun müsse.«[57]

Seneca nimmt sich eben dieser Aufgabe an. Seine Trostschriften, die getreu der römischen Kunstform der Literatur verfasst wurden, beginnen mit dem Eingeständnis von Verlust und Schmerz. Anschließend versuchen sie, Möglichkeiten aufzuzeigen, mit denen man Ruhe und Gleichmut wiederfinden kann: »Ich bin betrübt darüber, dass dein Freund Flaccus gestorben ist, aber ich möchte, dass du nicht zu sehr deswegen trauerst.« Er verdeutlicht anschließend, was er damit meint: »Überhaupt nicht zu trauern, dies von dir zu verlangen, werde ich mich nicht wagen ... Die hierzu nötige Stärke ist nur denen gegeben, deren Geist sich vollständig über das Unglück erhoben hat.« Möglicherweise ist dies ein Weiser. Aber selbst ein Weiser wird Kummer empfinden: »Und selbst jener wird angesichts einer solchen Sache ein Stechen verspüren, aber nur ein Stechen. Was uns angeht, so möge man uns unsere Tränen verzeihen, so es denn nicht zu viele werden und wir unsere Fassung wiedergewinnen.«[58] Dieses Stechen wiederum ist eine Prä-Emotion, eine emotionale Narbe aus der Vergangenheit, die der Weise empfinden darf, ohne Schuld auf sich zu laden.[59]

In einem anderen Brief heißt es, dass die Tränen des Weisen großzügiger fließen, »sie sprudeln von selbst« »bei der Nachricht eines vorzeitigen Todes« oder »wenn wir den Leichnam in unseren Armen halten, der alsbald unserer Umarmung entrissen und den Flammen übergeben wird«. Die Tränen »werden aus uns herausgepresst, da es die Natur so vorgibt«[60]. Hier findet keine Zustimmung seitens des Verstandes statt. Es handelt sich nurmehr um eine natürliche Reaktion des Körpers, »wenn die Trauer ihn mit einem Schlag erschüttert«. Tränen, Zittern, ein stockender Atem, dies sind alles unwillkürliche Reaktionen auf den Schock des Verlustes, ob wir nun moralische Vorbilder sind oder nicht. Die emotionale Ruhe setzt erst später ein. Und selbst sie lässt Raum für Tränen:

> *»Diese [vorläufigen] Tränen werden unwillkürlich vergossen. Es gibt aber auch andere, denen wir freien Lauf lassen, wenn wir uns an jene erinnern, die wir verloren haben, und inmitten unseres Kummers ein Element der Süße wiederfinden – wenn wir an angenehme Unterhaltungen mit ihnen, ihre fröhliche Gesellschaft und ihre Hingabe zurückdenken. Eben in diesem Moment geben unsere Augen ihre Tränen frei, da sie sich hierbei entspannen, genau wie bei der Freude. Diesen Empfindungen geben wir nach; die anderen überwältigen uns. Du musst also weder deine Tränen zurückhalten, nur weil ein anderer in deiner Nähe steht oder an deiner Seite sitzt, noch solltest du dich wegen ihm zum Weinen zwingen: Weder die Tränen noch ihr Ausbleiben können so schändlich sein wie das Vortäuschen von Tränen. Lass sie von selbst kommen.«*[61]

Das Übel sind demnach erzwungene Tränen, nicht etwa die in der Öffentlichkeit vergossenen Tränen, wie man meinen könnte, oder die Tränen, die durch Erinnerungen hervorgerufen werden. Verwerflich ist, Tränen zu schüren[62], bewusst zu weinen, wenn man es von Natur aus gar nicht tun würde. Das Problem hierbei sind das Übermaß und die Theatralik.

Einiges hiervon erscheint vernünftig, und es sind gütigere Ratschläge, als wir sie normalerweise von einem Stoiker erwarten würden. Seneca ist ein vielschichtiger Charakter, und manch einer könnte behaupten, er sei scheinheilig und im besten Fall widersprüchlich. In seinen Trostschriften ist kein Mangel an liebevoller Strenge: »Jener, den du geliebt hast, ist gestorben: Finde jemand Neues, den du lieben kannst. Den Freund durch einen anderen zu ersetzen ist besser, als zu weinen.«[63] Freunde sind austauschbar; nicht nur Geld, auch Menschen sind entbehrlich. Das ist wohl kaum ein Stoizismus, den wir uns zu eigen machen wollen.

Aber Seneca ist niemand, der seine eigene Verletzlichkeit verbergen würde: »Ich schreibe dir diese Dinge – ich, der ich so hemmungslos um meinen geliebten Annaeus Serenus geweint habe ... Ich verstehe jetzt, dass der Hauptgrund für meine Trauer darin lag, dass ich es nie für möglich gehalten hätte, dass sein Tod meinem eigenen vorauseilen würde. Ich hatte immer nur daran gedacht, dass er jünger war als ich, viel jünger. Als ob die Reihenfolge der Geburt unser Schicksal bestimmen würde!«[64] Der sich wiederholende Gedanke – »aber er war so viel jünger« – hält seine Trauer frisch. Die Verarbeitung *dieses* Verlustes und das Wissen darum, dass selbst die Jugend keinen ausreichenden Schutz bietet, spendet jedoch etwas Trost. Er sehnt sich sehr nach Trost, so wie wir alle, aber auch nach Freundschaften, wie die mit Serenus, an denen wir uns festhalten können. Und so ist er ein Stoiker, der im gleichen Boot sitzt wie wir.

Er ist ein Psychotherapeut, der Patienten behandelt, aber auch sich selbst. Die Zeit, in der er lebt, ist voller düsterer Ereignisse: Es gibt Verbannung und erzwungene Selbstmorde, Rom brennt, während Nero fröhlich dazu fiedelt (oder zumindest auf seiner Leier spielt), Lyon brennt, es gibt endlos währende Kriege, politische Umwälzungen und unkontrollierbare Krankheiten. Was seine Freunde durchmachen, das macht auch er durch. Die Ängste sind allgegenwärtig. Es fällt uns leicht, ihm zuzuhören, während er zu uns spricht. Genau diese Art von Ruhm hatte er immer als würdig erachtet – dass er in seinen Briefen weiterlebt. Und heutzutage sind die Briefe eines Therapeuten, der in unruhigen Zeiten lebte und dessen Zeilen Trost spenden, nur allzu relevant.

Die Überzeugung moderner Therapeuten ist, dass sie ihre eigene Trauer oder ihre Neurosen nicht ihren Patienten zeigen dürfen. Als Psychoanalytiker nimmt man die Gefühle seines Patienten auf und interpretiert sie, ohne ihn mit den eigenen Problemen oder persönlichen Geschichten zu belasten. Aber wenn man in einer Zeit der Pandemie lebt, in der die Zahl der Todesfälle täglich zunimmt, dann empfindet man genau das, was auch die Patienten empfinden – Trauer, Angst vor einer unbekannten Zukunft, Isolation und den erzwungenen Rückzug aus der sozialen Welt, in der man sich von Angesicht zu Angesicht begegnet. Freud empfahl die »Abstinenz«, der Therapeut sollte wie eine »leere Leinwand« sein, damit der Patient seine eigenen Konflikte und Gefühle in der Übertragung sehen kann und nicht die des Therapeuten. Aber wenn alle gemeinsam leiden, ist es schwieriger, klare Grenzen aufrechtzuerhalten.

Seneca ist ein *moralischer* Ratgeber. Er ist nicht allein Zuhörer, sondern auch Redner. Er gesteht ein, dass er sich in seinen Briefen oft an sich selbst wendet. »Ich bin selbst krank.«[65] »Kein Arzt, sondern ein Patient wohnt hier.«[66] Auch der Arzt benötigt Heilung. Die bevorzugte Behandlung ist philosophischer Natur – es geht um das Wesen des Verlustes und wie man darauf reagiert. Der Kernpunkt aber ist, dass seine Trostschriften die Trauer niemals pauschal verbannen. In ihnen geht es darum, wie man mit der Trauer zurechtkommt, nicht, wie man sie beseitigt.

Trauer, die den Verlust anerkennt, ist nur durch emotionale Bindung möglich. Doch die emotionale Bindung an Personen ist möglicherweise der eindeutigste Beleg für unsere eigene Verwundbarkeit. Gleichzeitig ist sie aber auch der Schlüssel zu unserer Resilienz. Wenn also die stoische Resilienz das Ergebnis von Durchhaltevermögen und Standhaftigkeit ist, was sind dann die sozialen Bindungen, die diese Standhaftigkeit festigen? Dies ist das Thema der nächsten Lektion.

Abb. 6: Panathenäische Preisamphore, unbekannter Euphiletos-Maler, um 530 v. Chr., Terrakotta. Metropolitan Museum of Art., um 530 v. Chr., Terrakotta. Metropolitan Museum of Art

Abb. 7: Herkules und Zentaur Nessus , Giambologna, 1599, Marmor. Loggia della Signoria in Florenz

Lektion 4

Stoische Standhaftigkeit und Resilienz

Tanzen: Wie ein Schwarm

Sie lebte bei einem Vater, der die Worte des Herrn predigte. »Butter und Honig wird er essen, wann er weiß, Böses zu verwerfen und Gutes zu erwählen.« Am nächsten Morgen wurden Milch und Käse aus dem Kühlschrank verbannt. Butter war böse. Honig war gut. Davon standen nun ganze Fässer im Keller. Die Schule war ebenfalls böse. Sie war mit Staatsdoktrin vergiftet. Nicht zur Schule zu gehen, bedeutete jedoch, dass alle anderen Mädchen glaubten, sie könne nicht lesen. Und sie wollten nicht mit ihr reden.

Ihr Vater war gewalttätig. Er wütete, er bestrafte sie und verbot die Anwendung von Schulmedizin, denn auch diese war seiner Meinung nach mit falschen Ansichten durchseucht.

Irgendwie hat sie das alles überlebt. Sie besaß Standhaftigkeit und Mumm. Und sie hatte eine aufsässige Großmutter, die Mutter ihres Vaters, die dazu bereit war, sie mitzunehmen und an einen sicheren Ort zu bringen, wo sie zur Schule gehen konnte. »Wird Dad dich nicht einfach zwingen, mich zurückzubringen?« »Dein Vater kann mich zu gar nichts zwingen.« Ihre Oma und sie waren Verbündete. Zeitweise war auch ihre Mutter ihre Verbündete. Sie nahm sie zum Tanzunterricht mit; es war ihr gemeinsames Geheimnis.

Tanz bedeutete eine andere Art von Bündnis. Eine Angleichung aneinander. Körper, die miteinander sprechen, sich gegenseitig spiegeln und mimen, andere zu kennen, weil man das tut, was sie tun. Man stellt eine Verbindung her, wird verbunden. Man wird zu einem Korps, einem Ballettkorps. »Tanzen zu lernen war, als würde ich lernen dazuzugehören. Ich konnte mir die Bewegungen einprägen und mich dadurch in die Gedanken der anderen hineinversetzen, machte einen Ausfallschritt, wenn sie einen machten, und reckte zeitgleich mit ihnen meine Arme nach oben. Manchmal, wenn ich in den Spiegel schaute und das Gewirr unserer wirbelnden Körper sah, konnte ich mich in der Menge nicht sofort erkennen ... Wir bewegten uns gemeinsam, wie ein Schwarm.« Auch wenn sie ein Entlein war, war sie nun ein Schwan.

Das ist die Geschichte von Tara Westover in ihren eindringlichen Memoiren, *Educated*[1]. Sie erhält Unterricht, eine Bildung, gegen alle Widerstände vonseiten ihres Vaters. Welche Ressourcen ihr auch immer dabei geholfen haben mögen, ihre Resilienz zu stärken – und das sind viele –, ganz oben auf der Liste steht eine, die sich im Tanz herauskristallisierte: das Gefühl der Verbundenheit.

Dies ist ein Schlüsselfaktor der stoischen Standhaftigkeit. Die meisten modernen Stoiker konzentrieren sich jedoch auf einen anderen Faktor, für gewöhnlich auf die Eigenverantwortlichkeit. »Wenn du Gutes willst, so nimm es von dir selbst«[2], sagt Epiktet in einem seiner zitierfähigen Einzeiler. Die in der griechisch-römischen Tradition verwurzelte Idee des harschen Individualismus macht für viele genau den Reiz des Stoizismus aus. Eigenständigkeit und Unabhängigkeit. Selbstdisziplin. Eine zupackende Mentalität.

Aber die lebendige Darstellung in Mark Aurels *Selbstbetrachtungen* zeichnet, wie wir wissen, ein ganz anderes Bild: Ohne einander sind wir wie abgetrennte Körperteile, nur einzelne Fragmente und ohne Verbindung. So können wir nicht gut oder möglicherweise gar nicht funktionieren.

Die soziale Verbindung mit anderen ist ein allgegenwärtiges Thema der Stoiker, das ihnen sehr am Herzen liegt. Der Stoizismus, ob in der Antike oder in der Moderne, sieht soziale Unterstützung und nicht nur innere Stärke als entscheidend dafür an, wie wir Widrigkeiten überwinden, anstatt an ihnen zugrunde zu gehen.

Resilienz

Resilienz kommt vom lateinischen *resilere*, zurückfedern oder abprallen. Im Englischen bezeichnet das Wort *resilience* in der Materialwissenschaft die Fähigkeit eines Stoffes, bei einer Verformung Energie zu absorbieren und diese dann wieder abzugeben. Wenn man einen weichen Gummiball zusammendrückt und anschließend loslässt, nimmt er wieder seine ursprüngliche Form an. Resilienz ist Elastizität. In der zeitgenössischen psychologischen Literatur bedeutet Resilienz die Fähigkeit, mit Widrigkeiten zurechtzukommen und Strategien zu finden, sich ihnen mental anzupassen.[3] Resilienz wird nicht mehr als Unverwundbarkeit verstanden, sondern als Anpassungsfähigkeit. Sie beinhaltet Flexibilität und die Fähigkeit, sich von Schwierigkeiten und Herausforderungen zu erholen und trotz dieser Widrigkeiten zu wachsen.

Das Rezept, sich an Widrigkeiten anpassen zu können, ist der Schlüssel zur starken Anziehungskraft des Stoizismus. Wie wir gesehen haben, scheinen einige stoische Techniken zur Bewältigung von Widrigkeiten tatsächlich zu funktionieren, wie beispielsweise die Konzentration auf Fähigkeiten und deren effektive Nutzung, statt sich auf die Ergebnisse zu versteifen. Auch der »innere Vorbehalt«, der als eine Art der Anpassung der Erwartungen an die sich ändernden Informationen verstanden wird, erscheint sinnvoll. Diese Techniken ebenso wie die Antizipation negativer Ereignisse, um von ihnen nicht völlig überrascht zu werden, bieten allerdings keine vollständige Immunität. Sie sind Schutzfaktoren, die das Risiko verringern. Sie beseitigen es aber nicht. Das über allem liegende Versprechen des Stoizismus lautet, dass nicht die Ereignisse, die uns Stress oder Kummer bereiten, unsere Resilienz aufbauen, sondern die Art und Weise, in der wir diesen Ereignissen Bedeutung verleihen. Ausschlaggebend sind unsere Einstellungen und Bewertungen. Die stoischen Methoden, um Ängste zu verringern, beruhen im Kern auf der Vorstellung, dass wir lernen können, unsere Aufmerksamkeit auf das zu richten, was wir kontrollieren können.

Aber der Aufbau von Fähigkeiten dieser Art ist ein kooperatives Unterfangen, kein einsames. Die antike Stoa ist schließlich eine Schule zur Kultivierung der Ressourcen für persönliches Wachstum durch eine Lehrbeziehung und die Gemeinschaft der Schüler. Fortwährende Freundschaften, von Angesicht zu Angesicht oder durch Briefe und Trostschriften, sind ein zentrales Element des römischen stoischen Modells, wie man einen starken Charakter formt.

Anpassungsfähigkeit, wie sie heute verstanden wird, hat auch ein entscheidendes soziales Element, etwa sich für die Unterstützung durch andere offen zu zeigen und über Netzwerke aktiv Kontakt zu ihnen aufzunehmen. Man kann darauf bauen, dass starke Bindungen zu einfühlsamen Bezugspersonen bei Kindern die Resilienz fördern. Über die gesamte Lebensspanne hinweg sind positive familiäre Interaktionen sowie starke gemeinschaftliche Bindungen wichtige Ressourcen für die Förderung der Resilienz, die es uns ermöglicht, die Herausforderungen des Lebens zu meistern. Wenn wir uns nicht von Angesicht zu Angesicht treffen können, schaffen wir uns auf virtuellen Plattformen eine Gemeinschaft.

Hotlines, Traumazentren, Telefonseelsorge zur Prävention von Selbstmord, Selbsthilfegruppen von Drogenabhängigen, Netzwerke für Überlebende von Katastrophen – all diese Angebote zeigen, wie wichtig der Zugang zu sozialer Unterstützung ist. Natürlich erfordert die Bereitschaft, sich anderen zu öffnen, ein gewisses Maß an Vertrauen in sie und die Strukturen, zu denen sie gehören. Haben diese Menschen in erster Linie Ihre Interessen im Sinn? Sind diese Angebote nur eine Fassade, um Profit zu machen? Basieren sie auf Scheinideologien? Sind die Anbieter ausreichend geschult? Gibt es zu viele bürokratische Hürden, bevor Sie Hilfe bekommen? Und so weiter.

Wer andere um emotionale Unterstützung bittet, muss außerdem ein gewisses Maß an Vertrauen in die eigenen Gefühle haben und sicher sein, dass er sie mit Worten oder anderen Mitteln zum Ausdruck bringen kann. Man muss also nicht nur diesen anderen Vertrauen und Einfühlungsvermögen entgegenbringen, sondern auch dem eigenen Inneren.

Aber die Vorstellung von sozialer und empathischer Unterstützung bei der Bewältigung und dem Abbau von Ängsten klingt nicht besonders stoisch. Oder etwa doch? Wie sozial ist stoische Resilienz?

Miteinander verflochten

Bei der Beantwortung dieser Frage können wir wieder mit Mark Aurel und seinen Meditationen am Rande des Schlachtfelds beginnen. In Lektion 1 haben wir gesehen, wie er ein lebendiges Bild unserer sozialen gegenseitigen Abhängigkeit zeichnete. In seiner Argumentationskette erklärt er die soziale Unterstützung von Grund auf.[4] Verstand und Vernunft sind allen Menschen gemeinsam. Das zeigt sich ganz konkret in koordinierten Verhaltensweisen, zeitgleichen Handlungen und Angleichungen aneinander, in gegenseitiger Wohltätigkeit, die fast unbewusst abläuft und keiner Beachtung bedarf: »Ein Pferd rennt dahin, ein Hund jagt, Bienen machen Honig, und ein Mensch tut Gutes, weiß aber nicht, dass er es getan hat, und geht zu einer zweiten guten Tat über, wie ein Weinstock, der zur rechten Zeit wieder Trauben trägt.«[5] Das Gute gebiert das Gute, ohne sich wichtigzutun. Wir begehen Wohltaten, weil wir Teil einer Gemeinschaft sind: »Vernunftbegabte Wesen, die für eine Gemeinschaft der Zusammenarbeit geschaffen wurden, sind mit ihren voneinander getrennten Körpern analog zu den verschiedenen Gliedern des Körpers eines einzelnen Organismus zu sehen. Diese Erwägung wird dir umso mehr einleuchten, wenn du dir Folgendes vor Augen hältst: ›Ich bin ein Glied der Gesamtheit von vernunftbegabten Wesen.‹[6]« Wir sitzen alle im selben Boot, ein einheitliches Ganzes, das durch kooperative Bestrebungen überlebt.

Die Vernunft, *logos*, ist nach stoischer Auffassung der Kitt des Universums. In der einen oder anderen Form ist sie auch der Stoff unserer Psyche, einschließlich unserer Gefühle. An der Vernunft teilzuhaben, bedeutet, mit anderen durch Sprache, Argumente, Gefühlsausdruck und motorische Resonanzen verbunden zu sein, wie sie Kämpfer auf dem Schlachtfeld oder die Mitglieder eines Ballettkorps auf der Tanzfläche[7] spüren. Mark Aurel beschwört regelmäßig dieses greifbare Bild der Vernunft, die uns in synchroner Bewegung miteinander verbindet. Wir sind »miteinander verflochten«, »arbeiten zusammen«, bewusst und unbewusst. Selbst wer schläft, so sagt er, arbeitet an der kooperativen Unternehmung mit.[8] Der Gedanke der gemeinsamen Anstrengung und Koordination ist weit verbreitet. Und Kraft und Durchhaltevermögen beruhen auf ihr.

In Mark Aurels Ausführungen geht es um soziale Bindungen. Dennoch scheinen sie ein Bild emotionsloser sozialer Distanz zu zeichnen, in der die Vernunft die Verbindung herstellt und Emotionen kaum eine oder gar keine Rolle spielen. Die Vernunft bringt uns zusammen, aber ohne viel Elan und Begeisterung.

In seinen anderen Betrachtungen ist Mark Aurels Haltung jedoch keineswegs leidenschaftslos. Die Gedanken an Freunde, ihre Taten und ihr Vorbild erfreuen ihn und sind ein Ansporn für seine eigene Charakterentwicklung. Er fordert sich selbst auf, sich diese Vorbilder konkret vor Augen zu führen, wenn er einen moralischen Schub braucht: »Wann immer du dir eine Freude machen willst, denke an deine Zeitgenossen; die Tatkraft des einen zum Beispiel, die Bescheidenheit des anderen, die Großzügigkeit eines dritten ... Denn nichts erfreut so sehr wie die Bilder der Tugenden, die sich in den Charakteren deiner Zeitgenossen zeigen«, vor allem, so fügt er hinzu, wenn man sie sich als Gruppe vergegenwärtigt. »Halte sie dir also stets vor Augen.«[9] Dies ist Teil seines persönlichen *Encheiridion* oder Handbuches. Seine Charakterzeichnung seines Adoptivvaters Antonius deutet auf eine Beziehung hin, auf die er zurückgreifen kann, um in Momenten des Selbstzweifels oder moralischen Schwankens Vertrauen und Hoffnung in sich selbst zurückzugewinnen: Ich sollte »ein Schüler des Antonius sein ... so ausgeglichen wie er in allen Situationen, so fromm, so klar im Ausdruck, so freundlich, so voller Verachtung des Ruhms.«[10]

Diese kurzen Porträts stimmen mit den berühmten einleitenden Worten in *Selbstbetrachtungen* überein, in denen Mark Aurel ihm nahestehende Personen aufzählt, denen er geschätzte Charaktereigenschaften zu verdanken hat. Die Liste ist lang, und die Eigenschaften betreffen Umgangsformen und Moral: »von meinem Großvater ... einen milden Charakter und Gelassenheit«; »von meiner Mutter, Frömmigkeit und Großzügigkeit«; von Diognetus, Mark Aurels Lehrer für Malerei, die Vermeidung von müßigem Sport und Hochstaplern; von seinem Mentor Rusticus, nicht in feierlichen Gewändern zu Hause herumzustolzieren oder kostbare Zeit mit oberflächlichen Denkern zu verschwenden oder mit »denen, die um ein Thema herumreden«, ohne wirkliches Fachwissen zu besitzen; von Alexander, dem Grammatiker, die verbale Präzision, gepaart mit der Toleranz für diejenigen, die nicht so gut darin sind, sei es wegen eines gelegentlichen Schnitzers oder einer zu »fremdartigen« Formulierung oder eines »unglimpflichen Ausdrucks«.« Er lehrte, dass die richtige Antwort nicht im »Herumnörgeln«[11], sondern im einfachen Nennen der richtigen Formulierung besteht. Eine solch positive, heiter vorgebrachte Erinnerung ermöglicht einen vertrauensvollen Austausch. Es ist ein Beispiel für die subtile Arbeit des Wohlwollens, das zum Aufbau und zur Aufrechterhaltung starker sozialer Bindungen gehört.

Mark Aurels Liste derjenigen, denen er Dank schuldet, liest sich ein wenig wie die Danksagungsseiten in einem Buch wie diesem. Wir erkennen diejenigen an, deren Beiträge zu unserer intellektuellen und persönlichen Entwicklung beigetragen haben. Aber Mark Aurel spricht keinen öffentlichen Dank oder Anerkennung aus. Denken Sie daran, dass er »an sich selbst« schreibt, ein Kaiser in der Pause einer Kriegsschlacht, der geliebte Freunde und Familienmitglieder zur Unterstützung heraufbeschwört. Die Beziehungen, diese Menschen sind für ihn präsent, sozusagen im Zelt, und prägend. Der Aufbau von Resilienz ist ein fortwährendes Projekt, selbst für einen Kaiser, der sich auf die Schlacht am nächsten Tag vorbereitet. Die Ressourcen reichen über die eigene Person hinaus.

Verbundenheit mit der Welt

Soziale Bindungen nehmen im stoischen Denken eine andere Form an. Und zwar durch die Vorstellung, mit der Welt verbunden zu sein. Die griechischen Stoiker prägen einen Fachbegriff, Oikeiosis, der beispielsweise mit »Vertrautheit« oder »Zuneigung« übersetzt wird. Seine allgemeinste Bedeutung ist die der Zugehörigkeit, also des Beheimatet-Seins in der Welt, oder die Verbundenheit mit der Welt. Bei Tieren hat die Oikeiosis mit dem Selbsterhaltungstrieb zu tun, mit der Anpassung an die Umwelt. Im Falle des Menschen erzählen die Stoiker gern eine Entwicklungsgeschichte darüber, dass das, was uns lieb und teuer ist, von Natur aus gut ist, und das, was uns fremd ist (das heißt die äußeren beziehungsweise gleichgültigen Dinge), von Natur aus schlecht. Als körperliche Wesen streben wir nach Selbsterhaltung. Als Wesen, die Vernunft besitzen, setzen wir uns für deren Entfaltung in einem tugendhaften, von der Vernunft geregelten Leben ein. Diese natürliche Affinität zur Vernunft verbindet uns mit anderen. Mark Aurel vervollständigt dieses Bild und zeigt uns, dass der maßgebende Drang der Natur darin besteht, dass die Menschen in einem Gemeinwesen mit anderen rationalen und vernünftigen Wesen leben. Die Vernunft ist das gemeinsame Gut, das uns verbindet und das hilft, diese soziale Welt aufzubauen.

Die Vorstellung, dass wir von Natur aus soziale Wesen sind, hat ihre Wurzeln bei Aristoteles. Aristoteles ist der Ansicht, dass wir sogar die Existenz unserer Städte nicht etwa sozialen Verträgen[12] verdanken, sondern dem Wirken der Natur, und dass ihr Wachstum in sozialen Bindungen begründet ist, von Partnerschaften über Familien bis hin zu politisch organisierten Städten. Die Stoiker zielen darauf ab, das Entwicklungsbild zu vertiefen und zu erweitern. Wir beginnen mit einem primären Impuls für das physische Überleben. Mit zunehmender Reife erkennen wir, dass unsere wahre Natur (und unser Selbstverständnis und unsere natürliche Verfassung) mit unserer Vernunft und ihrer Vollkommenheit zu tun hat. Die Vernunft zieht uns zu anderen und begründet kooperatives Verhalten und die Pflichten oder »angemessenen Handlungen«, die allen Menschen geboten sind. Die Entwicklungsgeschichte ist komplex.[13] Aber dies fasst die wichtigsten Themen zusammen.

Entscheidend ist dabei, dass selbst bei der Verlagerung auf die Vernunft als Hauptaugenmerk nicht die *eigene* Vernunft im Vordergrund steht, sondern die *gemeinsame* Vernunft. Mit der Welt verbunden zu sein, bedeutet, auf diese ganz grundlegende Weise zu teilen. Zu Beginn mögen wir das Selbstverständnis haben, dass es in erster Linie um die *eigene* Selbsterhaltung geht. Aber im Laufe der Zeit ändern sich die Wertungen – einschließlich des Verständnisses der universellen Vernunft. Es ist, wie Cicero sagt, als ob man durch die Vorstellung eines gemeinsamen Freundes einen neuen guten Freund gewinnt: »Man beginnt, diese Person höher zu schätzen als die Person, die einen vorgestellt hat«.[14] So ist es auch mit der vollkommenen Vernunft. Wenn wir das Entwicklungsstadium erreichen, in dem die Vernunft ihre volle Leistungsfähigkeit erreicht, haben wir endlich die Verbundenheit mit der Welt erreicht: Wir ordnen die Werte richtig und werden von anderen unterstützt, die ein ähnliches Wertesystem teilen – eines, das ebenfalls durch die Normen der Vernunft geregelt wird.

Auch diese Vorstellung hat ihre Wurzeln bei Aristoteles. Aristoteles argumentiert, dass wahre Selbstliebe sich nicht im Besitz äußerer Güter ausdrücke, sondern darin, die Vernunft bis zur Vortrefflichkeit weiterzuentwickeln. Das bedeute aber nicht, dass Selbstliebe ein narzisstisches Anhängsel der Vernunft sei, betont er. Wenn man sich mit der Autorität der Vernunft identifiziere, identifiziere man sich damit, wie sie am besten funktioniere: »in einer tugendhaften Tätigkeit, bei der man mit jeder Faser danach strebt, die besten Taten zu vollbringen«, für das »Gemeinwohl«[15]. Die Stoiker dehnen dann das Gemeinwohl von der *Polis* auf den *Kosmos aus*: »Der weise Mensch erkennt, dass ihm nichts anderes mehr gehört als das, was nicht ihm allein, sondern dem ganzen Menschengeschlecht zusteht.«[16] Seine Berufung zu finden, bedeutet, an der Menschheit teilzuhaben.

Dennoch hat diese Art der Verbundenheit mit der Welt etwas Abstraktes an sich. Gemeinsames Streben durch gemeinsame Vernunft – das hört sich nach hochtrabendem Gerede an, das wenig Einblick in die konkreten und emotionalen Bindungen gibt, die uns miteinander verbinden.[17]

Aber die Stoiker verankern die Vernunft im Irdischen, beispielsweise dadurch, dass sie Emotionen und emotionale Bindungen als Ausdrucksformen der Vernunft ansehen. Genauer gesagt, ist die Vernunft oder die Erkenntnis einfach der Stoff, aus dem die Emotionen gemacht sind. Wie wir in der vorigen Lektion gesehen haben, haben Emotionen ordentlich Pep. Sie sind hochgradig motivierende Überzeugungen. Sogar die bereinigten »guten« Emotionen des

Weisen ähneln einer Achterbahnfahrt. Sie sind robust und zeichnen sich durch ein Auf und Ab, durch Höhen und Tiefen aus, die für alle emotionalen Erfahrungen charakteristisch sind. Machen sie sich körperlich bemerkbar, motivieren sie selbst die Weisen. Die gottähnlichsten Sterblichen bauen die sozialen Strukturen der Resilienz und der menschlichen Verbindung durch Emotionen auf.

Für praktizierende Stoiker wie Seneca, die zwar noch nicht weise waren, aber unbedingt ihre Moral stärken wollten, war die Tatsache, dass allen Menschen die Vernunft gemeinsam ist, ebenfalls eine gefühlsgeladene Erfahrung, die sich in unterstützenden Freundschaften, einschließlich Brieffreundschaften, äußerte. Mit den *Briefen an Lucilius* liegt uns dazu ein Beispiel vor. Darin lesen wir, wie aufgeregt Seneca war, wenn er einen Brief abschickte, wie ungeduldig er auf Antwort wartete, wie er andere in ihrer Trauer tröstete und von seinem eigenen Leiden erzählte. Er berichtet über die Belanglosigkeiten des Tages und von seinem ernsthaften Streben nach Beständigkeit und Weisheit. Es entsteht ein Gefühl der Solidarität und des Mitgefühls, das beiden Seiten in schweren Zeiten Halt geben soll.

Seneca schreibt diese Briefe in den letzten Jahren seines Lebens, im politischen Ruhestand, mit der eigenen Sterblichkeit und der Feindschaft Neros im Hinterkopf. Angst und ein Verlangen nach Seelenruhe sind auf den Seiten deutlich zu spüren. Seneca zieht sich von den äußeren Dingen zurück und besinnt sich auf das innere Leben. Aber all das geschieht mit einem Freund. »Auch wenn ich mich Freunden widme, werde ich mir selbst nicht untreu.«[18]

Vorbilder aus der Geschichte sind Teil des Unterstützungssystems. Wir müssen unsere Freunde nicht auf die Lebenden beschränken, betont Seneca. Inspiration schenken uns auch die Giganten der Vergangenheit – Sokrates, der bis zu seinem Tod an seinen philosophischen Grundsätzen festhielt, Cato, der trotz politischer Ambitionen den Weg der Tugend verfolgte, Scipio und Cincinnatus, die ihre Führungspositionen im Militär vorbildlich ausfüllten. Der Halbgott Herkules[19] ist dagegen eine kompliziertere Figur, wie wir gleich sehen werden. Denn obwohl er außergewöhnlich ist, sorgt sein Streben nach Ruhm für eine giftige und instabile Mischung, egal, wie mühsam seine Kämpfe auch sein mögen.

Seneca sagt uns, dass der Weise nur so oft wie der Phönix aufersteht[20], alle 500 Jahre oder so. Für die Kritiker ist ein Weiser, der nur so selten vorkommt, zu entmutigend, um ihm nachzueifern. Aber ein Weiser, der Emotionen zeigt und der auch mit konkreten, historischen Details in Verbindung gebracht werden kann, ist eine Möglichkeit, das Göttliche irdisch zu machen. Und das ist ein Teil der stoischen Strategie für Resilienz – wir sollen uns mustergültige Vorbilder vorstellen, auch göttliche, die uns lehren können, wie wir mit Widrigkeiten am besten umgehen.

Genau das tut auch Senecas Zeitgenosse Philon in seinem hellenistischen Kommentar zum *Alten Testament.* Stellen Sie sich noch einmal den Moment vor, als Sarah nervös vor sich hin lachte, als sie erfuhr, dass sie ein Kind gebären würde. Wie verwandelt sich die Überraschung, ja sogar die Angst und der Unglaube, in einem so hohen Alter noch ein Kind zu bekommen, von Beklemmung in Freude? Sarah, als stoische Matriarchin, zeigt, wie es möglich ist, den Griff der Emotionen zu lockern, die sie »schwanken und zittern« lassen, und zu ruhigeren Gefühlen zu gelangen, die innere Ruhe und Freude bringen. Es gibt hier keine Hinweise auf die Technik. Wir bekommen jedoch ein Beispiel vor Augen geführt, das Hoffnung schenkt: wie sich die Angst vor einer höchst unwahrscheinlichen und gefährlichen Geburt[21] allmählich in Vertrauen in eine höhere Autorität und Gleichmut verwandeln kann. Das ist die stoische Bibellektion.

Verbindungen zu realen oder allegorischen Figuren aus der Vergangenheit und Freundschaften in der Gegenwart sind soziale Elemente beim Aufbau der stoischen Standhaftigkeit. Senecas Briefe sind an seinen jüngeren Freund, Gaius Lucilius Iunior, gerichtet. Die Briefe enthalten unverhüllte moralische Ratschläge, aber sie wirken durch den Aufbau von Beziehungen. Es sind keine Antwortbriefe von Lucilius bekannt. Es handelt sich um eine literarische Kunstform. Dennoch ist Lucilius auf den Seiten in den Fragen und Antworten präsent, in den Nachrichten über ihn von gemeinsamen Freunden, in der Beziehung, die durch das imaginäre Hin und Her von erwarteten und empfangenen Briefen aufgebaut wird. »Jedes Mal, wenn ein Brief kommt[22] ... bin ich mit dir zusammen.« Seneca hat hier die Nachwelt im Blick – das verdiente Lob, dass er »die Ursache des Guten«[23] für andere gewesen ist. Wenn der Ruhm durch diese Briefe weiterlebt, dann zum Teil in der Aufzeichnung dessen, wie die Stoiker durch eine Beziehung gelehrt haben – und dies auch weiterhin tun.

Eine virtuelle Beziehung

»Ich blühe auf – ich jubele – ich schüttele mein Alter ab und fühle wieder die Hitze der Jugend, jedes Mal, wenn ich aus deinen Briefen und aus deinen Taten ersehe, wie weit du dich selbst übertroffen hast.«[24] Dies ist Seneca, der Lehrer, der durch eine idealisierte virtuelle Beziehung lehrt: »Wir haben Freude an denen, die wir lieben, auch wenn sie nicht da sind.«[25] Wir müssen uns einen begabten Morallehrer vorstellen, der sich auf die Charakterentwicklung seiner jungen Schüler konzentriert und enorme Freude an der Lehre hat. »Deren Anwesenheit, das Gespräch mit ihnen sind so etwas wie lebendige Freude«. Dies ist besonders dann der Fall, »wenn man nicht nur sieht, wen man will, sondern denjenigen so sieht, wie man ihn will«.[26] Das mag auf uns wie ein Pygmalion-Effekt wirken: Ein Morallehrer formt einen Schüler so, wie er ihn haben möchte, mit wenig Raum für Wahlmöglichkeiten oder innere Freiheit aufseiten des Schülers. Es klingt unstoisch, wie etwas, das von außen auferzwungen wird.

Gewiss, das Gute ist das ausdrücklich gelehrte Ziel. Das ist es, was ein stoischer Lehrer von seinen Schülern will, und das ist auch angemessen. Aber es lässt natürlich viel Spielraum für die Art und Weise, wie das Gute entwickelt und ausgedrückt wird.

Dieser Gedanke wird von einem früheren Stoiker, Panaitios, weiter ausgeführt, wie Cicero es überliefert hat. In unserem Leben nehmen wir vier verschiedene Rollen – oder *personae* – ein. Eine davon ist unsere gemeinsame rationale Natur, eine Persona, die uns allen aufgrund unserer Menschlichkeit gemeinsam ist; eine zweite ist unser charakteristisches individuelles Temperament oder unsere Konstitution; eine dritte ist das, was wir durch »Zufall oder Umstände« sind; und eine vierte wird davon bestimmt, »was wir für uns selbst annehmen«, wenn wir erwachsen werden und Entscheidungen darüber treffen, »wer und was wir sein wollen und welche Art von Leben wir führen möchten«. Es ist unklar, wie wir sinnvolle Entscheidungen über unser Leben treffen können, wenn Zufall und Umstände unsere Freiheit radikal untergraben. Vielleicht sind wir dazu gar nicht in der Lage. Aber wenn doch, dann lautet der Kerngedanke hier, dass es das Gute in vielen Geschmacksrichtungen gibt. Wir treffen Entscheidungen darüber, was als ein erfolgreiches Leben gilt, wobei unsere Persönlichkeit, unsere Talente und natürlichen Begabungen diese Entscheidungen oft leiten. Einige von uns wählen ihren Beruf entsprechend ihrem

Temperament. Juristen sind vielleicht streitlustig, Komiker lustig, Krankenschwestern fürsorglich und so weiter. Wir müssen unsere Natur kennen, um die richtigen Rollen im Leben zu wählen. »Wir sind Schauspieler in einem Theaterstück«, sagt Epiktet. Das ist ein Standardthema im Stoizismus. Cicero vertieft diesen Gedanken: Wir treffen kluge dramaturgische Entscheidungen, wenn wir die richtigen Rollen wählen. Er meint damit die Berufswahl, die am besten zu unserer Konstitution und unserem Temperament passt. Man sollte sich nicht unter Druck setzen lassen, »die Natur eines anderen zu kopieren und die eigene zu ignorieren«, betont er. Wenn wir Glück haben, bekommen wir die richtigen Lehrer, die uns bei unseren Entscheidungen helfen, besonders in der späten Jugend, wenn wir den Rat von außen am meisten brauchen.[27]

Seneca zeichnet meist eher die Lehrerseite der Beziehung nach. Die Hoffnungen, die er in andere setzt, und die Bemühungen, die er um ihretwillen unternimmt, verschaffen ihm bereits Freude. Die Beziehungen geben uns – als Lehrer und Eltern, würdige Freunde und Partner – Kraft. In anderen Schriften beschreibt Seneca den emotionalen Austausch, durch den das Überreichen von Geschenken und das Zeigen von Dankbarkeit mehr als nur ein dünner Anstrich guten Benehmens[28] sind. Im Falle des Lehrens, hier in *Briefe an Lucilius*, wird das, was der Lehrer gibt, durch sein eigenes Wachstum und seine eigene Freude vergolten.[29] Auch wenn wir bei anderen darauf hoffen, dass sie sich aus einer Krise befreien oder sich bessern, nachdem sie sich mit dem Bösen eingelassen haben, erziehen wir uns in gewisser Weise selbst. Wir verfestigen die Lektionen, schreibt Seneca an seinen Schüler, selbst wenn der Tod naht, wie es zu diesem Zeitpunkt bei Seneca der Fall ist. Gute Lehrer begeben sich auf Augenhöhe zu ihren Schülern. Sie haben selbst erlebt, was diese erleben, oder können zumindest nachempfinden, wie es sein muss. Auch sie lernen und wachsen noch. Die empathische Verbindung ist entscheidend für einen effektiven Unterricht.

Nehmen wir einen aktuellen politischen Fall. Im Februar 2019 wurde Michael Cohen vor das Aufsichtskomitee des Repräsentantenhauses geladen, das gegen den damaligen US-Präsidenten Donald J. Trump und seinen engsten Kreis wegen Steuerbetrugs und Verstößen gegen die Wahlkampfbestimmungen ermittelte. Cohen war mehr als ein Jahrzehnt lang Trumps persönlicher Anwalt und »Mann fürs Grobe«. Er wurde vor den Kongress geladen, um auszusagen, kurz nachdem er vor einem Bundesgericht wegen Steuerbetrugs und Falschaussage verurteilt worden war.

Der Vorsitzende des Aufsichtskomitees des Repräsentantenhauses war zu dieser Zeit Elijah Cummings, ein Kongressabgeordneter aus Baltimore. Cummings ist Afroamerikaner, der Sohn eines Bauern. Er spricht mit der Kadenz eines Predigers und mit Leidenschaft. In einer im Fernsehen übertragenen Anhörung geht er auf Cohen ein, der bekanntlich einmal gesagt hat, er würde sich für seinen Chef eine Kugel einfangen, jetzt aber darauf besteht, dass er wahrheitsgemäß aussagt.

»Sie haben viele Fehler gemacht, Mr. Cohen[30], und Sie haben sie zugegeben. Und Sie kommen hierher und sagen: ›Ich habe meine Fehler gemacht, aber jetzt will ich mein Leben ändern.‹« Cummings führt seine eigene frühere Karriere als Anwalt an, der viele Anwälte vertrat, die in Schwierigkeiten geraten waren. Er sagt: »Und wissen Sie, wenn wir … als Nation den Menschen nicht die Möglichkeit gäben, ihr Leben zu ändern, nachdem sie Fehler gemacht haben, würde es vielen Menschen nicht gut gehen.« Hier erteilt ein Strafverteidiger eine Lektion über die Möglichkeit der Rehabilitation. Er hat gesehen, wie Menschen nach einer strafrechtlichen Verurteilung weitermachen können. Er hat gesehen, wie Menschen ihr Leben umkrempeln. Er weist auf die Möglichkeit eines posttraumatischen Wachstums hin, selbst nach einem Vergehen dieses Ausmaßes.

Dann räumt er die scheinbare Ungerechtigkeit des Ganzen ein: dass Cohen erwischt wurde, aber andere in der Trump-Administration, die möglicherweise Ähnliches oder noch Schlimmeres getan haben, ungeschoren davonkommen. Sehen Sie es als eine Chance, daran zu wachsen, sagt er erneut. Es ist der Zeitpunkt, wie Cicero sagen würde, einen neuen Weg einzuschlagen. »Ich sage meinen Kindern, wenn etwas Schlimmes passiert: ›Stellt euch nicht die Frage, warum euch so etwas Übles zugestoßen ist. Stellt euch die Frage, warum euch diese Chance gewährt wird.‹« Er weiß nicht, warum dies Cohens Schicksal ist, aber wenn es das ist, so hofft er, dass es eine Rolle dabei spielt, ihn zu einem besseren Menschen zu machen und unsere Demokratie besser zu machen. Wieder ist es ein stoischer Moment: »Das Leben ist gleichgültig, die Art, wie wir es nutzen, ist es jedoch nicht«, sagt Epiktet. Nimm das, was dir als dein Los zufällt, nicht auf die leichte Schulter. Cummings' moralischer Ton ist hier religiös und unpersönlich: Du wirst für andere als Opfer dargeboten, und obwohl andere zweifellos genauso schuldig sind wie du, bist du derjenige, der im Tempel geopfert wird. Es klingt kalt und zweckmäßig: Der Mensch ist ein austauschbarer Platzhalter, um das Gute zu erreichen, auch wenn er Schuld auf sich geladen hat und Strafe verdient. Dennoch ist er in diesem Stück der Sündenbock für alle.

Doch dann ändert sich Cummings Tonfall. Die moralische Sichtweise wird zutiefst persönlich, eine Moral auf Augenhöhe, bei der ein Elternteil mit einem anderen Elternteil spricht. Und hier kommt die Empathie in verblüffender Form zum Tragen:

»Ich möchte Ihnen von etwas erzählen, das mir wirklich wehgetan hat. Es hat mich wirklich geschmerzt. Ich habe Sie gesehen, wie Sie das Gerichtsgebäude verließen. Und ich schätze, es war Ihre Tochter, die eine Zahnspange trug. Mann, das hat mich verletzt. Als Vater von zwei Töchtern hat es mich verletzt. Und ich kann mir *vorstellen,* wie es sich für Sie anfühlen muss.« Cohen, mit tief hängendem Kopf und dunklen Ringen unter seinen roten Augen, beginnt zu weinen. Und dann drückt Cummings seine Dankbarkeit, seine mitfühlende Sorge und seine Hoffnung aus. »Ich möchte Ihnen zuallererst danken. Ich weiß, dass das schwer ist. Ich weiß, dass Sie eine Menge durchmachen. Ich weiß, dass Sie sich Sorgen um Ihre Familie machen.«

Er baut eine weitere Brücke. Diesmal stellt er eine Verbindung zu Cohen und seiner Zukunft im Gefängnis her. Ein Schwarzer unterrichtet einen Weißen über die Haft und den Preis, den es kostet, zur Polizei zu gehen und als Informant auszusagen – und das ist es im Wesentlichen, was Cohen in seinem Prozess und jetzt in dieser Anhörung getan hat:

»Ich weiß, dass es schmerzhaft ist, ins Gefängnis zu gehen. Ich weiß, dass es schmerzhaft ist, eine ›Ratte‹ genannt zu werden. Lassen Sie mich das erklären. Ich komme aus Baltimore. Ich lebe dort in der Innenstadt. Und wenn man jemanden als Ratte bezeichnet, ist das mit das Schlimmste, was man ihm sagen kann. Denn wenn er ins Gefängnis geht, bedeutet das, dass er dort als Verräter gilt. Es ist eine der schlimmsten Bezeichnungen, die man jemandem geben kann. Der Präsident hat Sie also eine ›Ratte‹ genannt. Wir sind besser als das. Das sind wir wirklich.«

Dies ist eine bemerkenswerte staatsbürgerliche Lektion, die von den stoischen Lehren über moralischen Fortschritt, Wahlmöglichkeiten und Resilienz durchzogen ist. Was für uns jetzt von Bedeutung ist, ist die Tatsache, dass diese moralische Lektion durch Empathie vermittelt wird. Cummings stellt eine emotionale Verbindung zu diesem gestürzten Mann her: Ich fühle Ihre Scham, und ich verstehe die Reue, die Sie empfinden müssen, wenn Sie Ihren moralischen Verfall so öffentlich eingestehen. Ich erkenne, wie es sich anfühlen muss, wenn man seine Seele vor den eigenen Kindern entblößt. Ich weiß, wie es ist, im Gefängnis zu sitzen und eine »Ratte« genannt zu werden. Aber ich habe die Hoffnung, dass Sie und dass wir als Nation in der Lage sind, würdigere Ziele anzustreben und in sie zu investieren: »Wir sind besser als das«, sagt Cummings wiederholt. Wir sitzen in einem Boot, jetzt und in der Zukunft: »Unsere Kinder sind die Botschaften für eine Zukunft, die wir nie erleben werden.«[31] Als hätte er es vorhergesehen, stirbt Cummings ein paar Monate später.

Aber ist dies eine stoische *Art* der Beratung? Kann ein Stoiker moralische Redlichkeit auf eine Weise predigen, die Brücken baut, indem sie den eigenen spürbaren Schmerz des Lehrers offenlegt?

Sicherlich sind Stil und Ausdrucksweise eines afroamerikanischen Abgeordneten weit entfernt von denen eines römischen Redners, auch wenn die Rhetorik beider in der öffentlichen Arena einen predigenden Ton annehmen kann. Dennoch *sind* Nöte und Kummer genau die Bedingungen, die eine praktische stoische Ethik hervorbringen. Epiktet lehrt eine neue Art von Freiheit, da er weiß, was politische Versklavung bedeutet. Seneca kämpft mit der Enthaltsamkeit, während der Geschmack des Weins noch frisch auf seinen Lippen liegt. Er versucht, auf Reichtum zu verzichten, während er sich an prunkvollem Luxus erfreut. Er ist gleichzeitig Arzt und Patient. Mark Aurel übt sich in Zurückhaltung, während er in der vollen öffentlichen Pracht des kaiserlichen Pomps schwelgt. Er minimiert Macht und Ruhm, aber letztendlich ist er ein Kaiser, der Ländereien erobert und sich unterwirft. Der Stoizismus entsteht aus der großen Kluft zwischen dem, was wir anstreben, und dem, wo wir uns befinden. Es gibt nur wenige Lehrer, die inspirieren, ohne von ihren eigenen Schwierigkeiten zu berichten. Die Stoiker sind da nicht anders. Der Stoizismus findet Anklang, weil alle Seiten das Bedürfnis nach Ruhe und Gelassenheit, Demut und Zähmung des Egos haben, selbst wenn man ein Kaiser oder, wie Seneca, ein hochrangiger Berater am Hof eines Kaisers ist.

Stoische Empathie

Empathie ist ein Kernelement beim Aufbau der sozialen Bindungen, die die Grundlage für Resilienz bilden. Wie diese Art von Sozialkapital aufgebaut werden kann, wenn Einzelpersonen und Gruppen weit voneinander entfernt sind, wird für die Stoiker zu einer drängenden Herausforderung. Der weniger bekannte römische stoische Philosoph Hierokles, der im 2. Jahrhundert lebte, stellt sich dieser Herausforderung, indem er eine Metapher mit der Verringerung des Abstands zwischen einer Reihe konzentrischer Kreise ersinnt. Der innerste Kreis umfasst den eigenen Geist und Körper und das, was für das Überleben wichtig ist. Als Nächstes folgt die unmittelbare Familie, dann die erweiterte Familie, danach die entfernteren Verwandten, dann die Nachbarn, schließlich die Mitbürger innerhalb eines Volkes und letztendlich die gesamte Menschheit. Wir verbinden uns mit den äußersten Kreisen, indem wir sie durch Übungen in Vorstellungskraft und Respekt näher an das Zentrum heranführen: »Wir übertragen immer wieder eifrig diejenigen aus einem umschließenden Kreis in den, den er umschließt[32] ... Wir müssen die Menschen aus dem dritten Kreis so respektieren, als ob sie aus dem zweiten kämen«, und so weiter. Es bedarf eifriger Anstrengungen, um über die Mitbürger des eigenen

Volkes hinauszugehen und andere als Teil der eigenen Gemeinschaft zu erkennen.

Hierokles ahmt einen Kunstgriff aus Platons *Der Staat* nach, um zu versuchen, den Abstand zwischen den Kreisen zu verringern. Wenn wir alle Menschen einer bestimmten Altersgruppe »Cousins« oder »Brüder«, »Onkel und Tanten«, »Väter und Mütter« nennen, können wir eine engere Verwandtschaft simulieren. Aristoteles hätte nie geglaubt, dass Platons Trick funktionieren würde. Alle Frauen einer Altersgruppe als »meine Mutter«[33] oder alle Jungen einer Altersgruppe als »mein Sohn« zu bezeichnen, würde nur dazu führen, dass alle Beziehungen verwässert würden.

Ich hatte einmal eine taiwanesisch-amerikanische Studentin, die dieser Meinung war. Nachdem sie diese Passage von Hierokles in einem Seminar gelesen hatte, erzählte sie den Kommilitonen davon, dass sie von ihrem Zuhause in den USA aus nach Taiwan gereist sei und ihre Mutter darauf bestanden habe, dass sie alle ihre entfernten Verwandten und Freunde dort als Brüder und Schwestern oder Tanten und Onkel bezeichne, um das Gefühl einer eng miteinander verbundenen Familie vorzugeben. Sie empfand dies als äußerst unangenehm, auch wenn sie berücksichtigte, dass sie in der dortigen Kultur eine Außenseiterin war und dass die kulturellen Unterschiede und die Entfernung das Gefühl starker familiärer Bindungen geschwächt hatten. Ihrer Ansicht nach erforderte eine Familienbildung mehr als nur eine erzwungene Nomenklatur und Anrede.

Hierokles versucht nicht, eine Familie zu bilden, sondern sich den Herausforderungen einer stoischen Weltgemeinschaft zu stellen. Wie können wir die Interessen anderer, mit denen wir nicht zusammenleben oder die wir nicht einmal kennen, wahrnehmen? Wie kommen wir zu dem Gefühl, dass wir davon profitieren, wenn sie von etwas profitieren, oder dass unser Wohlergehen über das eng gefasste Eigeninteresse hinausgeht? Wie können wir Respekt konkret werden lassen? Hierokles behauptet, dass es einer eifrigen Anstrengung und anhaltender psychologischer Arbeit bedarf, um das Fremde weniger fremd erscheinen zu lassen.

Im 18. Jahrhundert, in der Ära der Aufklärung, zeichnen Philosophen ein noch schärferes Bild dieser stoischen Idee. Empathie, schreibt David Hume (obwohl er das Wort »Sympathie« für das verwendet, was wir heute unter Empathie verstehen), ist eine Ersatzbefriedigung. Es ist, als wären wir durch eine Schnur miteinander verbunden: Wenn jemand an einem Ende zieht, spürt das der andere. Wir fangen das Gefühl des anderen auf, wie durch Ansteckung.[34] »Wir hegen keine tiefgreifende Sorge für die Gesellschaft, außer aus Sympathie«. Humes Zeitgenosse und schottischer Landsmann Adam Smith entwickelt eine eher kognitive Sichtweise der Empathie: Wir tauschen »in unserer Fantasie die Plätze«, indem wir uns vorstellen, wie das Leben eines anderen aussieht. Aber wir stellen uns nicht einfach diese anderen Menschen in deren Lage vor, sondern dass *wir selbst zu ihnen werden.* Dieser imaginative Seitenwechsel ist äußerst effektiv. Wir spüren die Emotionen anderer, obwohl »wir keine unmittelbare Erfahrung dessen haben, was andere Menschen fühlen ... allein durch die Fantasie können wir uns eine Vorstellung davon machen, was seine Empfindungen sind ... In unserer Fantasie versetzen wir uns in seine Lage, stellen uns vor, dass wir all dieselben Qualen erleiden, wir treten gleichsam in seinen Körper ein und werden in gewisser Weise dieselbe Person wie er.«[35]

Für diese Denker besteht die Herausforderung für die Moral darin, die Welt zu erfassen, ohne sie zu einer Projektion des Selbst zu machen. Dazu brauchen wir Einfühlungsvermögen und Vorstellungskraft, aber auch die Kontrolle unseres Eigeninteresses und unserer Voreingenommenheit. Und so wird die Vorstellung eines unparteiischen Richters oder Beobachters entscheidend für die Konstruktion einer moralischen Perspektive zu Zeiten der Aufklärung.

Die Stoiker sind noch nicht so weit. Hierokles stellt sich vor, wie man andere, die weit entfernt sind, in den eigenen Orbit bringt. Wir verbinden uns mit der Welt, wenn wir sie zu einem weniger fremden Ort machen. Aber eine Welt und ihre Ressourcen zu teilen, erfordert eine Heimatbasis, die größer ist als das eigene Ich. Die US-amerikanischen Gründerväter, von denen viele die Schriften der Stoiker gelesen haben, teilten dieses Anliegen der Aufklärung: Wie lässt sich eine Gesellschaft aufbauen, die ein Gefühl der kollektiven Zugehörigkeit bewahrt, ohne dass die Mitgliedschaft lokal und auf das eigene Volk begrenzt ist?

Herkules und das Plädoyer eines Vaters für eine andere Art von Stärke

Wir haben die stoischen Vorstellungen von Zusammengehörigkeit und Empathie, die für die individuelle Resilienz entscheidend sind, skizziert. Wir besitzen dann eine Verbundenheit mit der Welt, wenn wir ein Gefühl der Zugehörigkeit und der Verbundenheit haben, selbst mit den am weitesten von uns entfernten Menschen. Nach stoischer Auffassung ist ein soziales Selbst ein globales Selbst, auch wenn es schwierig ist, sich um diejenigen, die sich außerhalb des eigenen lokalen Kreises befinden, zu kümmern und von ihnen umsorgt zu werden. Entfernung und Unterschiede stellen Hindernisse dar. Aber das gilt auch für den Mythos der unbezwingbaren Stärke. Stoische Resilienz kann oft herkulisch erscheinen. Man stellt sich eine Kraft vor, die alle Feinde und Ängste besiegt, die unmögliche Aufgaben mit geistiger Hartnäckigkeit und körperlicher Ausdauer meistert. Herkules ist ein Held, der ein gefährliches Risiko nach dem anderen eingeht und trotzdem jederzeit sicher ist. Er ist unbesiegbar. Er ist ein Mensch der Tat, der Angst nicht als Teil seines Images zulässt. Für manche ist dies ein Bild der stoischen Tapferkeit.

Aber Herkules ist eine tragische Figur. Zumindest ist er das in Senecas Stück *Der rasende Herkules.* Seneca schildert die Tragödie so, dass sie zum großen Teil Herkules' Sucht nach superheldenhaften Aktionen entspringt, die durch einen von Juno gesandten Wahnsinn genährt wird. Sie ist eifersüchtig auf Herkules, den ruhmreichsten der unehelichen Söhne Jupiters. Nachdem sie ihm zwölf Aufgaben aufgezwungen hat, plant sie einen letzten Akt wilder Rache. Dieser soll Herkules auf beispiellose Weise auf die Probe stellen. Doch seine Resilienz wird in diesem Stück Senecas aus einer ganz anderen Kraftquelle kommen als der, die wir mit der Stärke des Herkules verbinden.

Der Schauplatz ist folgender: Herkules steht kurz davor, aus der Unterwelt zurückzukehren, nachdem er die letzte seiner zwölf Aufgaben, Hades' Wachhund Kerberos zu fangen, abgeschlossen hat. Er ist begierig darauf, seinen Ziehvater Amphitryon, seine Frau Megara und seine Kinder wiederzusehen, die alle unter dem Tyrannen Lycus leiden, der Kreon, Megaras Vater, getötet und während Herkules' Abwesenheit sein Königreich erobert hat.

Juno ist wütend über das bevorstehende Wiedersehen. »Erschüttert seinen großen Ehrgeiz!«[36] »Keine Ungeheuer mehr.« Diesmal »soll er gegen sich selbst kämpfen«. »Nehmt Herkules' Geist gefangen.« Verderbt seinen Wunsch, wendet seinen ungestümen Mut gegen ihn selbst.

Dann durchbricht Herkules die Grenze zu dieser Welt. Er ist ganz aufgeblasen, so viel bildet er sich auf all seine glorreichen Taten ein. »Hätte ich die Unterwelt beherrschen wollen, hätte ich es tun können[37] ... Ich verschmähte den Tod und kehrte zurück.« Nun hat er nichts mehr zu tun, sehnt sich jedoch nach mehr Action. Er ist trunken von der Action. »Mehr Aufgaben für mich.[38] Vater, Frau, es dauert noch, bis ich euch in die Arme schließen kann.« Er muss Lycus besiegen und dann am Altar beten, um göttlichen Segen für die Stadt und seine Herrschaft über sie zu erbitten. Die Familie muss warten. Die Wiedervereinigung mit seinen Liebsten, die Umarmungen und Liebkosungen, werden aufgeschoben. Er hat Aufgaben zu erledigen. Sein Ziehvater bietet ihm an, bei der Erbittung des Segens zu helfen. »Nein, das will ich selbst machen.«

Die Pläne werden immer größer. Der Adrenalinspiegel steigt. Er ist zurückgekehrt, aber seine Familie wartet immer noch darauf, dass er nach Hause kommt.

Und dann wird er wahnsinnig. Die Selbstzerstörung beginnt. Die Familie, die auf ihn wartet, ist nun seine Beute. Juno hat dafür gesorgt, dass Herkules keine Ruhe kennt. Sie hat seinen Geist gefangen genommen. Zuerst tötet er sein Kleinkind, während Megara dabei zusehen muss. Dann schlägt er seiner Frau den Kopf ein.

Amphitryon bittet darum, das nächste Opfer zu sein, damit er nicht mehr sehen kann. Aber Herkules ist wie betäubt. Juno hat soeben den Fluch aufgehoben. Jetzt ist er ruhig geworden. Herkules schläft, ohne etwas von der Katastrophe zu ahnen – bis er erwacht und »Horden von Geistern«[39] sieht. Doch er hat keine Ahnung, dass er der Täter ist.

Sein Ziehvater überbringt ihm die schaurige Nachricht. Er ist sanft, gefühlvoll, ein Vater, der seinen Sohn im Augenblick einer Tragödie, die kaum zu begreifen ist, halten, berühren und umarmen muss. »Der Kummer ist dein. Die Schuld trifft deine Stiefmutter. Das Unglück ist nicht deine Schuld.«[40]

Amphityron verkörpert in diesem Stück die Rolle des wohlwollenden stoischen Therapeuten: »Wer hat je ein Versehen ein Verbrechen genannt?«[41] Aber wenn die Versehen schlimme Folgen haben, protestiert Herkules, dann sind sie schwere Verbrechen. Aber sein Vater bleibt standhaft in seiner Güte. Er will nicht urteilen. Unglück und Versehen, ein rachsüchtiger Gott, der die Furien schickt, sind nicht unsere Schuld. »Vergib dir selbst für diese eine schlechte Tat.«[42] Zeige Mitgefühl und Empathie dir selbst gegenüber. Ich bin hier, ich bin für dich da, damit du dir an meinen ein Beispiel nehmen und sie nachahmen kannst.

Als Amphitryons Bitten auf taube Ohren zu stoßen scheinen, schaltet sich Herkules' Gefährte und enger Freund Theseus als einfühlsamer, ebenbürtiger Berater ein. Sein Trick besteht darin, Herkules' unbezähmbaren Mut auszunutzen. Richte ihn auf das Richtige, so sagt er. Zügele deine Wut und setze deinen berühmten Mut dafür ein, gegen die selbstmörderische Wut und die Schmach anzukämpfen, möglicherweise als Vatermörder zu gelten, ohne die Entschuldigung der Unzurechnungsfähigkeit. »Die Gebete deines Vaters sollten wirken, aber lass mich auch versuchen, dich mit meinen Tränen zu bewegen.« »Durchbrich deine Sorgen mit der dir typischen Energie.« »Nutze deinen Heldenmut«[43], um nicht länger wütend auf dich zu sein. Jetzt ist es an der Zeit, dich zu sammeln, um dich einer anderen Art von Gefahr zu stellen – dem moralischen und psychischen Trauma, nicht nur geliebte Menschen zu verlieren, sondern sie unwissentlich selbst getötet zu haben.

Es handelt sich hier um ein bemerkenswertes Theaterstück, in dem Seneca die sozialen Bindungen aufzeigt, die selbst herkulischen Mut stützen müssen. Körperliche Stärke reicht nicht aus. Selbstvertrauen reicht nicht aus. Herkules' Mut muss aus der Barmherzigkeit kommen, die er selbst nicht zeigen kann. Andere müssen sie ihm vorleben. Er muss sich auf sie stützen, um es zu lernen.

Und so ist die letzte Aufgabe von Herkules die schwerste für ihn: Vertrauen und Liebe zu akzeptieren und zu erwidern. Die gegenseitige Bindung wird seine Stärke sein. Amphitryon fleht ihn an, sich nicht das Leben zu nehmen: »Ich bitte dich, lass mich im Alter nicht einsam zurück ... Du bist die einzige Stütze in diesem zerstörten Haus, das einzige Licht für meinen Schmerz«. »Gewähre mir die Freude, dich zu sehen und dich zu berühren.[44] Ich flehe dich an.« Eine Beziehung, Vater und Sohn, eine Umarmung, eine Berührung, die Erwiderung von Liebe und Fürsorge sind die Grundlage für den Mut, den beide brauchen, um weiterleben zu können. Es ist ein Mut, der Herkules fremd ist, jetzt ebenso wie früher, als er das erste Mal durch den Hades brach und Megara sah. Und doch spielt an diesem Punkt kein anderer eine Rolle.

Dies ist ein Theaterstück. Seneca schreibt hier keinen Brief an sich selbst oder stellt sich vor, wie ein Freund einen Brief von ihm erhält. Dies ist keine Trostschrift an jemanden, der einen Verlust erlitten hat. Ein Theaterstück, ob es aufgeführt wird oder nicht, lässt das Mythische real werden. Und was hier real ist, sind die tragischen Schwächen eines überlebensgroßen Menschen, der sich im Griff des Ruhms befindet und mit der schlimmsten Art von Qual konfrontiert wird – den seelischen und körperlichen Qualen, die er erleidet, als er seine Familie ermordet vorfindet und der Überzeugung ist, dass er das Verbrechen begangen hat, auch wenn ihn keine Schuld daran trifft.

Eine Kollegin, die als Therapeutin tätig ist, erzählte mir von einem Fall, der mich auf unheimliche Weise an dieses Stück erinnerte – oder zumindest an das Trauma eines unwissentlichen Missgeschicks. In diesem realen Fall handelte es sich um ein Versäumnis, das sich genauso abscheulich anfühlte wie eine kriminelle Handlung. Sie behandelte seit einiger Zeit einen Notfallsanitäter. Er hatte eine komplizierte psychologische Vorgeschichte und war schon in der Vergangenheit häufig mit Unglück und Pannen konfrontiert gewesen. Aber ein Ereignis hatte ihn regelrecht erschüttert. Er wurde als Teil einer Polizeieinheit zu einem Brand gerufen. Es fiel ihm zu, nach drei Kindern zu suchen, die in der brennenden Wohnung eingeschlossen waren. Er fand zwei und rettete sie. Aber das dritte Kind, ein Mädchen, konnte er nicht finden. Er durchsuchte ihr ganzes Zimmer, fand aber keine Spur von ihr. Der Raum war voller schwarzer Rauchschwaden, es war unmöglich, etwas zu sehen. Er verließ sich auf Geräusche und seinen Tastsinn. »Ich tastete nach ihr im Bett, aber ich fand sie nicht.«

Später erfuhr er, dass das Mädchen, das verbrannte, unter das Bett gekrochen war. »Warum habe ich nicht unter dem Bett nach ihr gesucht? Ich bin darauf trainiert worden, unter Druck klar zu denken. Wie dumm kann man sein?« »Habe ich sie gerettet?« »Nein. Ich habe sie im Stich gelassen.« »Es spielt keine Rolle, ob ein Richter sagt, dass es nicht meine Schuld war.« »Ich habe in einem Fall, in dem es um Leben und Tod ging, versagt.« Er kann es nicht vergessen. Die traumatische Erinnerung kehrt in Flashbacks zurück. Er macht sich moralisch für ihren Tod verantwortlich. Auch wenn es in der Behandlung darum geht, sich weniger schuldig zu fühlen, sich selbst ein wenig Barmherzigkeit entgegenzubringen, so ist er sicher, dass er es nicht verdient. »Es mag ganz richtig sein, dass ich mich so schuldig fühle.« Aber die Schuldgefühle drohen ihn zu erdrücken.

Wie andere Ersthelfer auch sieht er sich als Teil einer toughen Kriegerkaste. Gefühle zu zeigen, ist schwach. So etwas wird bei seiner Arbeit nicht geschätzt. Stattdessen geht es bei seiner Arbeit darum zu handeln, schnell zu reagieren und nicht zu versagen. Die emotionalen Auswirkungen eines Unglücks durchzugehen[45], gehört nicht zum Berufsbild. Aber wenn er es nicht tut, kann er nicht weitermachen.

Dies ist das tragische Porträt eines ganz normalen Menschen, der jedoch einiges mit Senecas Herkules gemein hat. Heroische Aufgaben zu erfüllen und andere zu retten, täuscht uns über unsere Stärke. Keiner von uns kann völlig auf sich selbst gestellt bestehen. Wir brauchen andere – in guten wie in schlechten Zeiten. Wir brauchen andere, die uns helfen, unsere Ängste und unsere Fehlschläge zu verstehen. Wir brauchen andere, die uns das Mitgefühl entgegenbringen, das wir selbst nicht aufbringen können. Wir brauchen andere, wenn wir Brände bekämpfen, die Häuser oder uralte Wälder zerstören. Wir brauchen andere, die uns beruhigen, wenn Häuser, Leben, Arbeitsplätze und die Natur verloren gehen.

Diese Lektion ist jetzt besonders dringend. Millionen von Rettungs- und Pflegekräften müssen damit klarkommen, was sie an vorderster Front ausrichten konnten und was nicht, sei es im Angesicht von Feuer oder Krankheit. Sie mussten horrende Furcht und Ängste aushalten. Sie fühlten sich hilflos. Diejenigen, die im Gesundheitswesen an der Front arbeiteten, machten sich Sorgen darüber, was passieren würde, wenn sie eine Pause einlegen würden, um selbst behandelt zu werden. Sie haben erlebt, wie Städte und Krankenhäuser, die gerade erst wieder unter Kontrolle waren, erneut in einen Ausnahmezustand gerieten. Einige haben sich von ihren engsten Familienmitgliedern ferngehalten, weil sie befürchteten, diese sonst versehentlich umzubringen, wenn sie als

Überträger ihnen das Coronavirus mitbrächten. Sie zerbrachen sich den Kopf darüber, ob sie eine so gefährliche Arbeit aufgeben sollten, die aber wiederum dafür sorgt, dass sie ihre Miete und ihre Lebensmittel bezahlen können und krankenversichert sind.

Um eine Chance zu haben, solch verzweifelte Zeiten zu überstehen, braucht man nicht nur materielle und wirtschaftliche Ressourcen, sondern auch starke emotionale Unterstützung, sei es virtuell und von Angesicht zu Angesicht. Stoische Standhaftigkeit zu entwickeln, ist nicht nur eine Frage der inneren Zähigkeit. Das galt schon in der Antike. Und es gilt auch heute.

Abb. 8: Stockdale beim Aussteigen aus seinem Flugzeug eine Woche vor seinem Abschuss

Abb. 9: Stockdale als Gefangener, 1966

Lektion 5

Heilung durch Selbstmitgefühl – stoische Krieger

Stockdale und die stoische Kultur des Militärs

Nur drei Wochen nach 9/11 flog ich nach San Diego, um Admiral James Stockdale zu interviewen. Ich hatte ein wenig Flugangst. Zwei Wochen zuvor hatten wir unsere Tochter zum Flughafen in Washington gebracht, von wo aus sie zu ihrem Auslandsstudium nach Frankreich flog. Der Flughafen war menschenleer. Aber Stockdale und ich hatten dieses Gespräch bereits vor Monaten geplant. Ich wollte das durchziehen. Ich hatte ihn schon ein paar Mal bei Veranstaltungen der Navy getroffen. Ich hatte sogar eine Vorlesung zu seinen Ehren an der Universität von San Diego gehalten. Ich wusste um seinen legendären Status innerhalb des Militärs, insbesondere an der US Naval Academy. Er hatte dort einen bleibenden, stoischen Eindruck hinterlassen. Stockdale lebte und atmete Stoizismus. Was ich bis zu jenem Morgen in seinem Haus in Coronado nicht wusste, war, dass er auch Jahre nach seiner Pensionierung noch Epiktet nacheiferte. Er konnte noch immer den größten Teil des *Handbüchleins der Moral* auswendig rezitieren. Es blieb für ihn eine Quelle der Resilienz.

Als James Bond Stockdale am 9. September 1965 über Nordvietnam abgeschossen wurde und mit dem Fallschirm in die Fänge des Feindes sprang, murmelte er, sein Schicksal vorausahnend: »Fünf Jahre da unten, mindestens. Ich lasse die Welt der Technologie hinter mir und betrete die Welt des Epiktet.«[1] Ein Philosophieprofessor und Dekan der Universität Stanford, Philip Rhinelander, hatte Stockdale das *Handbüchlein der Moral* als kleines Geschenk zu Beginn seines Masterstudiums in der Mitte seiner Laufbahn überreicht. Stockdale hatte das Geschenk zuerst skeptisch entgegengenommen, wie er mir gestand: »Was sollte ein Martini trinkender, Golf spielender Marineflieger wie ich mit so einem Buch anfangen?« Aber die Nächte, die er im Pazifik auf der USS Ticonderoga und später auf der USS Oriskany verbrachte, waren lang. Epiktets dünnes Handbuch wurde Stockdales ständiger Begleiter in der Offiziersmesse. Er prägte sich seinen Inhalt ein. Und all das, was er gelernt hatte, kam ihm in just dem Moment wieder in den Sinn, als er sich aus seiner A-4 Skyhawk herauskatapultierte.

Nachdem er auf dem Boden aufgekommen war, schlug ihn eine Straßenbande zusammen. Durch diese Schläge und viele weitere, die folgen sollten, erlitt sein linkes Bein mehrere schwere Brüche und er hinkte für den Rest seines Lebens. Als wir uns zum Interview trafen, konnte er das Bein immer noch nicht beugen. Also setzten wir uns an den Esstisch, wo er genügend Platz hatte, sein Bein gerade auszustrecken. Das war ein Teil seiner Verbindung zu Epiktet. Auch dieser hatte ein lahmes Bein, entweder angeboren oder durch Schläge, die ihm als versklavte Person beigebracht worden waren.

Ich sprach Stockdale auf diese frappierende Koinzidenz an, und er antwortete mit einer Stimme, die sich wie James Cagney anhörte, aber Stockdale selbst gehörte: »Lahmheit ist ein Hindernis für das Bein, nicht für den Willen. Sage dir das in Bezug auf alles, was dir geschieht. Dann wirst du feststellen, dass solche Dinge ein Hindernis für irgendetwas anderes sind, aber nicht für dich selbst.«

Epiktet lehrte, dass man über sich selbst bestimmen kann, sogar als versklavte Person. Stockdale verinnerlichte diese Lektion während seiner siebeneinhalb Jahre als ranghöchster Kriegsgefangener[2] im nordvietnamesischen Hoa-Lo-Gefängnis (oder »Hanoi Hilton«, wie es von den Kriegsgefangenen genannt wurde), von denen er vier Jahre in Einzelhaft und zwei Jahre in Fußfesseln verbrachte. Ein anderer Kriegsgefangener, dessen Zelle zwei Türen weiter lag, war John McCain, der später Senator von Arizona werden sollte.

Als ranghöchster Offizier übernahm Stockdale die Verantwortung für die interne Befehlskette der Kriegsgefangenen. »An die Leine genommen werden« wurde zum Euphemismus für die anhaltende und methodische Folter, der sie alle unterzogen wurden. Der Folterer wollte damit ein Geständnis erreichen. Die Strafe für das Verbrechen, zum heimtückischen Feind zu gehören, waren sechs oder acht zusätzliche Wochen in Isolation. Stockdales Anweisungen an seine Mitgefangenen waren eines Epiktet würdig: »Meine Überzeugung war: ›Wir, die wir hier unter Druck gesetzt werden, sind die Experten, wir sind die Herren unseres Schicksals.‹« Er hatte nicht vor, »hohle Erlasse über die eigene Schuld« von sich zu geben oder die Anweisung der Regierung zu befolgen, ausschließlich immer wieder seinen Namen, Dienstgrad, Nummer und Geburtsdatum zu nennen, was in der Folterkammer sowieso zu nichts führen würde. Die Botschaft sollte eindeutig sein und das Rückgrat des Widerstands und des kollektiven Überlebens bilden.

Der Hauptbefehl musste ein leicht zu merkendes Akronym sein. Er entschied sich für: »BACK US.« Jeder Buchstabe dieses Akronyms steht für eine Anordnung an seine Mitgefangenen, die aus mehreren Wörtern besteht, von denen im Englischen jeweils eines mit einem Buchstaben dieses Akronyms beginnt. Auf Deutsch lauteten diese Anordnungen: »Verneigt euch nicht in der Öffentlichkeit; lasst euch nicht für Propagandasendungen einspannen; gebt keine Verbrechen zu; gebt niemals auf.« Stockdale führte weiter aus: »US stand für United States, die Vereinigten Staaten, aber in Wirklichkeit bedeutete es«, wie er betonte, »dass die Gemeinschaft Vorrang hat, dass die Gesamtheit über dem eigenen Selbst steht. Es ging immer um das ›Wir‹, nicht das ›Ich‹. Niemand war allein.« Sie waren immer noch ein eingeschworener Haufen, der einen Krieg kämpfte, nun einen Krieg des Willens, und er war der Anführer dieser Kolonie in Nordvietnam.

Bei all dem ließ er sich von Epiktet leiten. Das wahre Übel war nicht ein gebrochener Rücken oder ein gebrochenes Bein, sondern die Schuld und Scham, wenn man Verrat an sich selbst und der Gruppe beging. Das Übel war, die eigene Selbstbeherrschung und Autorität zu verlieren. Das Übel bestand darin, den fahlen Geschmack einer angebotenen Zigarette oder eine Nacht ohne Fußfesseln mit echter Autonomie zu verwechseln. Das Übel war, die Macht zu vergessen, die einem ein heller Geist verleiht, wenn es darum geht, sich dem Willen eines Peinigers zu widersetzen.

Diese stoischen Kerngedanken, »der Geisteshaltung zuträgliche Ratschläge«, wie er sie nannte, waren im Gefängnis echte Überlebenshilfen. Sie begleiteten ihn noch fast vierzig Jahre später. »Epiktet gab Ratschläge, wie man in Notsituationen zurechtkommt«. Dann ratterte er Epiktet herunter: »Der Herr über einen Menschen ist derjenige, der die Macht hat, diesem Menschen das zu geben oder zu nehmen, was er begehrt oder scheut. Wer also frei sein will, soll nichts wünschen, nichts ablehnen, was von anderen abhängt; sonst wird er zwangsläufig zum Sklaven.«

Der versklavte römische Stoiker aus Phrygien war für Stockdale ein Rettungsanker. Das galt auch für seine Frau Sybil. Sie kommunizierten in Briefen unter Verwendung geheimer Codes und unsichtbarer Tinte – der Stoff, aus dem Spionageromane geschmiedet werden. Sybil setzte sich vehement für die Kriegsgefangenen ein, brachte deren Angehörige zusammen und lenkte die internationale Aufmerksamkeit auf die Folterung von Kriegsgefangenen und die fortwährende Verletzung des Genfer Abkommens durch die Nordvietnamesen. Ihr Esszimmertisch in Coronado wurde zum Zentrum der unermüdlichen Aktivitäten vieler Ehefrauen von Kriegsgefangenen, die die »Schweigepolitik« des Pentagons nicht mehr hinnehmen wollten. Sie reiste immer wieder nach Washington, um sich dort durch die Mühlen der Bürokratie zu kämpfen und sich für die Gefangenen einzusetzen. Im Jahr 1973 erfolgte schließlich die Freilassung von fast sechshundert Kriegsgefangenen.

Sybil hatte ihre Bemühungen von genau dem Esstisch aus geführt, an dem Jim Stockdale und ich uns jetzt unterhielten. Sybil war in der Küche und hörte einen Teil des Gesprächs mit. An einem Punkt sagte Jim, dass all die Jahre als Kriegsgefangener, gefoltert und in Fußfesseln, auch eine gute Seite hatten: Er hatte die wahre Freiheit, die Epiktet lehrte, verstanden. Dafür würde er das Ganze erneut durchmachen. Sybil wollte davon nichts wissen. Sie kam zurück ins Esszimmer geeilt und setzte sich mit an den Tisch. Wenn der Stoizismus eine Religion war, dann würde sie auf eine gänzlich andere Weise zu ihrer Religion kommen!

Sie waren jeder auf seine Weise und gemeinsam unerschütterlich.[3] Bei allen Entbehrungen, die sie zu erleiden hatten, ebenso wie in Krankheit, unterstützten sie sich gegenseitig. Jim erkrankte an Alzheimer und starb 2004 daran, im Alter von einundachtzig Jahren. Sybil starb etwa zehn Jahre später im Alter von neunzig Jahren an Parkinson.

Stockdale hat der Marine und dem Militär der Nach-Vietnam-Ära die Lehren des Epiktet hinterlassen. Aber sowohl Epiktet als auch Mark Aurel waren schon lange Teil des militärischen Ethos. Der Stoizismus lehrt, wie man sich an grausame Entbehrungen anpasst, wie man Freiheit in der Gefangenschaft findet, wie man es schafft, dass in der Liebe Integrität zählt und nicht Reichtum. Wenn man ein bisschen Glanz und Ruhm inmitten von Freunden wirft, so warnt Epiktet, selbst inmitten enger Verwandter, so könnten sie sich gegenseitig den Tod wünschen.[4] Dies könnte eine Lektion für Kämpfer sein. Mitglieder einer Einheit, die Seite an Seite für dieselbe Sache kämpfen, bringen sich möglicherweise gegenseitig in Gefahr, nur um Medaillen und Orden zu erringen. Die Jagd nach Auszeichnungen im Militär ist eine Jagd nach Ruhm. Epiktet ruft die Angehörigen des Militärs dazu auf, falschen Ruhm zu verschmähen und nach wahrer Tugend zu streben. Die Grundwerte des Militärs und der Teilstreitkräfte, wie die der US-Marine – »Ehre, Mut und Engagement« –, bedeuten wenig, wenn es nur leere Worte sind, die dazu missbraucht werden, die Karriereleiter zu erklimmen und Schultersterne und Rangabzeichen zu erlangen – zur Schau gestellter Ruhm, der sich im Metall auf einer Uniform widerspiegelt.

Ich unterrichtete Mitte der 1990er Jahre an der Naval Academy, als es zu einem massiven Betrugsskandal kam. Ich war die erste Ethikbeauftragte, die einhundertdreiunddreißig Offiziersanwärter »rehabilitieren« sollte, die bei einer Prüfung in Elektrotechnik betrogen hatten. Es endete damit, dass ich mehrere Jahre lang blieb, um Ethik zu lehren und in den Lehrplan zu integrieren. Ich unterrichtete das, was ich schon seit Langem in meinen Kursen in Yale und Georgetown gelehrt hatte – Texte von Bentham und Mill, Kant und Aristoteles, von Kriegstheoretikern, gemischt mit Fallstudien. Die Reihenfolge ergab sich nach dem Thema, nicht nach der Chronologie, und so kamen wir erst gegen Ende des Semesters zu den Stoikern. Aber als wir uns ihnen widmeten, waren wir endlich am Ziel unserer Reise angelangt! Ich hatte die eintausend jungen Leute (Studenten im zweiten Studienjahr) und die Unter- und Oberoffiziere (die Section Leaders) zu *ihrer* Philosophie geführt. Epiktet sprach sie in einer Weise an, wie es keinem anderen Philosophen gelang. Die Studenten besaßen bereits ab dem Moment, als sie ihr Studium aufgenommen hatten, ihre eigene Version eines stoischen Mantras. Es lautete: »Durchhalten und weitermachen«. Das war es, was man brauchte, um beim Militär zu überleben. Der Stoizismus eines Epiktet, nahegebracht durch Stockdale, mit Lektionen in Tugend und eiserner Disziplin, füllte dieses Credo mit Inhalt.

Spannungsfelder im Militär: Stoizismus und moralische Verletzung

Der griechisch-römische Stoizismus ist eine logische Ergänzung für das Militär. Er steht jedoch im Gegensatz zu dem, was viele Experten heute als allgegenwärtige psychologische Begleiterscheinung des Krieges und der Nachkriegszeit erachten. Und das ist die moralische Verletzung. Sowohl führende Forscher als auch klinische Psychologen, die sich mit kriegsbedingten moralischen Verletzungen befassen, definieren sie als »Syndrom von Scham,

Selbstbeschränkung, Wut und Demoralisierung, das auftritt, wenn tief verwurzelte Überzeugungen und Erwartungen in Bezug auf moralisches und ethisches Verhalten verletzt werden«.[5] Diese Verletzungen können aus der Sicht des Handelnden (als Täter), durch das Verhalten anderer (als Opfer) oder durch das unmittelbare Miterleben, beispielsweise als Kriegsjournalist oder Fotograf, entstehen. Nehmen wir den Fotojournalisten Paul Watson vom *Toronto Star*, der 1993 in Somalia war und das mit dem Pulitzer-Preis ausgezeichnete Foto des Staff Sgt. William David Cleveland aufnahm – eine blutige, gefesselte Leiche, die von den somalischen Rebellen durch die Straßen von Mogadischu geschleift wurde. Als Watson seine Kamera auf Cleveland richtete, hörte er ihn flüstern: »Wenn du das tust, gehörst du für immer mir.«[6] Das Foto war schließlich ausschlaggebend für den Abzug der US-amerikanischen Streitkräfte aus Somalia unter Präsident Clinton. Doch die Schuldgefühle, das Foto geschossen zu haben, quälten Watson jahrzehntelang. Es war, als ob Watson damit zu den Schüssen beigetragen hätte, die Cleveland getötet hatten.

Moralische Verletzung ist eine traumatische Reaktion auf einen schweren moralischen Konflikt. Sie ist mit posttraumatischem Stress verwandt, das heißt, die Symptome überschneiden sich. Aber sie unterscheidet sich insofern von diesem, als der Auslöser eine moralische Bedrohung und nicht eine Gefahr für Leib und Leben ist. Die potenziell verletzenden Erlebnisse haben mit Verstößen gegen die Moral zu tun, nicht mit Verstößen gegen die Sicherheit oder körperliche Unversehrtheit. Die Emotionen, die eine moralische Verletzung verursachen, können sich tief eingraben. Dazu gehören beispielsweise Schuld, Scham, Groll und ein Gefühl des Verrats und des Verratenwerdens. Sie sind Teil einer breiteren Palette von Emotionen, die Philosophen als »reaktive Einstellungen«

bezeichnen. Sie sind ein Beweis dafür, dass wir uns und andere für unsere Taten zur Rechenschaft ziehen.

Die Angehörigen der Streitkräfte nutzen tödliche Waffen in Situationen, in denen es um alles geht. Diejenigen, die ein Gewissen haben, ringen mit dem, was sie tun, was sie nicht tun und was sie auf dem Schlachtfeld zurücklassen. Auch wenn moralische Verletzung beim Militär besonders traumatisch sein kann, gibt es sie auch im zivilen Leben, selbst wenn keine tödlichen Waffen eingesetzt werden. Wie der Stoizismus mit moralischer Verletzung umgeht, ist für jeden lehrreich.

Eine versehentliche Tötung

Layne McDowell war für das Cockpit geboren.[7] Er wollte schon seit der Mittelstufe fliegen, und anders als die Air Force nahm die Marineakademie ihn trotz der Knieverletzung, die er sich gerade zugezogen hatte, auf. 1995 machte er seinen Abschluss mit einem Notendurchschnitt von 1,2 und entdeckte bald, dass er auch die physiologischen Voraussetzungen zum Fliegen hatte. Er war ein G-Monster, das in der Zentrifuge 9 G über längere Zeit aushalten konnte. Er war körperlich belastbar und hatte sich mit der Notwendigkeit abgefunden, in Kriegssituationen feindliche Kämpfer zur Selbstverteidigung töten zu müssen. Doch ein Ereignis zu Beginn seiner Karriere brachte seine moralische Ruhe aus dem Gleichgewicht. Es handelte sich um einen mittäglichen Angriff auf eine Funkstation im Norden des Kosovo im Mai 1999. Das Bildmaterial des Geheimdienstes war unscharf. Um die serbischen Streitkräfte nicht zu alarmieren, musste er sich dem Ziel aus südlicher Richtung annähern und es dann mit einer scharfen Kurve ins Visier nehmen. Die Besatzung des Flugzeugs hatte so kaum Zeit, das Ziel zu lokalisieren und zu verifizieren. Die serbische Luftabwehr eröffnete das Feuer, was McDowells Aufmerksamkeit vom Zielbildschirm ablenkte.

»Bei der Freigabe hatte ich noch ein gutes Gefühl. Dann verdeckten Wolken das Ziel bis etwa dreizehn Sekunden vor dem Einschlag. Zu diesem Zeitpunkt begann ich, an dem Ziel zu zweifeln. Es sah irgendwie falsch aus, aber während dieser dreizehn Sekunden sagte ich nichts, und wir haben das Ziel mit zwei Lenkbomben ausgeschaltet.«

Die Angst wurde immer größer. Nach der Rückkehr auf den Flugzeugträger sah sich McDowell die Aufnahmen des Einschlags auf einem großen Bildschirm an. Die Bombe hatte nicht das Ziel getroffen, sondern einen Carport neben einem Wohnhaus. McDowell sah Anzeichen für eine zivile Nutzung und, unverkennbar, vier Fahrräder, von denen zwei Kinderfahrräder waren.

Es gab nie ein Gerichtsverfahren oder eine Nachuntersuchung der US Navy, um festzustellen, ob und wie viele Zivilisten und Kinder bei dem Angriff getötet worden sein könnten und wer in einem solchen Falle dafür verantwortlich wäre. Aber McDowell verspürte eine große moralische Last, die sich in einem sich wiederholenden, eindringlichen Traum äußerte. Diesen träumte er auch, bevor er 2005 in den Irak aufbrach. Das Gebäude, das er bombardiert hatte, stand aus irgendeinem Grund noch, aber überall lag dichter Staub, Isolierungen und Drähte baumelten umher, auf dem Boden lagen Bretter verstreut. Es herrschte dichter Rauch, und es war schwer zu erkennen, wer sich in dem Gebäude befand. Er sehnte sich danach, die Uhr zurückzudrehen, Zeit zu haben, um die Bombe auf ein leeres Feld zu lenken. Aber er konnte es nicht. Inmitten des Gebäudes konnte er unzweifelhaft einen kleinen Jungen ausmachen, in einer Ecke liegend und mit Staub bedeckt, schwer verletzt, aber noch atmend. Er kannte dieses Gesicht. Es war McDowells eigener Sohn, Landon. Er hob den Jungen an seine Brust, um ihn fest zu umarmen, und legte seine Hand hinter den kleinen Kopf des Kindes, um ihn zu halten. Die Rückseite seines Schädels war weg.

Bei dem von mir geschilderten Fall aus dem Buch *The Fighters* des amerikanischen Journalisten C. J. Chivers handelt es sich nicht um eine kollaterale Tötung Unbeteiligter, sondern um eine versehentliche Tötung. Im Gegensatz zu einigen kollateralen Tötungen, die als militärisch notwendig gerechtfertigt oder als Teil der Beseitigung einer ernsthaften Bedrohung entschuldigt werden könnten, sind Unfälle wie diese, die im Krieg nur allzu häufig vorkommen, niemals als notwendige Tötungen gerechtfertigt. Mit ihnen erreicht man keinerlei militärischen Nutzen: Die Tötung Unbeteiligter ist nicht Teil der Rechnung.

Dennoch können solche Unfälle rechtlich oder moralisch entschuldbar sein – aufgrund von unzureichender Aufklärung, plötzlicher Blendung durch feindlichen Beschuss, unvorhersehbaren Änderungen der Flugmuster oder Bewölkung, wie es bei McDowell der Fall war. Und doch wurde hier Unschuldigen schreckliches Unrecht zugefügt. Als der Pilot, der die Bomben abwarf, trägt McDowell die moralische Verantwortung. Nach seinen Angaben hatte er wenig mehr als zehn Sekunden Zeit, um das Ziel neu zu bestimmen. Während dieser Sekunden kamen ihm Zweifel. Warum hat er nicht auf sie gehört? Seine Strafe besteht in dem immer wiederkehrenden Alptraum, in seinem Wunsch, die Zeit zurückzudrehen und die Bombe woandershin zu lenken, in seiner mit der Zeit wachsenden Abneigung gegen Flugmissionen, in seiner Sehnsucht danach zu wissen, wer getötet wurde, damit er und die Navy durch Entschädigungszahlungen Sühne leisten können.

Dies ist ein hervorragendes Beispiel für eine militärische moralische Verletzung. In diesem Fall kann sich der Kämpfer nicht von seiner Schuld freisprechen, auch wenn die Kriegsdoktrin es kann.

Man könnte sagen, dass es sich hier lediglich um das Streben nach moralischer Perfektion handelt, zu der insbesondere Soldaten erzogen werden, die keine Fehler begehen dürfen, sei es bei der Reinigung eines Gewehrs oder beim Treffen eines Ziels mit teurer Präzisionsmunition. Viele sehen sich selbst als »persönlich haftbar für ihre Taten«, auch wenn sie das nicht sollten. Aus meiner jahrzehntelangen Erfahrung im Unterrichten von Militärangehörigen weiß ich, dass manche unnachgiebig in ihren Moralvorstellungen sein können und in einer Welt des Krieges, in der es zu viele Grauschattierungen gibt, an einem Schwarz-Weiß-Denken von Richtig und Falsch festhalten.

Doch wenn man alle oder die meisten moralischen Verletzungen im Militär auf einen zu großen Einfluss der Psyche[8] schiebt, erfasst man nicht in Gänze, was Moral ausmacht. Auch wenn wir uns nicht immer darauf verlassen können, dass unser Gewissen uns sagt, was wir aus moralischer Sicht tun oder unterlassen sollten, so spricht doch für diejenigen unter uns, die nicht moralisch abgestumpft sind, die ganze Palette der Gefühle, die wir bei moralischer Verletzung empfinden – Schuld, Scham, moralische Empörung, Groll, Verrat, Sehnsucht nach Wiedergutmachung – für unsere moralischen Bestrebungen. Moralische Ängste sind untrennbar mit dem Wunsch verbunden, gut zu sein und es besser zu machen, selbst unter den schwierigsten Umständen und angesichts schrecklichen Leids. Hätten diejenigen, die in den Krieg ziehen, keine Angst vor den Folgen des Krieges – seien sie nun durch Handlungen oder Unterlassungen verursacht, seien sie erlitten oder miterlebt –, würden wir uns fragen, ob sie noch einen Funken Menschlichkeit besitzen.

Aber kann ein moderner Stoizismus im Militärsektor, der in den antiken Lehren wurzelt, moralischen Verletzungen Platz einräumen? Kann ein Stoiker, der nach Gemütsruhe strebt, die mit Disziplin und Tugend einhergeht, Raum lassen für die Angst vor vermeintlichem oder tatsächlichem Versagen oder für den Zorn auf diejenigen, die den Krieg als eine Art Sport sehen und unschuldige Zivilisten töten? Können auch Zivilisten lernen, sich Fehler oder Pannen zu verzeihen, die eher durch Pech als durch moralisches Versagen geschehen sind?

Dies sind keine rhetorischen Fragen. Ich stelle sie als Pädagogin, die Zivilisten und Beschäftigte des Militärs unterrichtet, die hier und im Ausland dienen und dienen werden. Einige von ihnen dienen nicht im öffentlichen Dienst, sondern in privater Funktion, an ihrem Arbeitsplatz, in ihren Gemeinden und in ihrem Zuhause. Die Antwort auf diese Fragen hat Auswirkungen für alle: Wenn wir stoische Texte lehren, verwenden wir die richtigen Lektionen? Sind wir in der Lage, einen gesunden, modernen Stoizismus aufzubauen, der sowohl auf der antiken Weisheit beruht als auch moralische Verletzungen und die Heilung posttraumatischer Störungen berücksichtigt?

Zurück zu stoischen Emotionen und moralischem Fortschritt

Die Stoiker sprechen nicht direkt von moralischer Verletzung, aber sie sprechen von moralischer Bedrängnis. Und sie lehren, dass solches Leid keinen Platz im Persönlichkeitsprofil des idealen moralischen Menschen hat. Denn gemeinsam mit Sokrates vertreten sie die Ansicht, dass das einzige wirkliche Übel darin besteht, ungerecht zu werden, und das ist für einen wahrhaft tugendhaften Menschen nicht möglich. Ein wahrhaft guter Mensch, so lehrt es Sokrates in der *Apologie,* kann weder im Leben noch im Tod Schaden nehmen.

Die Stoiker führen dieses paradoxe Bild weiter aus. Unglück, der Verlust geliebter Menschen, körperliche oder seelische Verletzungen und sogar das Unrecht, das uns von anderen zugefügt wird, haben keinen Einfluss auf unser Glück oder echtes Wohlbefinden. Wir wünschen uns nicht, dass diese Dinge passieren, aber allzu oft liegen sie außerhalb unserer Macht. Unser eigenes moralisches Fehlverhalten hingegen können wir beeinflussen. Zumindest sollten wir uns nach Ansicht der Stoiker um die Dinge kümmern, die offensichtlich sind und in denen uns eine Wahl bleibt. Sie stellen eine klare Regel für das Verhalten eines Weisen auf: Ein Weiser kann per Definition nichts Falsches tun. Und so ist auch kein Raum für moralische Ängste oder Sorgen.

Aber was ist, wenn man kein Weiser ist? Schließlich geschieht es nur so oft wie beim Phönix, dass ein Weiser wiederaufersteht, also etwa alle 500 Jahre. Es ist ein Ideal, das in unserer nicht-idealen, unvollkommenen Welt nicht so einfach umsetzbar ist. Was ist, wenn man, wie Seneca es immer von sich selbst behauptet, ein ewiger Schüler der Moral bleibt, der danach strebt, besser zu werden und zu erkennen, was wahrhaft wertvoll ist, dabei aber Irrtümern und Fehleinschätzungen unterliegt und in Kämpfe mit den Herrschenden verwickelt ist, welche die moralische Autonomie und Selbstbestimmung gefährden? Für viele von uns (in der heutigen politischen Landschaft nicht alle) erreichen die Kompromisse vielleicht nicht das Niveau kaiserlicher Hofintrigen, bei denen Hinrichtung, Vergiftung, Verbannung, Gefängnis und erzwungener Selbstmord im Hintergrund oder im Vordergrund stehen. Aber die gemeinsame Ausgangslage, nicht frei von Sünde zu sein und dennoch danach zu streben, ein besserer Mensch zu werden, ist ein Aspekt, der die Leser von Seneca durch Jahrhunderte hindurch ansprach, sowohl in der hellenistischen Welt als auch in der darauffolgenden jüdisch-christlichen Zeit. Darin besteht auch zum Teil die Anziehungskraft des Stoizismus auf das Militär. Denn dort herrscht nicht nur eine Kultur des grenzenlosen »Wir schaffen das«, sondern auch eine Kultur des Zwangs und der Hierarchien, die die Autonomie unterdrücken und Entscheidungen erzwingen, die moralische Verwerfungen hinterlassen.

Wo finden wir diesen roten Faden des Strebens nach Moral in den stoischen Schriften? Hierzu müssen wir zunächst zu Platon zurückkehren. Ein jeder, der sich mit stoischen Texten beschäftigt, wird sich an die folgende Szene erinnern.

Die Tränen des Alkibiades

Am Ende von Platons *Symposion*, in dem ein Bankett zu Ehren des Gottes Eros thematisiert wird, platzt Alkibiades, der moralisch fehlerhafte und unglückliche Heerführer, der Athen an die Spartaner verriet, in die Trinkrunde und richtet seine Lobrede direkt an Sokrates, seinen geliebten Morallehrer. Sokrates, so gesteht er, sei der Einzige, der ihm wirklich den Spiegel vorhalten und ihm die Tränen der Scham in die Augen treiben könne. Die Qual sei manchmal unerträglich, besonders in der Gegenwart von Sokrates. Denn in solchen Momenten, so sagt Alkibiades, »übertölpelt er mich stets und bringt mich dazu zuzugeben, dass meine politische Karriere Zeitverschwendung ist und all das, was ich am meisten vernachlässige, das wahrhaft Wichtige ist: meine eigenen Unzulänglichkeiten, die nach Aufmerksamkeit schreien.« »Sokrates ist der einzige Mensch auf der Welt«, sagt er und entblößt dabei seine Seele, »der mich dazu gebracht hat, Scham zu empfinden.«[9] »Ah«, sagt er, denn er kennt sein Publikum, »ihr habt nicht geglaubt, dass ich dazu fähig bin, oder? Doch, er bringt mich dazu, mich zu schämen.«

Alkibiades ist eine gequälte Seele. Er ist kein gewöhnlicher willensschwacher oder »akratischer« Mensch, wie Aristoteles den Begriff verwendete[10] – jemand, der genau weiß, was er tun sollte, es aber nicht tut. Alkibiades hat keine festen moralischen Prinzipien, die er gelegentlich aus den Augen verliert, sei es durch Versuchungen oder Selbsttäuschung. Er ist viel ambivalenter. Gelegentlich taucht er seine Zehen in die Quelle der Tugend ein, meist dann, wenn Sokrates zusieht und ihn beurteilt. Aber, wie er eingesteht, brachte er nicht die Energie auf, sich die dazu nötigen Verhaltensweisen anzutrainieren und sich von alten, unliebsamen zu trennen. Ruhm und Ehre sind immer noch zu wichtig. Er braucht äußere Anreize und Sanktionen, um sich auf Kurs zu halten. In diesen Momenten, in denen er Sokrates lebhaft vor seinem geistigen Auge hat, spürt er die tiefe Scham über seine alten Gewohnheiten und darüber, dass er zu oft dem Wunsch nachgegeben hat, »der Menge zu gefallen«. Und das ist ein Ansporn, es besser zu machen.

Die »Tränen des Alkibiades« werden zu einer Herausforderung für das stoische Denken: Wie können wir moralische Not als Teil der moralischen Verbesserung verstehen? Cicero widmet sich dieser Frage. Cicero, der selbst kein Stoiker war, sondern ein römischer Schriftgelehrter, ein Herausgeber und Bewahrer von Texten, der sich zur stoischen Denkweise hingezogen fühlte, beharrt in den *Gesprächen in Tusculum* darauf, dass Kleanthes, der zweite der drei griechischen Leiter der stoischen Schule, das Problem nicht ernst genug nimmt: »Es scheint mir, dass Kleanthes die Möglichkeit nicht ausreichend berücksichtigt, dass ein Mensch gerade wegen der Dinge betrübt sein könnte, die Kleanthes selbst als das Schlimmste aller Übel ansieht.« Und dann erinnert Cicero seine Leser an eine Passage im *Symposion*[11]: »Denn es wird erzählt, dass Sokrates einst Alkibiades davon überzeugte, dass er es nicht wert sei, Mensch genannt zu werden, und dass er trotz seiner edlen Geburt nicht besser sei als ein einfacher Arbeiter. Alkibiades war daraufhin sehr bestürzt und flehte Sokrates unter Tränen an, ihm seinen schändlichen Charakter zu nehmen und ihm einen tugendhaften zu verleihen.« Cicero fordert die Stoiker auf, über die Ursache für die Tränen des Alkibiades nachzusinnen: »Was sollen wir dazu sagen, Kleanthes? Du würdest doch wohl nicht behaupten, dass die Umstände, die Alkibiades' Kummer verursachten, eigentlich nichts Schlechtes waren?«

Cicero unterstreicht diesen Punkt später in demselben Schriftstück mit Nachdruck: »Nehmen wir an, ein Mensch ist erschüttert über seinen eigenen Mangel an Tugend, etwa über seinen Mangel an Tapferkeit, Verantwortungsbewusstsein oder Integrität. Die Ursache seiner Besorgnis ist in der Tat ein Übel!«[12] Es ist ein »Impuls zur Tugend selbst«, sagt er. Cicero räumt ein, dass es sich um einen »allzu starken Impuls« handeln kann, der uns psychisch zusetzen könnte. Sein therapeutischer Ratschlag lautet nicht, die Ursache des Kummers zu verleugnen, sondern den äußeren Ausdruck zu kontrollieren. Wir sollten versuchen, die Tränen und die unsägliche Trauer in den Griff zu bekommen. Wenn die Hauptursache der Verzweiflung unser eigenes Fehlverhalten ist, dann sollten wir diesen Moment als eine Gelegenheit für moralisches Streben nutzen. Dies ist ein erster Schritt und Impuls in Richtung der moralischen Weiterentwicklung und der Wiedergutmachung.

Kehren wir zu unserem Fall des Piloten im Kosovo zurück. Vielleicht ist er zumindest zum Teil für diesen schrecklichen Unfall verantwortlich. Ob dies so ist oder nicht, Layne McDowell fühlt sich auf jeden Fall verantwortlich. So ergeht es auch vielen anderen Soldaten, die ich im Laufe der Jahre interviewt und über die ich geschrieben habe: Sie kehren aus dem Krieg nach Hause zurück, aber ihre Kameraden nicht. Sie machen sich selbst moralisch verantwortlich – dafür, dass sie an dem Tag frei hatten, als das Armeefahrzeug ihres besten Freundes von Sprengfallen zerrissen wurde, dafür, dass sie auf dem Dach gehockt und nicht gestanden haben, als die Aufständischen das Ziel anvisierten, dafür, dass sie einem Mannschaftskameraden die Erlaubnis gegeben haben, aus dem Humvee auszusteigen, um sich genau an der Stelle zu erleichtern, die sich dann als vermint herausstellte. Die Schuldgefühle des Überlebenden, Schuldgefühle wegen eines Unfalls, moralische Verantwortung für Ereignisse, für die man vielleicht nicht einmal ursächlich verantwortlich ist – jeder Angehörige der Streitkräfte trägt so die Bürde der gegenseitigen Fürsorge auf seinen Schultern. Die empfundene Schuld beweist einen guten Charakter und Verantwortungsgefühl. Man empfindet nicht einfach nur Trauer, sondern auch das Gefühl, man hätte sich anders verhalten sollen. Man versucht, die schreckliche Leere durch Arbeit zu füllen, aber die Selbstvorwürfe bleiben und lasten schwer. Die richtige Therapie in diesen Fällen besteht darin, das eigene Handeln von der Verantwortlichkeit für das Geschehene abzugrenzen. Loslassen heißt in diesem Fall, die Grenzen seines eigenen Handelns zu verstehen.

Die Fähigkeit, Mitgefühl mit sich selbst zu empfinden, kann in manchen Fällen erst durch andere erweckt werden. Dies wollte Seneca in *Der rasende Herkules* vermitteln, wie wir in der vorigen Lektion gesehen haben. Es ist eine wichtige Lektion für viele, die dienen.

Nehmen wir die Vorfälle an Kontrollpunkten im Irak als weiteres Beispiel. Ein Auto, in dem sich zwei Männer im waffenfähigen Alter sowie ein Kind befinden, hält nicht am Kontrollpunkt an, dem ersten in einer Reihe von Kontrollpunkten, welche sich in der Nähe einer großen US-Militäreinrichtung, in der sich viele Menschen aufhalten, und eines Waffenlagers befinden. Das Auto passiert zwei weitere, dicht aufeinanderfolgende Kontrollpunkte, ohne abzubremsen und ohne die Warnungen der Wachtposten zu beachten. Der Mann auf dem Beifahrersitz greift nach etwas unter dem Sitz, während das Auto die Kontrollpunkte passiert. Als der Beifahrer seinen Oberkörper aufrichtet, scheint er einen Sprengsatz in der Hand zu halten, wie man ihn von jüngeren Vorfällen dieser Art kennt. Kurz nachdem der Wagen den dritten Kontrollpunkt passiert hat, schießt einer der Wachposten und tötet alle Insassen des Wagens – Sekunden bevor sich herausstellt, dass es sich tatsächlich um eine Bombe handelt. Als der Wachposten seine Optionen abwog, war er sich bewusst, dass seine Schüsse das Kind töten könnten, aber er war sich auch bewusst, dass er, indem er den Fahrer mehrfach gewarnt und das Feuer bis zum dritten Kontrollpunkt zurückgehalten hatte, ein großes Wagnis eingegangen war, um das Risiko für das Kind und möglicherweise andere Unschuldige im Auto zu minimieren, gleichzeitig aber den Stützpunkt sichern zu können.[13]

Dies ist ein hypothetischer Fall, aber anderen, von denen ich gehört habe, nicht unähnlich. Selbst wenn das Kind als unfreiwilliger Schutzschild benutzt wird, plagen den Soldaten schreckliche Schuldgefühle, weil er etwas tut, was er für unvorstellbar gehalten hätte – ein unschuldiges Kind zu töten. Und doch ist sein Handeln aufgrund der Pflichten, die der Krieg mit sich bringt, unvermeidlich. Sich selbst zu opfern, um nicht töten zu müssen, würde nur zum Tod vieler weiterer Soldaten auf dem Stützpunkt führen und sowohl Leben vernichten als auch die Ausstattung für künftige Einsätze zunichte machen.

Auch hier scheinen die Schuldgefühle des Soldaten angebracht und doch grausam zu sein. Es ist die bittere Realität moralischer Verletzungen im Krieg. Wir erwarten von Soldaten, dass sie mit den bei ihrer Arbeit unweigerlich entstehenden Gefühlen wie Scham, Schuldgefühlen und moralischen Bedenken zurechtkommen und die Zerrüttung ihres moralischen Selbst durch das Töten insbesondere junger Unschuldiger in Kriegsgebieten hinnehmen. Auf diese Art ziehen sie sich selbst für den gewissenhaften Umgang mit tödlichen Waffen zur Rechenschaft.[14] Sie empfinden nicht nur die Trauer, die das Auslöschen von Menschenleben im Krieg verursacht. Sie sehen sich selbst zu Recht als verantwortliche Akteure. Und für viele ist die Grenze zwischen gerechtem und ungerechtem Töten nur dünn und verschiebt sich ständig.

Trotzdem ist das Schuldgefühl oft zu groß und überwältigend. Dies erkennt man, wenn man eine zwischenmenschliche Perspektive einnimmt. Soldaten würden sich bei vergleichbaren Vorfällen wahrscheinlich keine gegenseitigen Vorwürfe machen. Sie würden das Verhalten entschuldigen, von Schuldzuweisungen absehen und anerkennen, dass es sich um eine unvermeidbare und den gegebenen Umständen angemessene Maßnahme handelt. In gleicher Weise kann ein Soldat einem anderen zur Seite stehen und ihm dabei helfen, das Erlebte zu verarbeiten, wozu er allein nicht fähig wäre. Dies ist erneut das Bild, das Seneca am Ende von *Der rasende Hercules* zeichnet, als Amphitryon davon absieht, seinen Sohn Herkules für die gewaltsamen Morde an seiner Familie verantwortlich zu machen, und ebenso Herkules' enger Gefährte: »Nutze deinen Heldenmut«[15], um nicht länger wütend auf dich zu sein, flehte Theseus.

Aber uns selbst geben wir nicht so leicht den »Freibrief«, den wir anderen oder andere uns erteilen. Im Fall des Vorfalls an dem Kontrollpunkt scheint es folgerichtig, dass der Soldat seine Handlungen als moralisch nicht vertretbar einstuft. Selbstverständlich setzen wir voraus, dass Soldaten etwas von ihrem zivilen Gewissen bei der Ausführung ihrer soldatischen Pflichten bewahren. Aber wir wollen ihnen auch Wege aufzeigen, wie man die zu Recht empfundene Schuld verringern und lindern kann, damit die Bürde, die sie tragen, leichter wird.[16] Und auch hier lehrt Seneca, dass die Sichtweise anderer mit einfließen sollte. Auch wenn wir das Erlebte durch Selbstvorwürfe, Scham und Kummer moralisch verarbeiten, so brauchen wir dennoch andere, um unser Verhalten zu korrigieren, wenn die empfundene Schuld zu groß und nicht angemessen ist. Das Wohlwollen und der gute Wille anderer, ihre Vergebung und Barmherzigkeit sind notwendig, damit wir Selbstmitgefühl entwickeln und uns selbst verzeihen können, was Voraussetzung für unsere Resilienz ist.

Senecas Plädoyer für Barmherzigkeit

Die Erkenntnis, dass man sich geirrt hat und als Schüler der Moral den richtigen Weg erst finden muss, wird nirgendwo deutlicher als in Senecas Essay *Über die Milde*, welches an Nero gerichtet ist. Seneca sagt, dass er Nero »einen Spiegel« vorhält, damit dieser den richtigen Weg erkennt. Aber diesen Spiegel hält Seneca sich auch selbst vor. In seiner Rolle als offizieller Sprecher des Hofes bringt Seneca so auch die Hoffnung des Volkes zum Ausdruck, dass der Tyrann

Zurückhaltung üben wird, vor allem nachdem er gerade erst seinen Halbbruder Britannicus (der gerade einmal 14 Jahre alt wurde) ermordet hat, um seinen Thronanspruch zu festigen. Das Gegenstück dieser Schrift ist Senecas Theaterstück *Die Trojanerinnen*. Das Essay behandelt die Verheißungen der Barmherzigkeit. Das Theaterstück hingegen zeigt die Ödnis einer Welt nach dem Krieg, in der es keine Barmherzigkeit mehr gibt.

Barmherzigkeit wird in dem Essay als menschliche Tugend in einer Welt voller menschlicher Schwäche dargestellt. Sie ist keine Begnadigung, kein »Erlass einer verdienten Strafe«, sondern vielmehr die »Nachsicht bei der Verhängung von Strafen«[17]. Es ist ein »Abbrechen einer Strafe, die verdientermaßen verhängt worden wäre«. Es ist das Zurückhalten der Hand, das Zügeln und Besänftigen des rachsüchtigen Zorns, das Wissen darum, dass auch die Ankläger nicht frei von Schuld sind: »Wir alle haben Sünden begangen – einige davon sind schwerwiegend, andere wiederum unbedeutend; einige bewusst und absichtlich begangen, andere wiederum aus einem zufälligen Impuls heraus oder weil wir durch die Schlechtigkeit anderer dazu verleitet wurden; manche von uns halten nicht stark genug an ihren guten Vorsätzen fest.«[18] Selbst wenn wir vollkommen tugendhaft werden, haben wir auf dem Weg dorthin bereits moralische Fehler begangen. Es gibt keinen Weg zum moralischen Fortschritt, der frei von Sünde ist.

Barmherzigkeit erfüllt die sanfte Seite des Stoizismus, die den Kritikern entgeht, die nur die harte Strenge des Stoizismus sehen, sagt Seneca. Der stoische Morallehrer gleicht einem guten Bauern (oder vielmehr einem Winzer, wie Seneca einer war, wenn er auf seinen Landgütern weilte)[19], immer bereit, eine ausgemergelte Krume mit Nährstoffen anzureichern, einen krumm gewachsenen Baum zu begradigen oder die Äste eines anderen Baumes zu beschneiden, damit diejenigen, die darunter im Schatten lagen, nun ausreichend Licht bekommen. Analog dazu ist moralische Erziehung eine Sache der behutsamen Pflege und der Bereitschaft, Nachsicht zu üben, auch wenn bei strenger Auslegung der Regeln und Normen eine harte Strafe gerechtfertigt wäre.

Darin besteht die Bitte, die Andromache in der Schlussszene von Senecas *Die Trojanerinnen* an Odysseus richtet. Die Griechen haben nicht genügend Wind, um in See zu stechen und sitzen trotz ihres Sieges wieder einmal fest. Der griechische Seher Kalchas empfiehlt, den kleinen Astyanax zu opfern, das gemeinsame Kind von Hektor und Andromache. Weiterhin soll Polyxena, die junge Tochter von Priamos und Hekuba, am Grab des Achilles als Kriegsbraut geopfert werden, durch die Hand seines Nachfahren und Sohnes Pyrrhus. Die Kinder müssen die Verbrechen ihrer Vorväter sühnen. Der Geist von Achilles tötet seine junge Braut, und ein kleiner Junge wird daran gehindert, ein Krieger zu werden, der einen weiteren Zyklus des Trojanischen Krieges entfachen könnte.

Der zukünftige trojanische Krieger muss sich seinem Schicksal stellen. Doch seine Mutter Andromache streitet mit Odysseus auf Leben und Tod, um ihr unschuldiges Kind zu schützen. Sie hält ihren Sohn im Grab ihres Mannes Hektor versteckt, an einem Ort, an dem dieser sicher ist vor der feindlichen Zerstörungswut. Sie bittet Odysseus um Gnade, um Barmherzigkeit, für sich selbst als Kriegsgeisel und als Mutter, deren Kind ihr einziger Trost ist. Der Junge sei keine Bedrohung, beteuert sie, er sei zu jung und habe nicht die Macht und den Rückhalt, um eine Stadt aufzurüsten. Der Junge möge ein König sein, habe aber so wenig Macht wie ein Sklave: Legt ihm einfach ein Joch auf seinen »königlichen Hals«.[20]

Ihn zu töten wäre ein Kriegsverbrechen, protestiert Andromache, und die Gräueltat wird nicht den Göttern, sondern dir allein,

Odysseus, angelastet werden. Aber ein griechischer Krieger, der auf Rache sinnt, kann seine Wut nicht zurückhalten. Wie Seneca einmal mehr lehrt, lässt sich die Wut nicht aufhalten, wenn sie einmal entfacht ist: »Ich wünschte, ich könnte barmherzig sein. Aber das kann ich nicht«[21], entgegnet Odysseus. Der Krieg wird weitergehen und sich über Generationen hinweg fortsetzen, auch wenn der Auslöser längst in Vergessenheit geraten ist. Ist die Kriegswut erst einmal entfacht, kann sie nicht mehr gelöscht werden. Unschuldige Kinder, die aus Versehen oder aus Rache getötet werden, sind die Bauernopfer des Krieges. Odysseus, der trickreiche Kämpfer, der erfahrene Stratege, findet keinen Weg, Gnade walten zu lassen, wenn der Blutdurst ihn erst einmal gepackt hat.

Was wir als Nächstes sehen, ist das Ergebnis all dieser Wut: ein kleiner Junge, der dazu gezwungen wird, sich die steile Böschung hinunterzustürzen, auf der sich einst der Wachturm seines Großvaters Priamos befand. Der Körper des Jungen wird durch die Wucht des Aufpralls zerschmettert. Sein Körper wird übel zugerichtet, sein Schädel bricht auf, das Hirn spritzt heraus, ein kleiner Junge, dessen Körper wie von einer Bombe zerfetzt wurde. Appelle, Milde walten zu lassen, flehende Bitten an die Sieger, ihre Rachegelüste zu zügeln, Mahnungen daran, dass diese Kinder Opfer und Unbeteiligte des Krieges sind, die Ohnmacht des Geistes eines toten Kriegers und Ehemanns – alles Mahnungen daran, dass, auch wenn Krieg und Zerstörung vorüber sind, dennoch nichts hiervon die mit rücksichtsloser Wut geführte Hand aufhalten kann.

Für einen Moralisten, der Gemütsruhe predigt, ist dies, so könnte man meinen, ein sehr untypisches Stück. Vielleicht aber auch nicht, denn die Geschichte ist eine Warnung vor exzessiver Bestrafung und schildert die Schwierigkeit, den Drang nach wütender Rache im Krieg zu zügeln. Aber es geht auch um Nachsicht angesichts zu strenger Bestrafung, welche sich entweder gegen einen äußeren oder den inneren Feind richtet. Wir hoffen inständig, dass Odysseus die Bitte um Gnade erhört, um einer Mutter und eines Kindes willen. Aber auch um seiner selbst und seiner Truppen willen. Denn vielleicht werden er und seine Soldaten anschließend von Schuldgefühlen geplagt, wegen dem, was sie Unschuldigen angetan haben. Vielleicht werden diese Schuldgefühle sie noch auf Jahre hinaus quälen und ein weiterer, fürchterlicher Trojanischer Krieg bricht aus, nun aber in Form eines inneren Krieges, der immer und immer wieder ausgefochten wird und nie gewonnen werden kann.

Barmherzigkeit ist natürlich viel schwerer zu definieren als Wut. Sie erfordert Disziplin: Zuerst muss man seine Wut überwinden. Erst damit entsteht die Möglichkeit zur Heilung. Das Schuldgefühl ist Wut auf sich selbst. Barmherzigkeit sich selbst gegenüber kann eine Therapie dafür sein.

Ein Plädoyer für Barmherzigkeit sich selbst gegenüber

Kommen wir noch einmal auf den Piloten der US Navy Layne McDowell zurück. Der Vorfall im Kosovo wurde nie offiziell untersucht. Es ist nicht klar, ob McDowell den Unfall hätte verhindern können, hätte er die Regeln genauer befolgt. Was wir wissen, ist, dass McDowell in erster Linie sein eigener Richter ist und das Geschehen in Flashbacks immer und immer wieder durchlebt. Wahrscheinlich geht er das Erlebte auch dann noch einmal im Geiste durch, wenn er seine Zitate in Chivers' schriftlicher Darstellung und später seine gesamte Geschichte, so wie Chivers sie erzählt, beim Lesen des Buches auf ihre Richtigkeit hin überprüft.

Das Bild, das McDowell zeichnet, ähnelt auffallend Senecas Darstellung von Astyanax' Ableben – der zerschmetterte Körper eines Jungen, dem der Hinterkopf fehlt, ein völlig schutzloses Kind inmitten eines Krieges. Was wir diesem Piloten wünschen, ist, dass sein Selbsthass irgendwann abebbt, dass er etwas Nachsicht und Mitgefühl sich selbst gegenüber entwickelt. Sie ermöglichen es ihm, diese verzweifelte Wut hinter sich zu lassen, ohne die moralischen Erkenntnisse zu verlieren, die er durch seine Seelenqualen gewonnen hat. Was wir für ihn erhoffen, ist Barmherzigkeit sich selbst gegenüber. Wir wollen, dass er seine bitteren Schuldgefühle abschütteln kann, indem er sich fragt, ob er über andere auch so hart urteilen würde wie über sich selbst. Seine Gefühle an sich mögen angemessen sein, aber sie sind zu unerbittlich. Wie ich bereits erwähnt habe, ist das Verhältnis zwischen unserem Urteil über uns selbst und unserem Urteil über andere oft unausgewogen, insbesondere bei militärischen Verletzungen der Moral: Das Urteil über sich selbst kann viel härter ausfallen, als würde man das Handeln seiner Mitstreiter beurteilen. Aber dies zeigt auch einen Weg der Heilung auf: Wir müssen uns selbst das Mitgefühl entgegenbringen, das wir auch anderen in einer ähnlichen Situation entgegenbringen würden – oder uns vorstellen, was sie uns sagen würden, wenn sie an unserer Stelle wären. Die Güte eines wohlwollenden Zuschauers muss zuweilen Teil des moralischen Selbst werden.[22]

Hierin ist auch eine politische Lektion enthalten. Wir, die wir selbst nicht in den Krieg ziehen, müssen anfangen, mehr Verantwortung für die Kriege zu übernehmen, in die wir andere schicken, damit sie für uns kämpfen. Wir müssen die moralische Last mittragen, indem wir verstehen lernen, aus welchen triftigen Gründen wir all diese Männer und Frauen, das Wertvollste, das unsere Nation zu bieten hat, in den Krieg schicken.

Seneca ist ein vielschichtiger Befürworter der Gemütsruhe. Das, was wir manchmal als Gewissen wahrnehmen, ist unser Unterbewusstsein und die von ihm ausgefochtenen, inneren Konflikte. Seneca sehnt sich nach Einfachheit und Ruhe, fühlt sich gleichzeitig aber von der chaotischen Welt der Mächtigen und ihren Hierarchien angezogen. Heutige Soldaten (und viele weitere, die auch an vorderster Front kämpfen, beispielsweise bei der Brandbekämpfung und in der Katastrophenhilfe) leben ebenfalls in komplizierten Moralgefügen – sie sind zu Höchstleistungen verpflichtet, arbeiten aber in Institutionen, die ihre individuelle Kontrolle stark einschränken, und sie sind Situationen ausgesetzt, die ihr Urteilsvermögen und ihre Selbstbeherrschung ständig an ihre Grenzen bringen. Es ist wenig überraschend, dass in diesem Umfeld moralische Verletzungen auftreten. Aber was ich vermitteln und hier nochmals unterstreichen möchte, ist, dass gemäß Seneca gerade diese Verletzung den Weg für moralisches Wachstum und die Ruhe der Wiedergutmachung ebnen kann. Wenn man den Stoizismus so interpretiert, dass er die Möglichkeit »guten« moralischen Leidens kategorisch ausschließt, so entgehen einem Senecas weiterführende und profunde Lehren über die moderne Resilienz.

Abb. 10: Mark Aurel, unbekannter Künstler, um 175, Bronze. Kapitolinische Museen, Rom, Italien

Lektion 6

Lifehacks

Vom Farbstoff zur Textilie

Der Legende nach war Zenon von Kition ein Händler für Farben[1], der beim Transport einer Ladung Purpurfarbstoff in der Ägäis Schiffbruch erlitten und sich anschließend nach Athen gerettet hat. Hier besuchte er eine Buchhandlung, stieß auf Xenophons Bericht über Sokrates und begann damit, die Lesungen ähnlicher Gelehrter zu verfolgen, die diese auf der Agora abhielten. Es dauerte nicht lange, bis er dort seine eigenen Schüler auf einer mit Wandbildern verzierten Säulenveranda (der *Stoa Poikilē*) versammelte und schließlich immer mehr Anhänger um sich scharte, die nach ihrem Treffpunkt benannt wurden – die Stoiker. Springen wir etwa zweitausend Jahre in die Zukunft. Ein anderer Händler verlässt den Textilmarkt, stößt auf die Schriften von Epiktet, Mark Aurel und Seneca und schart seine Jünger auf einer virtuellen Veranda um sich, indem er sie täglich frisch mit E-Mails versorgt und ihnen eine Website bietet, die Hunderttausende von Menschen nutzen. Dieser stoische Händler ist Ryan Holiday[2], ehemaliger Marketingdirektor von American Apparel und Autor sowohl zahlreicher Bestseller über das Erlangen von Gelassenheit als auch eines Leitfadens über Öffentlichkeitsarbeit namens *Growth Hacker Marketing*.

Durch Holiday und andere verbreitete sich die Idee des Stoizismus als »Lifehack« wie ein Virus. Unternehmer und Milliardäre, Personal Trainer und Coaches, Programmierer und Pädagogen, sie alle wenden sich dem Stoizismus zu, um ihre Wertvorstellungen neu zu definieren und Stress abzubauen.

Aber was genau ist ein Lifehack? Mein Mann, Marshall Presser, ist schon länger in der Computerbranche tätig als die meisten anderen. Als Tech-Autor wusste er natürlich sofort, was ein »Hack« und ein »Hacker« sind, und was es bedeutet, »sich in ein System zu hacken«, aber der Begriff »Lifehack« war ihm fremd. Und so zog er ein signiertes Buch aus seinem Regal, das neben den vielen Handbüchern über Big Data stand: *The New Hacker's Dictionary*, die überarbeitete Ausgabe von 1991. Hiermit fingen wir an:

> *Hack*[3]*: 1. Ursprünglich eine schnell erledigte Aufgabe, wodurch gerade eben das Gewünschte erreicht wird, aber nicht gut.*

Kurz gesagt, es ist eine Möglichkeit, etwas Unelegantes, aber Effektives für die Lösung eines Problems zurechtzubasteln. Die nächste Definition klingt da schon positiver:

> *2. Ein unglaublich gutes und manchmal sehr zeitaufwendiges Stück Arbeit, das genau das hervorbringt, was benötigt wird.*

Aber im Jahre 1991 gab es keinen »Lifehack«.

Der Begriff wurde offenbar 2004 während der O'Reilly Emerging Technology Conference in San Diego vom Technologiejournalisten Danny O'Brien geprägt, der damit die Kniffe beschrieb, die einfallsreiche IT-Fachleute verwenden, um ihre Arbeit in weniger Zeit zu erledigen. Bis 2005 verbreitete sich der Begriff in der Tech- und

Blogging-Community und wurde von der American Dialect Society zum »nützlichsten Wort des Jahres« hinter »Podcast« gekürt. Im Jahr 2011 wurde »lifehack« in das renommierte *Oxford Dictionaries Online aufgenommen.*[4] Ein »Lifehack« ist ein Kniff zur einfacheren Bewältigung der Herausforderungen des Lebens.

Ist also der Stoizismus ein Lifehack? Möglicherweise in dem Sinne, dass die antiken Stoiker Strategien zur Bewältigung von emotionalem Stress und den Strapazen des Lebens aufzeigen. Die römischen Stoiker vereinfachen die Übungen so, dass sie von jedem angewendet werden können. Es ist keine Überraschung, dass Tim Ferriss, Privatinvestor und Bestsellerautor des Buches *Die 4-Stunden-Woche,* den Stoizismus für »einfache, aber wirkungsvolle Übungen« zur Überwindung von seelischer Unruhe und Angstzuständen nutzt. Er hat Holiday's Buch *Das Hindernis ist der Weg* als Pflichtlektüre für Lifehacker empfohlen.

In seinem TED Talk im Jahr 2017[5], der mehr als 7 Millionen Mal aufgerufen wurde, stellt Ferriss die stoische Technik der Vorab-Probe von künftigen, negativen Ereignissen als eine Möglichkeit vor, mit schwierigen Entscheidungen umzugehen, die, wie er es ausdrückt, das beinhalten, was wir »am meisten zu tun, zu fragen, zu sagen fürchten«. Er nennt diese Technik »Fear-Setting«, also das Heraufbeschwören von Ängsten, und sie soll das übliche »Goal-Setting«, also das Setzen von Zielen im Hinblick auf Geschäftspläne und Strategien, ersetzen. Die Methode ist konkreter Natur und gleicht einem Brainstorming an einem Whiteboard im Silicon Valley. Aber sie zielt auf die eigene Gesundheit ab, nicht auf die Gesundheit eines Unternehmens. Ferris empfiehlt, ein Blatt Papier in drei Spalten zu unterteilen. In der ersten Spalte benennen Sie zehn Ihrer Ängste und erläutern sie in allen Einzelheiten, wobei Sie sich die schlimmstmöglichen Szenarien vorstellen. In der zweiten Spalte notieren Sie neben jeder Ihrer Ängste, was Sie tun können, um negative Auswirkungen zu verhindern, ebenfalls in allen Einzelheiten. In der dritten Spalte schließlich erläutern Sie, wie Sie den möglichen Schaden beheben oder vermindern können, sollten Sie die negativen Auswirkungen nicht verhindern können. Kurz gesagt: Kennen Sie den Feind, gegen den Sie möglicherweise ankämpfen müssen, dann tun Sie Ihr Bestes, um das Schlimmste zu verhindern, und wenn dies nicht funktioniert, konzentrieren Sie sich auf die Schadensbehebung.

Die griechischen Stoiker nannten diese proaktive Strategie, wie in Lektion 2 erwähnt, »sich im Voraus eingehend mit etwas beschäftigen«, oder auch »Vorwegnahme«. Dabei führt man sich mögliche künftige Übel lebhaft vor Augen, als wären sie bereits gegenwärtig. Die Stoiker formulieren den Prototyp des Lifehacks: »Stelle dir das, was passieren wird, bildlich vor, präge dir dieses Bild ein und … gewöhne dich nach und nach daran, so als wäre es bereits geschehen.«[6] Wenn diese Vorbeugung nicht funktioniert, sollen wir laut den Stoikern zur Behandlung übergehen – wir sollen lernen, das, was wir kontrollieren können, von dem zu trennen, was wir nicht kontrollieren können, und es zu akzeptieren. Epiktet eröffnet das *Handbüchlein der Moral* mit eben dieser Dichotomie der Kontrolle: »Einige Dinge liegen in unserer Macht, andere nicht … Wenn es sich um etwas handelt, das nicht in unserer Macht liegt, dann sage dir: ›Es geht mich nichts an.‹«[7]

Ferris hatte sich eine Auszeit genommen, um seinem übervollen Terminkalender und Engpässen in seinem Unternehmen zu entfliehen. Er wollte eine Woche in London verbringen und dort etwas entspannen. Die Angst, die Ferriss umtrieb, war die Kehrseite dieses Urlaubs – er befürchtete, dass Londons regnerisches, kaltes Wetter ihn depressiv werden ließe und dies seinen Plan, sich gründlich zu entspannen, zunichte machen würde. Auch befürchtete er, ein Schreiben des Finanzamtes zu verpassen und hierdurch eine Steuerprüfung oder gar eine Durchsuchung zu riskieren. In diesem Falle hätte er nach seiner Rückkehr noch mehr geschäftliche Probleme als vor seiner Abreise. In der Spalte für die vorbeugenden Maßnahmen, direkt neben seinen Befürchtungen wegen des trüben Wetters, notierte er, dass er eine tragbare Blaulichtlampe mitnehmen und jeden Morgen fünfzehn Minuten lang benutzen könnte, um eine Depression auszuschließen. Seine zweite Befürchtung ließ sich leicht durch eine Nachsendeadresse ausräumen, mithilfe derer das Finanzamt die Unterlagen direkt an seinen Buchhalter schicken würde. Aber dann war da noch die verbleibende dritte Spalte: »Schadensbehebung«. Was würde passieren, wenn seine schlimmsten Befürchtungen wahr werden würden? Was würde er in diesem Falle tun? Ferris ist nicht gerade knapp bei Kasse. Wenn ihn London und das Wetter dort deprimieren sollten, dann könnte er auch nach Spanien fliegen, um dort Sonne zu tanken. So machen es die Briten. Und für den Fall, dass das Schreiben des Finanzamts verloren ginge, könnte er einen guten Anwalt engagieren, der Erfahrung mit dieser Art von Fällen hat und den Schaden beheben könnte.

Ferriss' Nettovermögen wird von einigen auf rund 100 Millionen Dollar geschätzt[8]. Seine Probleme sind die der Mächtigen und der Elite. »*Die paar* Probleme«, würden viele von uns belustigt anmerken. Er hat sich diese Probleme selbst geschaffen, denn sie hängen mit dem massiven Erfolg zusammen, den er sich erarbeitet hat und von dem er profitiert. Seine Zielgruppe sind Angestellte der mittleren Ebene, die täglich Stunden über Stunden in Großraumbüros dahinvegetieren und zutiefst unbefriedigenden Jobs nachgehen. Sie haben weder sein Geld noch seine Mittel.

Doch Ferriss' Interesse am Stoizismus ist möglicherweise nicht nur rein unternehmerischer Natur. In seinem TED Talk von 2017 gesteht er, dass er an bipolaren Depressionen leidet und während seines letzten Studienjahrs in Princeton selbstmordgefährdet war. Der Umgang mit den Symptomen scheint im Hintergrund mitzuspielen, wenn er während des Vortrags mehrmals erwähnt, dass er häufig seinen nie ruhenden und geschwätzigen Geist zügeln und mit der Bedrohung durch depressive Episoden umgehen muss. Seine emotionalen Hochs und Tiefs mögen extremer sein als die, die die meisten von uns durchleben. Aber er wirkt authentisch und ist überzeugend, gerade auch, weil er diverse Gemütszustände und die damit verbundenen Probleme am eigenen Leibe erfahren hat. Er kennt den Preis, den man zahlt, wenn man sich seiner Frustration und Angst nicht stellt, und die Paralyse, die daraus resultieren kann. Das Fazit hier lautet nicht, dass der Stoizismus eine empirisch fundierte Behandlung für bipolare Störungen darstellt. Würde Ferris ihn so verkaufen, dann wäre er ein Quacksalber mit einer gefährlichen Verkaufsstrategie. Aber ich glaube nicht, dass er so naiv ist, was psychiatrische Erkrankungen und ihre fundierte medizinische Behandlung angeht. Die wohlwollendere Leseart ist, dass er den Stoizismus als nützliche Philosophie der Selbstermächtigung entdeckt hat. Und er weiß, wie er sie zu seinen Gunsten nutzen kann.

Lifehacks: Wem nützen sie?

Der antike Stoizismus ist für viele gerade deshalb so attraktiv, weil er Selbstbeherrschung und innere Freiheit verheißt. Die Schriften und das Leben von Epiktet sind ein Sinnbild hierfür. Er war verskalvt und diente Epaphroditus, einem Verwalter am Hof von

Nero. Wenn es wahre Freiheit gibt, so lehrte Epiktet, dann muss sie innerlich sein. Tyrannische Kaiser, Verbannung und erzwungener Selbstmord veranlassen Menschen dazu, ihr Denken nach innen zu richten. Die Geschichte der römischen Kaiser ist voll von Anklagen wegen Verschwörung und belegt den Preis, den man für den Widerstand gegen die herrschende Macht zahlen muss. Dies sind Lehren, die wir auch heute beherzigen sollten. Aber der Rückzug ins Innere kann, damals wie heute, ein Weg sein, Bedrohungen zu entgehen, um sich ihnen nicht stellen zu müssen. Lifehacks können insofern selbstsüchtig sein, als dass sie äußere Probleme, die von anderen oder die der Welt, die es eigentlich zu lösen gilt, außer Acht lassen. Es geht dann nur noch um das Wohl der betreffenden Person, sodass diese sich nur noch um ihre eigenen Belange kümmert und die selbstlose Courage wegfällt.

Das kann unmöglich alles sein, was wir von antiker Tugend erwarten. Beginnend mit Sokrates umfasste der Begriff der Tugend nie nur die eigene Person und deren Mäßigung, sondern immer auch die anderen und den großzügigen und gerechten Umgang mit ihnen. Platons gerechte Seele war angewiesen auf die gerechten Menschen seiner Stadt, als Spiegel seiner selbst. Aristoteles ordnet die Ethik in den umfassenderen Kontext des sozialen und politischen Diskurses ein. Tapferkeit, so betont er, besteht darin, sich »um des Guten willen« gegen Ängste behaupten zu können. Und das Gute, sagt er, besteht nie nur aus der Güte eines einzigen Menschen, sondern aus dem Gemeinwohl. »Ist es auch durchaus erstrebenswert, dieses Ziel für einen einzigen Menschen zu erreichen, so ist es doch viel schöner und gottgleicher, es für eine ganze *Polis*, einen Stadtstaat, zu erreichen.«[9] Die Stoiker dehnen die *Polis* auf den Kosmos aus. Sie haben bereits sehr früh eine Vorstellung von einer globalen Gemeinschaft und den Verbindungen und Verpflichtungen, die diese zusammenhält. Damals wie heute geht es beim Ideal der moralischen Güte darum, dass wir unsere Menschlichkeit und die Aussicht auf ein kollektives Bewusstsein miteinander teilen. Es kann bei der Tugend nicht allein darum gehen, durch Rückzug zur Ruhe zu kommen.

All dies hat jetzt, da unsere Nation aus ihrem Schweigen über die Versklavung und ihr Erbe erwacht, eine tiefgreifende Bedeutung. Sowohl die Pandemie als auch die brutale Ermordung von George Floyd durch die Polizei von Minneapolis waren Auslöser sozialer Unruhen. Zwischen beiden besteht ein Zusammenhang: Ein neues Virus tötet überproportional viele von denen, die bereits jahrzehntelang unter dem alten Virus des Rassismus gelitten haben.[10]

Philip Ozuah, Geschäftsführer des in der Bronx in New York angesiedelten Unternehmens Montefiore Health System Inc.[11], hat diese Zusammenhänge am eigenen Leib erfahren und kennt sie nur zu gut. In einer bewegenden Stellungnahme berichtet er, das Coronavirus habe im Zeitraum von März bis Mai 2020 über zweitausend Patienten in seinem Krankenhauszentrum und über zwanzig Mitarbeiter getötet, allen Bemühungen, sie zu retten, zum Trotz. Kaum war die Zahl der Pandemiepatienten zurückgegangen, musste er sich direkt mit der nächsten furchtbaren Krise auseinandersetzen, »den tödlichen Auswirkungen des Rassismus und«, so schreibt er, »dem daraus entstehenden Leid, das mir als Schwarzem nur allzu vertraut ist.« Und so sah er mit Entsetzen das Video von Amy Cooper, einer weißen Frau, die vom Central Park aus den Notruf wählte und dem Einsatzkoordinator ganze drei Mal erzählte, »ein Afroamerikaner bedroht mein Leben«[12], eine an den Haaren herbeigezogene, falsche Anschuldigung. Bei dem schwarzen Mann mit dem Fernglas um den Hals handelte es sich um Christian Cooper, der nicht mit Amy Cooper verwandt und ein begeisterter 57-jähriger Vogelbeobachter war. Er hatte sie höflich darum gebeten, ihren Hund an die Leine zu nehmen, so wie es die Regeln des Parks vorschrieben. Das war die gesamte Provokation. Der Vorfall ereignete sich nur wenige Stunden, bevor George Floyd getötet wurde.

Ozuah wusste, wie der Vorfall im Park hätte ausgehen können. Und was als Nächstes geschehen wäre. In seinem eigenen Fall, was People of Colour sicher nur allzu vertraut ist, konnte es passieren, dass man in einem weißen Viertel spazieren ging, auf einen Bus wartete, und die Polizei vorbeikam und einen aufforderte, die Arme hochzunehmen, »sich umzudrehen, rückwärts zu gehen«, auf die Knie zu gehen, die Finger hinter dem Kopf zu verschränken und sich filzen zu lassen, »bevor irgendwelche Fragen gestellt wurden«.

Cory Booker[13], der am längsten amtierende schwarze Senator im Senat, lebt mit ähnlichen Ängsten. »Ich bin mir, wenn ich nicht wie ein Senator gekleidet bin, oder selbst dann, wenn ich es bin, immer noch sehr der Tatsache bewusst, dass ein einziges kleines Missverständnis ausreichen könnte, um ein sehr schlimmes Unglück zu erfahren.« Er schämt sich fast, sagt er, und bedauert es zutiefst, dass er selbst dreißig Jahre nach der Ermordung von Rodney King durch die Polizei von Los Angeles mit seinen jungen Schülern zu ihrer eigenen Sicherheit die gleichen Gespräche über Angst vor der Polizei führen muss, die Erwachsene mit ihm führten, als er noch ein Teenager war. Er muss ihnen die gleichen »Bewältigungsstrategien« beibringen.

Epiktet besteht darauf, dass »es nicht darauf ankommt, was einem widerfährt, sondern wie man darauf reagiert«. Aber Bewältigungsstrategien können keine dauerhafte oder brauchbare Lösung für Unterdrückung sein. Wenn der moderne Stoizismus darauf abzielt, ohnmächtig machende Ängste abzubauen, dann muss er sich mit Ängsten auf vielen Ebenen auseinandersetzen – mit denen von Ozuah und Booker, die die Reaktion auf kollektive Ängste vor drohendem Status- und Machtverlust sind, und mit denen von Kulturen, die von weißen und schwarzen Polizisten gleichermaßen vertreten werden und die eine verstörende und boshafte Vorstellung von Kriegern als Tötungsmaschinen befördern.

Die moderne stoische Selbstbeherrschung kann bei der Reform eine Rolle spielen. Der Stoizismus bietet als Lifehack proaktive Techniken, um sich unwillkürlich angenommene Gewohnheiten und impulsive Reaktionen zu vergegenwärtigen. Dazu gehören beispielsweise die Art und Weise, wie wir wahrnehmen, und die nahezu automatisch ablaufenden Emotionen, die hierdurch ausgelöst werden. Bewusste oder unbewusst angenommene Vorurteile befördern die Empfindung von Bedrohungen und impulsive Reaktionen darauf. Die Stoiker lehren, wie wir zwischen unseren Eindrücken, selbst den »impulsiven Eindrücken« (*hormetikai phantasiai*), und unserer Zustimmung zu ihnen einen Puffer einbauen können, was insbesondere dann zum Tragen kommt, wenn diese Eindrücke verzerrt oder durch falsche Werte entstanden sind.

Racial Profiling und alle Formen impliziter Voreingenommenheit sind direkte Zustimmungen zu Eindrücken ohne Puffer zwischen Eindruck und Zustimmung. So sind Gesichtserkennungssysteme[14] eine hochtechnisierte Form des Racial Profiling. Sie stützen sich auf Datenbanken mit Fahndungsfotos und Strafregistern, in denen oft auch Daten unschuldiger Personen enthalten sind. Einige der enthaltenen Routinen haben enorme Schwierigkeiten, zwischen Gesichtern mit dunklerer Hautfarbe zu unterscheiden. Sie sind eine virtuelle Form der Zustimmung zu Eindrücken, die leicht verfälscht werden können.

In *Über die Wut* führt Seneca an, dass diese fast automatisch ablaufenden Reaktionen durch »Gewohnheit und ständige Aufmerksamkeit«[15] abgeschwächt werden können. Er ist sich sehr wohl bewusst, dass Automatismen auch lebensrettend sein können. Aus gutem Grund sind unsere Synapsen auf instinktive Emotionen und schnelle Reaktionen bei Lebensbedrohungen ausgerichtet. Es seien »zufällige Impulse«, erkennt Seneca fast schon hellsichtig: »So wird auch der Tapferste unter den Tapferen blass, wenn er seine Rüstung anlegt, die Knie selbst des kühnsten Soldaten zittern ein wenig, wenn das Signal zum Kampf ertönt.«[16] Heutzutage bezeichnet man das als Kampf-oder-Flucht-Reaktion des autonomen Nervensystems, die uns eine nahezu unmittelbare Reaktion auf erkannte Gefahren ermöglicht. Seneca schreibt, dass die damit einhergehenden, unwillkürlichen Reaktionen überwacht und gesteuert werden müssen, damit Raum für eine »überlegte Entscheidung«[17] bleibt.

Seneca ist ein Wegbereiter für Psychologen und Entscheidungstheoretiker wie Daniel Kahneman. Kahneman geht davon aus, dass unser Gehirn über zwei Systeme verfügt: eines, das automatisch und mit wenig oder gar keiner bewussten Kontrolle arbeitet, und ein zweites, das mehr Energie erfordert und Entscheidungen trifft sowie gründlichere Analysen durchführt. Wir navigieren durch unser Leben, indem wir »schnell und langsam denken«[18], wie er es auf populäre Weise ausdrückt. Wir müssen unsere Aufmerksamkeit schärfen, wenn kognitive Fehler und Voreingenommenheit – Produkte unseres schnellen Denkens – uns Gefahr laufen lassen, durch irrationale Ängste manipuliert zu werden.

Ehrenwerte Polizisten und Angehörige der Streitkräfte haben ständig mit Gewalt zu tun. Auf Bedrohungen müssen sie umgehend reagieren. Aber diese schnellen Reaktionen stehen manchmal wohlüberlegten Entscheidungen im Wege, sei es auf dem Schlachtfeld oder der Straße. Speziell beim Einsatz von Schusswaffen verleiten sie schnell dazu, Eindrücke zu impulsiv und ohne die nötige Zurückhaltung zu verarbeiten.

Marathon oder Sprint

Während eines anderen Zeitalters, zu Beginn des letzten Jahrhunderts, untersuchte Freud das Meiden und Verschweigen von Ängsten als eine Form der Verleugnung. Verleugnung ist ein allgegenwärtiges Merkmal von Abwehrmechanismen, die verstörende Ereignisse, Gefühle oder Gedanken in Schach halten. Wir nutzen allerlei Abwehrmechanismen, wie beispielsweise die Projektion unserer eigenen Unsicherheit auf andere zum Schutz vor inneren Konflikten, oder Wunschdenken, bei dem wir die Realität verleugnen, um auf wundersame Weise über Probleme zu triumphieren, die uns zu unangenehm sind, um sie anzugehen. Die Phrasen sind abgedroschen. Es mag uns gelingen, einige unserer Ängste so abzuwehren, diese kehren aber in Form von Symptomen zurück, die wir gern als rein körperliche Beschwerden abtun.[19]

Die durch Freud inspirierte, psychoanalytische Psychotherapie ist ein Marathonlauf, kein Sprint. Sie ist kein netter Kniff von einem Hacker, durch den sich Probleme mal eben schnell lösen lassen. Es ist ein langwieriger Prozess, der Zeit und Geld kostet und den Patienten zurück in die eigene frühe Kindheit und zu den eigenen Eltern führen kann, aber auch zur Dynamik zwischen ihm und seinem Therapeuten, der ihm aufzeigt, wie er von anderen wahrgenommen wird und wie er sich selbst wahrnimmt. Der Patient beobachtet sich selbst in der sicheren Umgebung eines Behandlungszimmers ohne all die Spannungen der Familiendynamik. Er entwickelt ein »Beobachter-Ich«. Dessen Urform ist sokratischen Ursprungs: »Erkenne dich selbst.« Und dazu muss man reden. »Heilung durch Erzählen« nannte es Anna O., oder Bertha Pappenheim, die berühmte Patientin Freuds, schon früh in Wien.

Lifehacking durch modernes stoisches Coaching funktioniert anders. Es ist eine Art Verhaltenstherapie, bei der nicht das Reden im Vordergrund steht, sondern das Handeln und konkrete Schritte zur Änderung eingefahrener Gewohnheiten. Dennoch beginnt es mit Gesprächen – man benennt seine Ängste, schreibt seine Gedanken auf, ganz wie Mark Aurel es des Abends auf dem Schlachtfeld tat. Es ist eine frühe Form der kognitiven Verhaltenstherapie. Das stoische Coaching zielt darauf ab, den Wandel auf eine Weise zu beschleunigen, welche in der analytischen Psychotherapie, die sich in der Regel über mehrere Jahre erstreckt und viermal die Woche je fünfzig Minuten dauert, unvorstellbar ist.

Dennoch haben sowohl die moderne stoische Beratung als auch die traditionelle Psychotherapie das gleiche Ziel: die Selbsterkundung. Ferriss' Hinwendung zum Stoizismus geschieht, wie bei vielen anderen auch, die sich von dieser Philosophie angezogen fühlen, in einer kritischen Lebensphase. Viele suchen nach einer schmerzhaften Trennung oder einer beruflichen Krise nach Möglichkeiten, wie sie ihrem Leben einen neuen Sinn geben und ihre Ausrichtung ändern können. Sie wollen ihrem Leben neue Bedeutung verleihen, weil ihr gegenwärtiger Zustand ihnen nicht länger Erfüllung verspricht. »Eine Scheidung ist ein Schock«, sagt Jeff Loesch, ein siebenundfünfzigjähriger leitender Technologieberater und Infrastrukturarchitekt, der nach neunzehn Jahren Ehe eine schmerzhafte Scheidung durchmachen musste und obendrein vier weitere Jahre später seinen Arbeitsplatz nach siebzehn Berufsjahren verlor, weil sein Unternehmen von einer anderen Firma übernommen wurde. Ein geschäftliches Netzwerk-Event führte ihn zuerst zu einem Life-Coach und später zu seiner eigenen Ausbildung und Zertifizierung als Life-Coach. Ein paar Jahre später stieß er auf die *Der tägliche Stoiker*-Meditationen von Holiday über das antike und moderne stoische Denken und wechselte anschließend zu weiteren stoischen Webseiten und Podcasts, wie beispielsweise Simon Drews *The Practical Stoic*[20], über den ich ihn kennen lernte, nachdem ich dort interviewt worden war.

Simon Drew moderiert den Podcast nahezu hauptberuflich, nachdem er seinen Job als Leiter eines Fitnessstudios an der australischen Sunshine Coast aufgegeben hat. Die Podcasts von Ferriss hatten sein Interesse am Stoizismus geweckt und ihn auf seinen jetzigen Weg geführt. Er hatte nie viel gelesen, jetzt aber, in seinen späten Zwanzigern, kannte er viele der wichtigsten römischen Stoiker-Texte und hatte sich sogar mit Diogenes Laertios' farbenfrohen und manchmal klatschspaltenartigen Biografien antiker Leben beschäftigt. In seinem Heimstudio stapeln sich antike Texte hinter seinem Retro-Radiomikrofon. Einige seiner Zuhörer schätzen gerade seinen Stil, zu coachen, indem er stoische Texte im Detail erläutert. Drew wurde als Mormone religiös erzogen und ist daran gewöhnt, Texte zu studieren und sie auswendig zu rezitieren. In seinem Podcast hat er sowohl Schüler als auch praktizierende Stoiker zu Gast. Was viele seiner Follower anspricht, ist die weitverbreitete Auffassung, dass der antike Stoizismus altbekannte und doch höchst praktische Einsichten darüber bietet, wie man durch Tugend zu innerer Ruhe findet.

Aber Stress wird nicht immer selbst verursacht und lässt sich auch nicht immer durch Selbstreflexion lösen. Stress entsteht durch Beziehungen und die impliziten und expliziten Bewertungen in unseren Interaktionen. Er tritt sowohl in dysfunktionalen als auch in funktionierenden Familien auf[21]. In der Geschäftswelt entsteht er durch schlecht geführte Organisationen und Prozesse, durch zu große Versprechungen an die Kunden, durch veraltete Werkzeuge oder durch zu wenig Personal für die Erledigung der Arbeit. Beim

Militär sind es Gewissens- und Karrierekonflikte, die mit der Zeit zunehmen. In einem Land, das gespalten ist durch Hautfarbe, Gesellschaftsschicht und Technologie, ist Stress auf systemische Ungerechtigkeit und wirtschaftliche Ungleichheit zurückzuführen. Er wird verursacht durch fehlende physische Sicherheit, fehlende gesundheitliche Absicherung, Mangelernährung und viele andere Faktoren. Stress wird durch die Angst vor der Polizei und durch einen eingefahrenen Polizeiapparat verursacht, der weder auf Reformbemühungen von innen noch von außen reagiert. Psychischer Stress wird nicht allein durch selbst verursachte Ängste erzeugt. Wenn der Stoizismus zuverlässige Lehren für die moderne Resilienz bieten soll, dann darf er nicht lehren, dass wir alles, was sich unserer Kontrolle entzieht, so belassen sollen, wie wir es vorfinden. In vielen Fällen müssen wir unseren Einfluss erweitern, sodass etwas Schlechtes nicht unbedingt schlecht bleiben muss.

Aber die Grenzen unseres Einflussbereiches auszuweiten, ist nicht immer einfach und kann bisweilen zu unangenehmen Diskussionen über Risiken und den nötigen Schutz führen, wie im folgenden Gespräch zwischen einem Sohn und seiner Mutter, das nur wenige Tage nach der Ermordung von George Floyd auf NPR ausgestrahlt wurde. Shawn Richardson ist siebzehn Jahre alt und Läufer. Das Laufen gibt ihm das Gefühl von Freiheit.[22] »Gewinnen. Laufen. Alles. Ich meine, ich liebe alles daran.« Aber wegen Covid-19 war die Schule geschlossen und damit entfiel auch das Leichtathletiktraining. Und so bedeutet Laufen jetzt, allein auf den Straßen von Minneapolis unterwegs zu sein, ohne den Schutz seiner weißen Freunde, an den er sich schon gewöhnt hatte. Eigentlich war er gar nicht so anders als sie – nur ein weiterer Läufer, der das Laufen liebt. Aber Shawn kann die Gefahr jetzt nicht mehr ignorieren. Auch seine Mutter, Ruth Richardson, Abgeordnete des

Staates Minnesota, kann dies nicht mehr. Die beiden leben fünfundzwanzig Kilometer von dem Ort entfernt, an dem George Floyd getötet wurde. Shawn versucht, damit fertig zu werden. Er versucht, seine Mutter zu beruhigen: »Wenn ich nicht in unserem Viertel laufen kann, dann eben auf einer Rennbahn oder so, weißt du?« »Dadurch geht die Welt nicht unter.« Aber seine Mutter sieht das anders: »Sie *geht* dadurch unter. Denn wenn du nicht in unserem Viertel laufen kannst, wenn du nicht in die Welt hinausgehen und einfach als siebzehnjähriger Junge angesehen werden kannst, der gern läuft, dann stimmt etwas ganz und gar nicht.«

Dies ist ein Gespräch über Freiheit. Ein solches Gespräch hätte Epiktet mit seinen jungen Schülern nicht geführt, aber wir, als Lehrkräfte, führen es heutzutage oft mit unseren Schülern. Auch ich habe solche Gespräche über Freiheit geführt, mit einem Erstsemester in Georgetown, der erst sechs Monate zuvor erfahren hatte, dass er Nachkomme einer der zweihundertzweiundsiebzig Sklaven war, die 1838 von den Jesuiten in Georgetown verkauft wurden, um die Universität über Wasser zu halten. Dies änderte seine Sicht auf das Leben, und er verstand nun, warum er katholisch erzogen worden war. Es fühlte sich an, als hätte er seine Freiheit eben erst gewonnen. Und er fühlte sich verletzlich. Er kam oft zu mir in die Sprechstunde. Er wollte einfach nur reden – darüber, wie man lernt, wie viele Tassen Kaffee man trinken muss, um wach und konzentriert zu bleiben, darüber, wie sehr ihm bestimmte Vorlesungen gefielen, darüber, wie man einen Job und ein hohes Studienpensum unter einen Hut bekommt. Wir lasen gerade Ta-Nehisi Coates im Unterricht. Wir sahen einige Ausschnitte aus dem Dokumentarfilm *I Am Not Your Negro*, der auf dem unvollendeten, autobiografischen Manuskript von James Baldwin basiert. Aber er sprach im Unterricht nie über seine eigene Vergangenheit. Er behielt seine neu entdeckte Familiengeschichte für sich. Er musste das alles selbst erst noch verarbeiten. Und das respektierte ich. In jenem Semester, in einer Seminargruppe, die aus etwa fünfundzwanzig Studenten bestand, hatte ich vier Studenten, die People of Colour waren: drei Afroamerikaner und einen amerikanischen Studenten, der in Südostasien aufgewachsen und zur Schule gegangen war. Letzterer schrieb darüber, dass er sich fühle, als sei er vom beherrschenden Narrativ des Rassismus und des Freiheitskampfes ausgeschlossen. Ta-Nehisi Coates' Geschichte und die von James Baldwin waren nicht die seine. Er wurde auf andere Art unterdrückt. Er war ein hervorragender Student, aber in Amerika völlig allein.

Für die Menschen der Moderne, wie meine Studenten, ist geistige Freiheit untrennbar mit Würde, Respekt und dem Gefühl der Zusammengehörigkeit verbunden. Die Idee an sich ist bereits sehr alt, dennoch kommt sie in der Geschichte und Praxis quasi nicht vor. Cicero legte den Grundstein für den würdevollen, respektvollen Umgang miteinander, der in unserer gemeinsamen Vernunft begründet ist: »So müssen wir uns in Ehrfurcht vor den Menschen üben, vor den besten von ihnen und auch vor den anderen ... Die daraus abgeleiteten Pflichten führen dazu, im Einklang mit der Natur zu leben und sie zu erhalten«. Dies sei »ein Mittel, um Menschen miteinander zu verbinden«[23]. Es ist die Aufgabe moderner stoischer Lehrer und Schüler, ihren Teil zum Aufbau einer Gesellschaft beizutragen, deren Grundstein eben jene Versprechung von Respekt und Würde für alle Menschen ist.

Die globale Vernetzung

Jack Dorsey, Mitbegründer von Square und Twitter, ist ein weiterer Unternehmer aus dem Silicon Valley, der vom Stoizismus angetan ist. Was ihn besonders anspricht, ist die Idee, durch Entbehrungen belastbarer zu werden. Anders als Rekruten oder Kriegsgefangene kann Dorsey seine Entbehrungen frei wählen. Er nimmt Eisbäder um 5 Uhr früh, läuft selbst im Winter ohne Mantel acht Kilometer zur Arbeit und zurück, und isst nur eine einzige Mahlzeit am Tag. Das erinnert an Diogenes den Kyniker und an Sokrates, die Ikonen der stoischen Philosophie, die beide weitgehend auf Kleidung verzichteten, sehr wenig aßen und scheinbar unempfindlich gegen Kälte waren. In Dorseys Neuinterpretation der Antike lässt man sich auf unbequeme Dinge ein, um Nervenbahnen zu bilden, die widerstandsfähiger machen[24]. »Nichts hat mir mehr Selbstvertrauen gegeben, als in der Lage zu sein, aus der Wärme eines Raumes direkt in die Kälte hinauszugehen«. Woraufhin ein Reporter bissig bemerkte: »Probieren Sie das mal in Toronto im Winter, Sir.«[25]

Aber es gibt eine bedeutendere Neuinterpretation eines stoischen Motivs. Und dieses hat mit der weltweiten Vernetzung zu tun. Bei Twitter geht es um die sofortige Verbreitung von Informationen – »auf eine Weise, die die freie, globale Verständigung verbessert und nicht von ihr ablenkt«[26]. Es gibt viele gute Gründe für Spott angesichts der Frage, wie eine Reduzierung des Diskurses auf 280 oder gar 140 Zeichen die globale Verständigung verbessern soll. Die laxe Selbstkontrolle auf Twitter und anderen Social-Media-Plattformen befördert Fehlinformationen und Hassrede. Im Laufe der Jahre haben diese Plattformen das so genannte Overton-Fenster erweitert[27], ein nach Joseph Overton benannter Begriff für die Bandbreite politischer Ideen, die die Öffentlichkeit zu akzeptieren bereit ist. Meinungen, die früher als gefährdend oder grenzwertig gegolten hätten, sind heute nur noch Mainstream. Innerhalb dieses erweiterten Spektrums verbreiten Bots und Trolle Halbwahrheiten, der hyperglobalisierte Diskurs vermischt sich innerhalb abgeschotteter Räume. Megaphone erzeugen Lärm[28] in einer Weise, die Leser traditioneller Medien oft als unangenehm und gefährlich empfinden. Twitter und andere soziale Medien haben die Lawine des Arabischen Frühlings ins Rollen gebracht, gleichzeitig aber auch das Schlachtfeld erschaffen, auf dem die Bewegung anschließend auseinandergerissen wurde. Twitter ist ein Werkzeug, und wie jedes Werkzeug kann es, so lehrten es schon die Menschen in der Antike, sowohl zum Guten als auch zum Schlechten verwendet werden.

Dennoch – wenn die Veranschaulichung von Sorgen und schlechten Angewohnheiten eine stoische Technik ist, um die eigenen Ängste erkennen und bekämpfen zu können, dann dient Twitter heute als Lifehack für die kollektive Abrechnung mit dem Rassismus. Die derzeit stattfindende, nun völlig veränderte Diskussion über Ethnien verdankt einen großen Teil ihrer Popularität dem viral gegangenen Video von Floyds Ermordung durch die Polizei, in dem zu sehen war, wie Officer Chauvin fast neun Minuten auf Floyds Hals kniete und ihn so erstickte. Nur drei Tage nach Floyds Ermordung gab es bereits fast 8,8 Millionen Tweets mit dem Hashtag #BlackLivesMatter[29]. Auch der von Christian Cooper aufgenommene Videoclip der rassistisch motivierten Konfrontation im Central Park[30] wurde von dessen Schwester später auf Twitter veröffentlicht und mehr als 40 Millionen Mal angesehen. Twitter, Instagram und Facebook ermöglichen es uns, das Böse direkter zu sehen, von dem wir vielleicht selbst nicht betroffen sind, aber an dessen Entstehung wir möglicherweise mitschuldig sind.[31] Wenn uns solche Bilder nicht verstören, dann machen wir es uns zu einfach.

Ein letzter Punkt betrifft Dorseys Engagement und dessen Verbindung zu stoischen Motiven. Dorsey hat sich als einer der großzügigsten Milliardäre entpuppt – er spendet etwa ein Drittel seines Vermögens für eine Kombination aus Coronavirus-Hilfsmaßnahmen, universellem Grundeinkommen und Unterstützung für die Gesundheit und Bildung von Mädchen. Auf die Frage nach dem Grund führt er wiederum die globale Vernetzung an: »Ich lebe nach dem Prinzip, dass alles miteinander verbunden ist. Wenn also jemand leidet, dann leide auch ich, und zwar auf lange Sicht.«[32] Welche sonstigen Faktoren auch immer eine Rolle bei seinen Spenden spielen sollten – das übliche Silicon-Valley-Mantra »Jetzt verdienen, später mal sehen, ob und wie man spendet« lehnt Dorsey ab. Zudem ist er bezüglich seiner Spenden transparent und legt jede einzelne in Echtzeit in einer öffentlich zugänglichen Google-Tabelle[33] offen. Öffentliche Spenden in kurzer Folge können ein Weg sein, um all die »Bitten« derjenigen zu vermeiden, die hinter Ihrem Geld her sind. Aber sie sind auch eine Möglichkeit, mit gutem Beispiel voranzugehen.

Seneca erläutert in seinem Werk *Über die Wohltaten* (*De Beneficiis*) die vielen feinen Nuancen weiser Wohltätigkeit, wann man offen geben und wann man es heimlich tun sollte. Manche Geschenke, erklärt er, »bringen keinerlei berufliche Vorteile und tragen nichts zum Ansehen bei, sondern helfen schlicht gegen Gebrechen und Armut oder geben ein kleines Stück verlorene Würde zurück«. Er wettert gegen Geschenke, die allein des öffentlichen Ansehens wegen gegeben werden oder von Wohltätern kommen, die einem »durch ihre ständige Erinnerung an geleistete Dienste das Gefühl geben, zerfasert und erdrückt zu werden«[34]. Sinnlose Geschenke wie »Bücher für einen Bauerntölpel, Jagdnetze für einen Gelehrten oder Literaten« oder »Winterkleidung im Hochsommer«[35] untergraben den Sinn des Schenkens. Gleiches gilt für Geschenke, die aus Gier nach Dankbarkeit oder Anerkennung gemacht werden. Wenn Sie Ihre Geschenke in Echtzeit twittern, ist das zwar auf gewisse Weise ein Heischen um Beifall. Aber es ist auch ein Ansporn für andere, nicht auf ihrem Vermögen hocken zu bleiben.

In der Antike wurde das Schenken als zentraler Bestandteil des sozialen Zusammenhalts angesehen: Es »hält die Gesellschaft zusammen, mehr als alles andere«[36], so Seneca. Dies steht im Einklang mit dem grundlegenden stoischen Motiv, dass wir von Natur aus soziale Wesen sind und dass wir, um bestehen zu können, Beziehungen zu anderen benötigen; wir sind auf das Wohlwollen der anderen angewiesen, und zwar ganz konkret in Form von materiellen und emotionalen Zuwendungen.[37] Cicero nimmt diesen Punkt mit einer rhetorischen Frage vorweg: »Erforsche den Inhalt deines Geistes.«[38] Würden Sie das Vergnügen eines epikureischen Lebens der Ruhe einem Leben vorziehen, in dem Sie zwar Leid erfahren, aber Gutes für die ganze Menschheit tun? Wohltätigkeit und Dankbarkeit sind das Geflecht des sozialen Gefüges. Moderne Philosophen, allen voran Peter Strawson, haben diesen Punkt neu formuliert: Ausdruck von Wohlwollen und Dankbarkeit sind Mittel, mit denen wir uns als Mitglieder einer Gemeinschaft gegenseitig Anerkennung zollen. Wohltaten an sich sind kein Ausdruck von Wohlwollen. Wir suchen in diesen Leistungen nach einer »Manifestation der eigentlichen Gesinnung«[39].

Philanthropie ist kein Ersatz für soziale Gerechtigkeit, egal wie weit wir die Grenzen der Gemeinschaft ziehen. Das Ziel von Twitter ist es, diese Grenzen zu erweitern, zumindest im Bezug auf die Konversation. Zusammen mit anderen sozialen Plattformen muss Twitter diese Konversation offensiver gegen gefährliche Unwahrheiten und Lügen verteidigen. Aber die Kernidee des *Logos* oder der

Konversation, die eine ganze Welt miteinander verbindet, ist eine moderne Abwandlung einer antiken Idee der Kyniker und Stoiker.

Ein Lifehack, um den Tod zu besiegen

Das Silicon Valley hat Gedankenspiele mit einem anderen Lifehack betrieben, der mit dem Stoizismus nicht so gut vereinbar ist, der Überwindung des Todes.[40] Die Stoiker meditieren bekanntlich über den Umgang mit dem Tod, indem sie sich die Tatsache der Sterblichkeit vergegenwärtigen. In ihren Mantren geht es nicht etwa darum, dem Tod zu trotzen, sondern ihm mit Gleichmut zu begegnen. Das ist der Grund dafür, dass sie dazu auffordern, das *memento mori* im Hinterkopf zu behalten: »Sei dir deiner Sterblichkeit bewusst.« Von allen Ängsten müssen wir diese ganz besonders überwinden: »Ein Mensch, der den Tod fürchtet, wird nie etwas tun, das eines Lebenden würdig ist«[41], wie Seneca sagt.

In den *Briefen an Lucilius* konfrontiert Seneca sich selbst mit seinem eigenen Alter und seiner schwindenden Gesundheit. Er hat Schwierigkeiten beim Atmen. Seit seiner Kindheit leidet er an Asthma. Und jetzt häufen sich die Anfälle. Es fühlt sich an, als würde man ersticken. Die Ärzte sagen ihm, dass sich sein Körper auf den Tod vorbereite. Er hat sich sein ganzes Leben lang philosophisch darauf vorbereitet. Diese Idee wird wiederum von Sokrates umschrieben: »Philosophieren heißt sterben lernen«[42], lautet Sokrates' berühmter Satz in Platons *Phaidos*. Seneca beschreibt die philosophische Übung folgendermaßen: »Wäre ein Mensch nicht sehr dumm, wenn er glaubte, dass es einer Lampe nach dem Auslöschen schlechter erginge als vor dem Anzünden? Auch wir werden ausgelöscht, auch wir werden entflammt. Dazwischen gibt es etwas, das wir fühlen; aber zu beiden Seiten davon herrscht völlige Unbekümmertheit.«[43] Damit argumentiert auch er für die Symmetrie auf beiden Seiten des Lebens, die im 1. Jahrhundert v. Chr. durch den epikureischen Schriftsteller Lukrez aufgebracht und verbreitet wurde.

Dem Tod ins Auge zu sehen, so Seneca, bedeutet in praktischer Hinsicht, jeden Moment zu nutzen. »Die Gegenwart ist sehr kurz.«[44] Wer allzu beschäftigt ist, lässt sich leicht ablenken. »Willst du wissen, warum sie nicht lange leben?« »... alte Menschen bitten in ihren Gebeten um ein paar weitere Jahre; sie geben vor, jünger zu sein, als sie tatsächlich sind ...« Aber »der Weise wird nicht zögern, dem Tod mit festem Schritt entgegenzugehen«.

Wenn der Tod nach stoischer Auffassung als gleichgültig zu akzeptieren ist, auch wenn er nicht bevorzugt wird, warum bezeichnen dann die Lifehacker die Stoiker als ihre Verbündeten?

Nach Ansicht einiger moderner Menschen würden die Stoiker an diesem Punkt ihre Erlaubnis dazu erteilen, die Grenzen des Kontrollbereiches zu erweitern. Hier ist nicht die Angst das Hindernis, sondern der Mangel an Zeit. Und genau dieses Problem ließe sich durch einen Lifehack beheben.

Nehmen wir einmal das Beispiel des Biohackers Geoffrey Woo, eine einflussreiche Persönlichkeit in San Francisco, dessen Unternehmen HVMN (Health Via Modern Nutrition) »Nootropika« herstellt, also Präparate zur Verbesserung von Gedächtnis, Wahrnehmung, Ausdauer und anderem mehr. Sein Technologieunternehmen hat auch einen turnusmäßigen wöchentlichen Fastentag für seine Mitarbeiter eingeführt. Als er in einem Interview nach dem letztendlichen Ziel von Biohacking gefragt wurde, gab er als Antwort die Unsterblichkeit an: »Ja, ich würde gern ewig leben.«[45] »Warum?«, fragte der Interviewer. »Warum nicht?« »Dass zu erwarten steht, dass wir alle vergehen werden, ist eine kulturübergreifende Auffassung.« »Ich glaube nicht, dass es sich um Technikoptimismus handelt. Ich glaube, es ist der menschliche Wunsch.« Aristoteles würde hier vermutlich zur Vernunft mahnen. Wir müssen den bloßen »Wunsch« von dem Verlangen unterscheiden, das mit Entscheidungen und Handlungen verbunden ist. »Unmögliches liegt nicht im Bereich unserer Entscheidungen«, betont er, auch wenn teilweise »Unmögliches gewünscht werden mag, wie beispielsweise Unsterblichkeit«. »Ein Wunsch«, fährt Aristoteles fort, »kann sich auf Dinge beziehen, die wir durch eigene Anstrengungen niemals herbeiführen können werden.«[46]

Aber genau das ist das Betätigungsfeld des Biohackers – den Bereich dessen, was möglich ist, neu zu definieren, einschließlich der menschlichen Unsterblichkeit.

Woo selbst ist zwar kein bekennender Stoiker, aber viele seiner Anhänger sind es, vor allem all die fastenden Milliardäre[47], die durch Kontrolle der Kalorienzufuhr ein gesteigertes Leistungsvermögen und eine Verlängerung ihrer Lebenszeit erreichen wollen. Möglicherweise wird es dadurch mehr wissenschaftliche Erkenntnisse zu Ernährung und zum Fasten geben. Aber eine Verknüpfung dieses Themas mit der stoischen Prüfung seiner selbst überschreitet die Grenzen der stoischen Vorstellung von Selbstbeherrschung. Zur stoischen Disziplin von Geist und Körper gehört eine kluge Auswahl der äußeren Einflüsse, die sich positiv auf unser Leben auswirken können. Wir lernen, so zu wählen, dass es unserer Natur entspricht, wie rätselhaft einem die Gesetze der Natur auch manchmal vorkommen mögen. Aber eine Sache, die unserer menschlichen Natur Grenzen setzt, auch wenn wir den Verstand mit den

Göttern teilen, ist, dass wir, anders als sie, Sterbliche mit einer endlichen Lebensspanne sind. Die Annahme, man könne durch kluges und besonnenes Leben den Tod umgehen, ist zutiefst unstoisch.

Dennoch möchte man meinen, dass die Stoiker sich genau dieser Art von Zweckentfremdung öffnen. Schließlich geht es bei ihren Techniken um den Schutz vor Verwundbarkeit. Ja, das stimmt, aber wie wir bereits festgestellt haben, ist mit diesem Schutz die Anpassungsfähigkeit gemeint und nicht absolute Unbesiegbarkeit. Daran erinnert Seneca uns: »Auch sollten wir uns anpassen können, damit wir nicht zu fest an den von uns geschmiedeten Plänen hängen.«[48] Es gilt, zu große Starrheit in Bezug auf die Ziele zu vermeiden, einschließlich dessen, was einige stoische Biohacker zu erreichen versuchen, nämlich unsterblich zu werden[49].

In der Tat lässt sich nur schwerlich vermeiden, die Sehnsucht nach Unsterblichkeit als etwas anderes anzusehen als Hochmut und die Jagd nach Ruhm. Selbst wenn das Bestreben, den Tod zu besiegen, durch die Neugier eines Ingenieurs und seinen Glauben an die technischen Möglichkeiten angetrieben wird, so bleibt doch der Wunsch, lange genug zu leben, um die Früchte der eigenen technischen Innovationen ernten zu können. Und auch hier geht es eher um das eigene Ego und den Erfolg als um tugendhaftes Streben.

Zum Thema Biohacking zur Überwindung des Todes hier noch ein letztes, stoisches Wort. Die Stoiker waren dafür berühmt, dass sie sich mit dem Tod in einer Weise auseinandersetzten, die sowohl emotional als auch dramatisch war. Sowohl selbstgewählte als auch erzwungene Selbstmorde waren Teil des römischen Lebens. Rubens' berühmtes Porträt von Seneca mit seinen hervortretenden Adern legt nahe, dass der Tod durch Selbstmord weder einsam noch traurig sein musste. Wie auch bei Sokrates' Tod im *Phaidon*, dem Seneca nacheiferte, waren Freunde anwesend, es fanden Gespräche statt und Seneca konnte sich sicher sein, dass man sich an seine letzten Worte erinnern würde. Aber es gab im stoischen Kanon auch die Vorstellung eines »rationalen Abschieds«[50] aus dem Leben (die wiederum auf Sokrates zurückgeht), indem auch der Natur eine Vernunft zugestanden wird, durch die der Selbstmord gerechtfertigt ist.

Für die Stoiker gehört der Selbstmord zu einer besonderen Klasse von Handlungen, die angemessen sind (*ta kathēkonta*). Die Begründungen für einen Tod aus rationalen Gründen sind umfangreich und lang, vor allem, wenn man bedenkt, dass es normalerweise unsere Pflicht ist, das Leben und unseren Körper zu erhalten. Diogenes Laertios schrieb hierzu: »Ein weiser Mensch wird auf vernünftige Weise aus dem Leben scheiden wollen, entweder im Namen seines Landes oder um seiner Freunde willen, oder wenn er unerträgliche Schmerzen erduldet, grausam verstümmelt ist, oder an unheilbaren Krankheiten leidet.«[51] Die letztgenannten Voraussetzungen sind negative äußere Einflüsse (die sogenannten nicht bevorzugten gleichgültigen Dinge). Und da das Leben selbst nur als materielles Hilfsmittel für tugendhaftes Handeln einen echten Wert hat, könnte ein Selbstmord gerechtfertigt sein, wenn wir beispielsweise nicht tugendhaft handeln können, weil ein Mangel an materiellen Mitteln sinnvolle Entscheidungen verhindert. Immanuel Kant beschreibt hierzu einen Fall mit stoischem Unterton. Er erzählt von einem Menschen, der von einem tollwütigen Hund gebissen wurde[52]. Der Mann glaubt aus gutem Grunde, dass er nun an einer unheilbaren Krankheit leidet, der Hydrophobie, einem Symptom der Tollwut beim Menschen, die ihn dement werden lässt. In einem Abschiedsbrief, so führt Kant aus, erklärt der Mann, er habe sich umgebracht, »damit er in seinem Wahnsinn nicht auch anderen schade«. Dieses Beispiel ist bezeichnend. Denn obwohl Kant üblicherweise der Meinung ist, dass Selbstmord gegen die guten Sitten verstößt, argumentiert er hier, dass körperliche Krankheiten einem Menschen die Fähigkeit rauben können, moralisch zu handeln. Und wenn dies der Fall sei, könne Selbstmord gerechtfertigt sein. Das ist stoisch.

Für uns ist dabei von Bedeutung, dass sich die Stoiker sehr wohl der Tatsache bewusst waren, dass das Leben durch Krankheit oder ein despotisches Urteil verkürzt werden konnte. Ihre Philosophie, das Leben als stoffliche Voraussetzung für tugendhaftes Handeln zu betrachten, bot ihnen eine Möglichkeit, ein Ableben aus rationalen Gründen zu rechtfertigen. Sie betrachteten den Körper nie als Material, das widerstandsfähig gemacht werden müsse, um Angriffen widerstehen zu können. Das ist eine moderne Vorstellung von Kontrolle, die ein Stoiker kaum für stoisch halten würde.

Stoizismus und toxische Männlichkeit

Eine weitere Aneignung des antiken Stoizismus und ganz allgemein der Klassiker erfolgt durch Hypermaskulinisten, die ihre Ansichten auf Websites wie Reddit verbreiten, wo die frauenfeindliche RedPill-Community zu Hause ist. Dies ist eine der vielen frauenfeindlichen Alt-Right-Plattformen, die manchmal auch als »Manosphäre« bezeichnet werden. Diese Aneignung wurde kürzlich durch Donna Zuckerberg intensiv erforscht. Sinnbild für die Anziehungskraft der Stoiker auf Gruppierungen wie Alt-Right ist nach Meinung einiger Zeitgenossen die monumentale Statue Mark Aurels, einem verstorbenen weißen Krieger-Kaiser, hoch zu Ross und vermeintlich männlichen Mut und Stärke verkörpernd. Zuckerberg beklagt zu Recht, dass viele, die den Aufstieg des Stoizismus als Philosophie zur Selbsthilfe feiern, »es versäumen, sich mit der Popularität des Stoizismus in frauenfeindlichen Internetgemeinschaften auseinanderzusetzen«.[53]

Hassideologien berufen sich seit Langem auf die Antike, um sich intellektuell zu legitimieren. Der Klassizist Curtis Dozier[54] weist darauf hin, dass die Website stormfront.org Bilder des Parthenon als Hintergrund für ihren Slogan »Every month is White History Month« missbraucht. »Das implizite Argument lautet«, so Dozier, »dass weiße Menschen denen anderer Hautfarbe überlegen seien, da diese Bauwerke von Weißen errichtet wurden.« Seine eigene Website *Pharos* (https://pharos.vassarspaces.net/) dokumentiert viele ähnliche Beispiele, bei denen Motive des klassischen Altertums vereinnahmt und missbraucht werden, um repressive Ansichten gegen andere Ethnien und Geschlechter zu befördern.

Die Vereinnahmung des Stoizismus durch frauenfeindliche Gruppierungen ist besonders fragwürdig, da die Stoiker der Meinung waren, dass Tugend kein Geschlecht hat. Nach Zenons Auffassung schloss eine ideale moralische Gemeinschaft von Weisen auch Frauen in diese utopische Gesellschaft ein. Da die Stoiker weiterhin der Ansicht waren, dass vollkommene Weisheit keine Abstufungen kennt – man ist entweder ein Weiser oder man ist es nicht –, sind Frauen und Männer gleichermaßen weise und gleichwertige Vorbilder für den Inbegriff der vollständigen Tugend. Wenn darüber hinaus die Vernunft für die Stoiker ein gemeinsames Merkmal aller Menschen ist, dann hat dies auch Auswirkungen auf die Erziehung von Mädchen und Jungen. Denn selbst wenn es Unterschiede zwischen den Geschlechtern gibt – solange die Vernunft allen Menschen gemein ist und den Kern des menschlichen Wesens ausmacht, sollte die Entwicklung des menschlichen Wesens durch das Lehren von Vernunft allen offen stehen.[55]

Musonius Rufus beruft sich in seiner Fürsprache, Frauen genauso wie Männer in Philosophie zu unterrichten, eben darauf. Dieser Textauszug ist es wert, in voller Länge wiedergegeben zu werden:

> *»Auf die Frage hin, ob auch Frauen Philosophie studieren sollten, bejahte er dies folgendermaßen:*
>
> *Frauen wie Männer haben von den Göttern die Gabe der Vernunft [logon] erhalten, die Fähigkeit, mit der wir miteinander kommunizieren und mithilfe derer wir urteilen, ob eine Sache gut oder schlecht, richtig oder falsch ist. Ebenso verfügt die Frau über dieselben Sinne wie der Mann: Sehen, Hören, Riechen und der ganze Rest … Außerdem haben nicht nur die Männer, sondern auch die Frauen eine natürliche Neigung zur Tugend und die Fähigkeit, sie zu erwerben, und es liegt nicht weniger in der Natur der Frauen als in der der Männer, sich an guten und gerechten Taten zu erfreuen und das Gegenteil davon abzulehnen.«*[56]

Kurzum, in einer vollständig moralischen Welt sind Frauen nicht weniger moralische Vorbilder als Männer. Man wird sie nicht als Verkörperung des Stoizismus und römischer Herrschaft hoch zu Ross sitzen sehen, aber durch ihr »Streben« und ihre »natürliche Orientierung« sind auch sie in der Welt der Vernunft zu Hause. Die Erziehung sollte dies widerspiegeln, meint Musonius Rufus.

Hier sind noch weitere Punkte anzuführen. Dieses antike Bild des Feminismus mag bemessen an modernen Maßstäben unvollständig sein, der entscheidende Punkt ist aber, dass der Feminismus in der antiken Welt einen Platz hatte, sei es in Platons *Der Staat* in Form des für diese Zeit radikalen Vorschlags, dass Frauen in die Klasse der Wächter der gerechten Stadt aufgenommen werden sollen, oder im stoischen Konstrukt der idealen Gesellschaft und ihres Bildungsprogramms.

Was wir aus diesem Kapitel vor allem mitnehmen sollten, ist, dass die Berufung auf die Stoiker viele Formen annehmen kann. Einige dieser Texte sind abstrus und angefüllt mit umgedeuteten philosophischen Begriffen. Andere sind trügerisch einfach: Die Stoiker stellen uns ihre eigenen Kniffe zur Verfügung. Funktionierende Kniffe zu finden, ist natürlich der Sinn des Hackens. Die Stoiker sind hier technische Verbündete, denn sie geben oft ihre eigenen Hacks oder zumindest deren Prototypen preis. Ihre prägnanten Zitate sind quer über das Internet verstreut zu finden und liefern Stoff für Selbsthilfegruppen. Der Stoizismus passt in einer Weise zu den Bedürfnissen moderner Hacker, wie es die aristotelische oder platonische Philosophie nicht kann.

Aber im Stoizismus geht es nicht allein um Selbsthilfe oder Leistungssteigerung. Es geht um moralischen Fortschritt und darum, Wege zu finden, gesellschaftliche Bande durch Zugehörigkeit und Bindungen zu erweitern. »Lasst uns die Menschlichkeit kultivieren«, schreibt Seneca am Ende von *Über die Wut*. Eine Möglichkeit, dies umzusetzen, besteht seiner Meinung nach darin, Emotionen und impulsive Eindrücke, die unsere Wahrnehmung verzerren, zu kontrollieren. Manchmal müssen wir lernen, innezuhalten, bevor wir reagieren. Angesichts einer landesweiten Grundsatzdiskussion über Black Lives Matter ist das ein mächtiger stoischer Lifehack.

SAY THEIR NAMES

Tim Ferriss' Fear-Setting-Hack empfiehlt uns, dass wir uns unseren Ängsten stellen sollten. Sprechen Sie Ihre Ängste laut aus. Schreiben Sie sie auf. Visualisieren Sie sie. Das moderne stoische Motiv, die eigenen Ängste zu erproben, kommt mir hier wieder in den Sinn. Sagen Sie ihre Namen: George Floyd, Ahmaud Arbery, Breonna Taylor, Tony McDade, Trayvon Martin, Freddie Gray, Eric Garner, Ayana Stanley Jones, Michael Brown, Sandra Bland, Tamir Rice, Martin Luther King Jr., Medgar Evans, Malcom X, Emmett Till. Die Liste ließe sich endlos fortsetzen. Für diejenigen unter uns, die weiß und privilegiert sind, ist das Nennen dieser Namen nicht nur ein Angedenken, sondern auch ein Fear-Setting. Auf diese Weise setzen wir uns mit unserer eigenen Verwundbarkeit auseinander und mit dem, was wir als Bedrohung empfinden, und manchmal auch mit dem, was wir bewusst als Bedrohung eingestuft haben. Die Stoiker würden das an dieser Stelle »bewusst« betonen. Sie lehren, dass wir unsere eigenen Wahrnehmungs- und Gefühlsgewohnheiten viel stärker beeinflussen können, als wir glauben. Auch wenn Adrenalin nahezu unmittelbar ausgeschüttet wird, so können wir doch die darauffolgende Reaktion kontrollieren, einschließlich der Einschätzung, ob eine empfundene Bedrohung real ist, und der, ob wir nicht unsere Macht oder Autorität mittels unserer Reaktionen missbrauchen. So sollte man sich seinen Ängsten stellen. Mit Courage.

Abb. 11: Seneca, Lucas Vorsterman nach Peter Paul Rubens, 1838

Abb. 12: Skulptur des Dhyani-Buddhas Vairocana aus dem Borobudur

Lektion 7

Die Kunst des stoischen Lebens

Meditation: West trifft Ost

Einem pythagoreischen Brauch folgend, sagt Seneca, dass seine Meditation vor dem Schlafengehen daraus besteht, sich selbst »zu befragen«[1]. Er geht jede Einzelheit seines Tages durch, prüft sie auf Fehler und Laster und verbirgt nichts vor sich selbst. Er schlüpft in die Rolle eines »heimlichen Prüfers«, der über seinen Charakter Auskunft gibt. Als Einschlafhilfe mag diese abendliche Übung Meditierenden der Moderne seltsam vorkommen. Wenn die Stoiker lehren, dass Weisheit der Weg zur Gelassenheit ist, und wenn die Meditation über Tugend und Laster das Herzstück dieser Weisheit ist, ist dann die Beschäftigung mit dem eigenen Charakter am späten Abend ein Weg, um Ruhe zu finden? Wird dieses Ritual den Medierenden zum Einschlafen bringen oder vor lauter Grübeln eher wachhalten? Carl Reiner hatte auf diese Frage eine schnelle Antwort parat, als Steve Martin ihn eines späten Abends anrief, um die Dreharbeiten für den nächsten Tag zu besprechen. Martin fragte: »Störe ich dich?« Reiner antwortete: »Nein, ich liege nur hier herum und gehe eine ellenlange Liste meiner Versäumnisse durch.«[2]

Die Stoiker neigten nicht dazu, die eigenen Fehler mit komödiantischen Mitteln vor anderen auszubreiten. Hätten sie es getan, würde es vielleicht mehr Spaß machen, ihre Schriften zu lesen. Aber sie gingen durchaus hart mit sich ins Gericht: »Erhebe eine Anklage gegen dich selbst, so streng wie du kannst«, weist Seneca in *Briefe an Lucilius* den Adressaten an. »Dann ermittele gegen dich. Nimm zuerst die Rolle des Anklägers ein, dann die des Richters, und erst zuletzt die des Verteidigers. Sei zuweilen hart zu dir selbst.«[3]

Die griechischen Stoiker hatten einen besonderen Begriff für diese introspektive Untersuchung des Geistes: *prosokhē*[4]. Es ist eine Methode, um die Aufmerksamkeit zu fokussieren und die Vigilanz – einen Zustand erhöhter und anhaltender Reaktionsbereitschaft – zu trainieren. Epiktet erklärt mit der für ihn typischen Übertreibung, dass es keinen Teil des Lebens gebe, »auf den sich die Aufmerksamkeit nicht erstreckt«. Schon eine kleine Nachlässigkeit könne zu einer ernsthaften »Gewohnheit der Unaufmerksamkeit« führen. Und schon bald sei man auf dem Weg zur moralischen Trägheit: »Ist es möglich, völlig fehlerlos zu sein? Nein, das ist nicht zu verwirklichen.«[5] Aber »wir haben Grund, zufrieden zu sein, wenn wir, indem wir niemals in unserer Aufmerksamkeit nachlassen, wenigstens einigen Fehlern entgehen«. Im Gegensatz zu den aktuellen psychologischen Erkenntnissen[6] sind die Stoiker der Antike der Auffassung, dass Anstrengung und kognitive Konzentration keine Ressourcen sind, die aufgebraucht werden könnten. Sie glauben, geistige Energie sei erneuerbar, und die Sorge um das eigene Befinden schwäche weder die Selbstbeherrschung noch die Leistung – etwa durch Ablenkung aufgrund ängstlicher Gedanken. Geistige Anstrengung stärke sie nur.

Mark Aurel folgt Epiktets Empfehlungen. Während der germanischen Feldzüge meditiert er jeden Abend. Seine Erkenntnisse hält er in den *Selbstbetrachtungen* fest, in denen er sich an sich selbst wendet und eine ehrliche moralische Selbstprüfung fordert.

Seneca mahnt zu einer ähnlichen erhöhten Vigilanz, wenn er nachts seinen Geist dazu aufruft, »über sich selbst Rechenschaft abzulegen«. »Wenn das Licht erloschen ist und meine Frau, die meine Gepflogenheit längst kennt, eingeschlafen ist«, so berichtet Seneca, »gehe ich noch einmal den ganzen Tag mit all meinen Taten und Worten durch.«[7] Der Tag beinhaltet die üblichen Ärgernisse. Mit geringfügigen Anpassungen könnten diese Ärgernisse leicht uns selbst zugestoßen sein. Seneca gibt uns ein Beispiel für seine Selbstbefragung vor dem Schlafengehen[8]:

- Du warst ein bisschen zu direkt, als du mit deinem Freund oder Familienmitglied gesprochen hast. »Du hast diesen Mensch deutlicher kritisiert, als du es hättest tun sollen, und so hast du ihn eher beleidigt als verbessert.«
- Du warst zum Abendessen eingeladen. Der Alkohol machte die Zungen lockerer. Da hörtest du zufällig eine spöttische Bemerkung »auf deine Kosten, die dich sehr getroffen hat«. Sie war dazu gedacht, dich zu verletzen, und genau das hat sie auch geschafft. Denk daran, das nächste Mal vorsichtiger zu sein, mit wem du Umgang pflegst. (Man könnte meinen, Seneca würde sich selbst dazu ermahnen, weniger empfindlich auf Kränkungen zu reagieren, anstatt sich vorzunehmen, bestimmte Menschen zu meiden. Aber hier haben wir ein Beispiel für eine stoische Verhaltensänderung und nicht nur für eine kognitive Änderung: Wir sollten versuchen, unsere Zustimmung zu ersten Eindrücken und Erregungen, die uns verstören könnten, zurückzuhalten. Aber wir sollten auch versuchen, Situationen zu vermeiden, die solche Reaktionen hervorrufen.)

- Du hast gesehen, dass ein Freund von dir die Beherrschung verlor, als ein Pförtner im Haus eines prominenten Anwalts oder Bürgers ihm den Zutritt verweigerte. »Und du hast selbst wegen deines Freundes die Beherrschung verloren«, tadelt Seneca sich selbst. Sein Rat, was er stattdessen hätte tun sollen: »Halte dich zurück und lache darüber.« (»Nimm die Dinge, wie sie kommen«, höre ich meinen Vater zu seiner ernsten Tochter sagen.)
- Du warst bei einem Bankett und der Gastgeber hat dich an einen Tisch im hinteren Teil des Raums gesetzt, weit weg vom Ehrengast und anderen wichtigen Personen. Du bist wütend auf den Gastgeber und neidisch auf den Gast, der dort sitzt, wo deiner Meinung nach dein Platz sein sollte. »Du Idiot«, verspottet Seneca sich in einem solchen Fall. »Was macht es für einen Unterschied«, wo du sitzt? Hängt deine Ehre oder Schande, so schimpft er, wirklich davon ab, wo du mit deinem Hintern sitzt?
- Jemand hat deine Arbeit und dein Talent kritisiert, und du wirst wütend auf ihn. »Soll das wirklich die Regel sein?« Wenn ja, sagt Seneca, dann wären diejenigen, die du kritisiert hast, die großen Redner, die dir vorausgegangen sind – Hortensius, Cicero und andere –, »dein Feind, weil du dich über ihre Reden lustig gemacht hast«. Schaff dir eine dickere Haut an, sagt Seneca sich selbst. Stell dir vor, du würdest für ein Amt kandidieren: »Dann musst du es dir auch gefallen lassen, wie die Leute wählen.«
- Und dann gibt es noch die Beleidigungen von eingebildeten Studenten oder streitsüchtigen Anwälten. Denk daran, was Diogenes, dem stoischen Philosophen aus Babylon, passiert ist. Ausgerechnet als er eine Vorlesung über die Wut hielt,

spuckte ihn ein frecher Student an. Diogenes ertrug es sanft, wie ein weiser Mann. »Nein«, sagte er, »ich bin nicht wütend. Aber ich bin mir nicht sicher, ob ich es nicht sein sollte.« Und Cato, so Seneca, reagierte mit einer noch geistreicheren Schlagfertigkeit, als er gerade ein Plädoyer vor Gericht hielt und Lentulus, der offenbar über den Prozessverlauf verärgert war, einen dicken Batzen Speichel sammelte und ihn direkt auf Catos Stirn spuckte. Cato blieb ruhig und konterte: »Ich würde jedermann gegenüber beschwören, Lentulus, dass die Leute Unrecht haben, wenn sie sagen, dass du deinen Mund nicht benutzen kannst.« In diesem Falle scheint Seneca es nicht als allzu schlimm anzusehen, dass jemand einen anderen überbieten will, weil diese Herabsetzung des anderen nicht dazu dient, das eigene Ansehen zu verbessern: Eine schlaue, intellektuelle Herabsetzung ist in Ordnung, wenn dadurch ein wutgeladeneres Verhalten unterdrückt wird. Man kann so einem Kritiker in die Parade fahren, und hier schenkt dieses Beispiel Seneca, dem Rhetoriker schlechthin, eine Anekdote zur Unterhaltung seines eigenen Publikums.

Meditationen, ob allein oder gemeinsam mit anderen, ob unterhaltsam oder nicht, sollen den Meditierenden Ruhe schenken: »Stellt euch den Schlaf vor, der auf eine solche Selbstinspektion folgt! Wie ruhig, tief und befreit er doch sein muss«, versichert uns Seneca.[9] Abendliche Meditationen, gefolgt von Meditationen am nächsten Morgen, die nicht der Retrospektive dienen, sondern sich mit dem vor einem liegenden Tag und was er wohl bereithalten mag, beschäftigen, bereiten Sie auf mögliche Fallstricke vor, die Sie erwarten könnten. Wiederum in Anlehnung an einen pythagoreischen Lehrer sagt Seneca, er habe gelernt, noch eine weitere Übung zu praktizieren: Wenn er sich zu ärgern begann, betrachtete er sein verzerrtes Gesicht in einem Spiegel. Was durch all die Knochen und Haut hindurch »herausdrang«, war nur ein »winziger Bruchteil« der »wahren Hässlichkeit« der Wut. »Was wäre, wenn sie unverhüllt zum Vorschein käme?«[10] Genau das versuchen die meditativen Übungen zu enthüllen: den wahren Zustand der Seele.

Ehrliche Selbstreflexion kann uns auf lange Sicht Seelenfrieden schenken, aber auch das stellen sich viele von uns nicht unter der Stille der »Meditation« oder der heiteren Gelassenheit, die darauf folgt, vor.

Wenn wir eine Form der östlichen Meditation praktizieren, versuchen wir, unseren plappernden Geist zu beruhigen, nicht ihn zu erwecken. Die antike stoische Meditation ist offensichtlich anderer Art. Sie ist diskursiv, selbstbeurteilend, diszipliniert und ehrgeizig; sie legt die Messlatte für unsere Bestrebungen hoch und besteht auf eindeutigen Kennzeichen zur Bewertung des Fortschritts. Ob am Tag oder in der Nacht, diese Methode fußt auf Gesprächen, auch wenn es stille Gespräche sein mögen. Die Praxis ist äußerst kognitiv. Sie erfordert die Mitarbeit eines regen Geistes.

Die Stoiker bieten keine belastbaren empirischen Beweise für ihre Methoden. Sie sind in dem Sinne Empiriker, in dem Aristoteles Ethik betrieben hat: Sie untersuchen die Phänomene um sich herum und die Praktiken und Überzeugungen »der vielen und der Weisen«, wie Aristoteles es ausdrückt. Dabei stellen die Stoiker fest, dass »die vielen« versuchen, sich an »kurzlebigen Verlockungen« zu erfreuen, an »Wahlkämpfen und Scharen von Anhängern«, an »Beifall und Zustimmungsbekundungen«, an der Zurschaustellung ihrer Gelehrtheit durch Auszeichnungen und Preise. All das, mahnt Seneca, »was zum Preis großer Beunruhigung (*sollicitudine*) sowohl erlangt als auch bewahrt wird«.[11] Diese innere Unruhe rührt nicht von *moralischer* Anstrengung her, sondern von *fehlgeleiteter* Anstrengung.

Seine Anstrengungen besser zu nutzen, führt zur Weisheit – und zu der Gelassenheit und »beständigen Freude«, die das Zeichen der Weisheit sind. »Diese Freude hat nur eine Quelle«: »das Bewusstsein (*conscientia*) der eigenen Tugenden«, das heißt die »Gewissenhaftigkeit« und »Aufmerksamkeit« gegenüber den Gewohnheiten des Geistes, die eine strenge moralische Selbstprüfung bewirken soll. Die Aufmerksamkeit ist ein Mittel zum Zweck. Das endgültige Ziel ist die Gewissheit, dass die Tugend das einzig wahre Gut im Leben ist. Die Stoiker interessierten sich nicht so sehr dafür, wie stark man von den eigenen Tugendvorstellungen überzeugt ist oder wie dogmatisch man sie sieht, sondern vielmehr dafür, ob man diese Überzeugungen angesichts harter Prüfungen rational und konsequent aufrechterhalten kann: Würden die eigenen Überzeugungen über Mäßigung auch starken Versuchungen standhalten? Diese »konsequente, tugendhafte, irrtumsfreie Weltansicht«[12] macht die Weisheit aus. Sie ist die Errungenschaft des stoischen Weisen. Und der stoische Weise ist selten.

Der stoische Weise ist eine Art »ethisches und epistemologisches Überwesen«[13], wie es der Philosoph Tad Brennan treffend formuliert. Unbeschwerte Freude ist eine ebenso seltene moralische Emotion, die zu jener oberen Ebene kultivierter rationaler und »guter« Emotionen gehört, die, wie wir in Lektion 3 gesehen haben, der vollkommenen Tugend vorbehalten sind. Dennoch fungiert der stoische Weise als Maßstab für unser Streben, als ein, wenn auch entferntes, Vorbild dafür, wie es sein könnte, mit wahrer Gemütsruhe gesegnet zu sein, wenn wir zuverlässig in etwas Sinnvolleres als materiellen Reichtum oder eine Twitter-Fangemeinde investieren würden. Der Weise gibt uns einen Einblick in ein Leben, das frei von Turbulenzen ist. Senecas Metapher für dieses moralische Paradies ist ebenso erhaben – ein »Himmel jenseits des Mondes«[14], ein Firmament hoch über den Sternen, frei von Wolken und Stürmen. Eine idealisierte Moraltheorie lässt sich nicht ohne Weiteres auf die Bedingungen der realen Welt übertragen, vor allem dann nicht, wenn sie von den Menschen etwas Übermenschliches verlangt, nämlich Unfehlbarkeit. Die Stoiker sind sich ihres Vorstoßes in den Himmel bewusst: Die Selbstinspektion, räumt Epiktet ein, kann uns helfen, »wenigstens einigen Fehlern zu entgehen«. Wir streben nach Fortschritt.

Damit übernehmen die Stoiker die sokratische Weisheit: »Das ungeprüfte Leben ist nicht lebenswert«. John Stuart Mill, der britische Utilitarist des 19. Jahrhunderts, verfeinerte auf dieser Grundlage eine Theorie zu den höheren Freuden: »Es ist besser, ein unzufriedener Sokrates zu sein als ein zufriedener Narr.«[15] Höhere Freuden ergeben sich aus Aktivitäten, die unsere höheren Fähigkeiten trainieren. Zu diesen Aktivitäten gehört auch die Selbstinspektion.

Ich denke gerade über meine eigenen Gewohnheiten nach. An manchen Abenden ähnelt meine Selbstreflexion der von Seneca. Ich seziere den vorangegangenen Tag, vor allem dann, wenn ich mich über ein Gespräch aufrege, das ich mit einem Familienmitglied oder einem engen Freund geführt habe. War ich zu direkt? Hätte ich mir auf die Zunge beißen sollen? Habe ich nur von meinen eigenen Bedürfnissen geredet, anstatt zuzuhören? Haben meine Ängste durch mich gesprochen? Ich muss all das mit mir selbst besprechen, vielleicht meditieren, indem ich in mein Tagebuch schreibe. Wenn ich eine besonders schwierige Phase durchmache, suche ich mir Rat von außen und arbeite an den Problemen. Psychoanalytische und psychodynamische Gesprächstherapien, kognitive und Verhaltenstherapien (Letztere sind in ihren Ursprüngen direkt vom Stoizismus beeinflusst[16]) haben schon allesamt ihren Beitrag dazu geleistet. An einem sicheren Ort, mit einem vertrauenswürdigen Therapeuten, arbeite ich durch, wie ich die Dinge sehe, was ich gesagt und getan habe und wie ich darauf reagiert habe, wie ich besser hätte reagieren, besser zuhören, den anderen besser verstehen, eine bessere Beziehung hätte aufbauen können. Manchmal steht die Dynamik einer gegenwärtigen Beziehung im Mittelpunkt, manchmal schleicht sich die nahe und ferne Vergangenheit ein. All das ist erlaubt. Die Therapie kann kurz- oder langfristig angelegt sein, je nachdem, was an die Oberfläche gebracht wird und welche äußeren Herausforderungen bestehen. Wirkt dieser Prozess beruhigend? Oft, ja. Für viele, mich eingeschlossen, können Einsicht und Selbstbeobachtung äußerst hilfreich sein, um die Ursachen von Angst und Depression oder Enttäuschung und Wut zu verarbeiten. Situationen umzudeuten, kann Raum für adaptivere Emotionen und Verhaltensmuster schaffen. Natürlich sind dies nicht die einzigen therapeutischen Maßnahmen, die es gibt. Medikamente zur Behandlung von Depressionen oder Angststörungen, wie beispielsweise selektive Serotonin-Wiederaufnahmehemmer (SSRI), haben ihre Berechtigung. Aber mit ihrer Konzentration auf das Gespräch, verdanken viele psychotherapeutische Methoden den Menschen in der Antike so einiges, insbesondere den Stoikern. Nach deren Ansicht ist die stoische Meditation, durch das Gespräch, eine Therapie (*therapeia*) der Leidenschaften.[17]

Aber auch das haben viele von uns nicht im Sinn, wenn wir sagen, dass wir meditieren. In der Regel beschäftigen wir uns mit irgendeiner Form der östlichen Meditation – buddhistische, hinduistische, vedische oder taoistische Meditation, Achtsamkeitsmeditation und so weiter. Gelassenheit entsteht durch Loslassen, nicht durch die akribische Suche nach verborgenen Mängeln. Sie entsteht nicht durch

Grübeln, sondern dadurch, dass man es schafft, das Geschwätz zum Schweigen zu bringen.

In diesem Sinne habe ich hier eine weitere Übung für Sie. Ich praktiziere sie jeden Morgen und manchmal zusätzlich nachmittags für jeweils zwanzig Minuten. Es handelt sich um die vedische Meditation, von der sich die transzendentale Meditation ableitet. Ich sitze in einem bequemen Sessel, habe die Augen geschlossen und konzentriere mich behutsam auf mein Mantra. Wenn mein Geist anfängt, abzudriften und Listen erstellen zu wollen oder über die Pflichten nachzudenken, die an diesem Tag anstehen, »begünstige« ich das Mantra, wie es ein Lehrer ausdrückte, und benutze es als Vehikel, um meinen Geist auf etwas anderes als das Geschwätz zu konzentrieren. Ab einem bestimmten Punkt gehe ich völlig in der Meditation auf. Ich verliere das Zeitgefühl, mein Kopf sinkt ein wenig in Richtung Brust, und ich fühle mich bemerkenswert entspannt. Ich stelle mir keinen Wecker, sondern schaue auf eine Uhr. Inzwischen, nach einigen Jahren der Übung, habe ich ein recht gutes Gefühl dafür, wann die zwanzig Minuten um sind. Dann nehme ich mir etwa zwei Minuten Zeit, um mich mit geschlossenen Augen aus der Meditation zu lösen. Das Ergebnis: Ich fühle mich, als wäre ich von einer Ruhe durchdrungen, die bemerkenswert erholsam ist.

Eine Meditation am Nachmittag ist manchmal sogar noch friedlicher: Der Trubel eines geschäftigen Tages kommt für eine Weile zum Erliegen, und ich lade meine Batterien wieder auf. Dafür, dass das tatsächlich funktioniert, gibt es einige medizinische und neurobiologische wissenschaftliche Belege[18], und ich beschäftige mich gelegentlich mit ihnen. Aber im Großen und Ganzen stütze ich mich auf meine eigene Selbsteinschätzung. Ich fühle mich besser, wenn ich meditiere. Und deshalb ist es – wie tägliche Bewegung, gesunde Ernährung und Krafttraining – Teil meiner Gewohnheiten geworden.

Müssen wir zwischen den Meditationspraktiken des Ostens und des Westens wählen? Ich sehe keinen Grund dafür, außer der Tatsache, dass das Leben kurz ist und dass wir in Bezug darauf, wie wir unsere Zeit nutzen, weise Entscheidungen auf Grundlage der besten verfügbaren Informationen treffen sollten. In diesem Fall heißt das, dass wir uns fragen sollten, was zu einem guten Leben beiträgt.

Nehmen wir zum Beispiel Shammi Sheth[19], einen jungen Arzt des National Health Service, der außerhalb von London praktiziert und sich besonders in der Versorgung älterer Menschen engagiert. Zum Stoizismus kam er im Zuge einer persönlichen Krise. Es begann mit einem Buch und einem Podcast zum Thema, dann führte eins zum anderen, er begann, Tagebuch zu schreiben, und tauchte bald immer mehr in stoische Texte ein. »Auf den ersten Blick wirkt der Stoizismus ziemlich langweilig«, sagte er, aber trotzdem packte ihn das Thema und ließ ihn nicht mehr los. »Ich war von der Einfachheit und der praktischen Seite des Themas begeistert.«

Während seiner spirituellen Weiterentwicklung schöpfte er, wie viele andere auch, aus einer vielseitigen Mischung verschiedener Quellen. Geboren und aufgewachsen in England im Glauben der Jainisten – einer alten indischen Religion mit engen Verbindungen zum Buddhismus –, war er nie richtig religiös, obwohl seine Eltern das durchaus waren. Aber er hat den Buddhismus studiert, an einer zehntägigen Schweigeklausur teilgenommen und dabei, wie er mir erzählte, »die wahre Magie der Stille hinter dem geschwätzigen Geist« erfahren. »Es hat mir unglaublich viel gebracht. Es war wie eine Erlösung. Ich fühlte mich unbeschwert.« »Ich habe nicht versucht, mich selbst zu führen. Ich habe versucht, den Lärm auszulöschen.«

Der Stoizismus bietet noch etwas anderes, das seine eher analytische Seite anspricht und sich mit den philosophischen Studien deckt, die Teil seines Medizinstudiums am University College in London waren. Während er sich als Arzt auf Ergebnisse und medizinisch nachgewiesene Behandlungsverfahren konzentriert, hat er als Schüler des Stoizismus zu akzeptieren gelernt, dass vieles außerhalb seiner Kontrolle liegt. Die meisten seiner Patienten, denen er hilft, kommen anschließend nicht wieder in seine Praxis. Doch ein paar stellen sich wieder ein, entweder weil es ihnen nicht besser geht, oder weil ihre Bedürfnisse nicht befriedigt wurden. Bei einigen geht es nicht nur um die körperliche Gesundheit, sondern auch um soziale und psychische Probleme. Der Stoizismus hat Shammi Sheth dazu gebracht, die Patienten ganzheitlicher zu sehen und zu erkennen, dass es bei der ärztlichen Tätigkeit oft darum geht, »ein einfühlsamer Coach« zu sein, der den Patienten hilft, bessere Lebensgewohnheiten zu entwickeln. Gutes ärztliches Handeln ist sinnbildhaft für das, was die Stoiker als »die Kunst des Lebens«[20] bezeichnen. Damit meinen sie, dass das Ziel im Leben darin besteht, das Bestmögliche zu tun, auch wenn dies nicht unbedingt das gewünschte Ergebnis garantiert – wie auch die Fähigkeiten des besten Arztes nicht unbedingt ein langes Leben und dauerhafte Gesundheit garantieren.

Im Laufe der persönlichen Weiterentwicklung vermischen viele, ebenso wie Shammi Sheth, Stoizismus und östliche Praktiken. Einige moderne Stoiker sind bestrebt, die Ähnlichkeiten hervorzuheben. Nehmen wir den tibetischen Buddhismus und den Stoizismus. Beide zielen darauf ab, frei von Begierden und zu heftigen Bindungen an äußere Dinge zu werden. Beide bieten spirituelle Erfahrungen und Mentoren, die inspirierende Weisheit vermitteln. Beide sehen Wohlwollen als einen wichtigen Teil der Erleuchtung an. Beide sehen die Erleuchtung als ein Aufwachen aus dem Stumpfsinn falscher Werte an. Beide lehren, dass wir durch die Wahl unserer Vorbilder und dadurch, was wir als möglich erachten, eingeschränkt werden. Ein moderner buddhistischer Theoretiker hat einmal die verschiedenen Reiche, in denen wir leben oder die wir uns vorstellen, wie folgt skizziert: »Wenn man sich einige Teile Kaliforniens und Australiens als das Reich der Götter vorstellt, kann man sehen, wie sich das Reich der Halbgötter täglich beispielsweise in den Intrigen und Rivalitäten an der Wall Street oder in den brodelnden Korridoren von Washington und Whitehall darstellt. Und die Reiche der Hungergeister? Sie existieren überall dort, wo Menschen, obwohl sie unermesslich reich sind, nie zufrieden sind, wo sie sich danach sehnen, dieses oder jenes Unternehmen zu übernehmen, oder wo sie ihre Gier endlos in Gerichtsverfahren ausleben.« Dies ist ein Zitat aus Sogyal Rinpoches *Das tibetische Buch vom Leben und vom Sterben.*[21] Aber wir könnten uns vorstellen, dass ein moderner Stoiker es ähnlich sieht. Es ist nicht überraschend, dass philosophische Lehren, die sich mit menschlicher Begierde, Heuchelei und Ehrgeiz befassen, inhaltliche Überschneidungen aufweisen.

Aber die Grundlagen der beiden philosophischen Schulen könnten nicht unterschiedlicher sein. Die Stoiker halten nicht wie die Buddhisten die Vorstellung für grundlegend, dass alle Dinge in dieser Welt vergänglich sind oder dass Weisheit eine Loslösung vom Selbst erfordert, eine »persönliche Selbstlosigkeit« oder »Leerheit«[22], die jemanden von der Geschäftigkeit der Worte und des Diskurses befreit und den Geist beruhigt, sodass er Einsicht in eine tiefgründigere Wirklichkeit erhält. Die Stoiker investieren dagegen viel in das Selbst und seine Vernunft. Die Therapie der Emotionen besteht darin, die Vernunft sprechen zu lassen. Laut Cicero sollen wir uns der Dialektik bedienen, wenn wir unsere Seele verändern wollen. Die Stoiker folgen diesem Beispiel. Man meditiert, indem man innerlich Argumente durchgeht und sich mit rivalisierenden philosophischen Schulen auseinandersetzt – seien es Skeptiker, Epikureer, Platoniker, Aristoteliker oder andere. Man prägt neue Begriffe und Konzepte, sodass man die Welt »nach Begriffen zerlegen kann, nach Gliedern, wie sie naturgemäß zu bestimmen sind«[23]. Neologismen sind nicht nur eine Übung in Theorie. Sie zielen auf die Praxis und die Veränderung des eigenen Selbst ab. Für die Stoiker vollzieht sich diese Veränderung auf der granularen Ebene – man achtet darauf, was man wahrnimmt und was man ignoriert, welchen Eindrücken man zustimmt. Dieser Akt der Zustimmung formt Überzeugungen und Emotionen.[24] Stoische Meditation ist eine mühevolle Aufmerksamkeitsübung, die die Vernunft einbezieht und den Geist auf Trab hält.

Im Klassenzimmer: »Wieder lernen, wie man anständig lebt«

»Wieder lernen, wie man anständig lebt«, so beschreibt Dobbie Herrion[25] die stoische Lehre. Er ist Leiter eines Colleges in Missouri und stieß vor ein paar Jahren durch einen Philosophie-Podcast zufällig auf den Stoizismus. Es war nichts weniger als ein spirituelles Erwachen und führte ihn an »einen Scheideweg«, sagt er voller Ernst, an dem er sich zwischen seiner »bisherigen und einer anderen Lebensweise entscheiden« musste. Es erfüllte ihn mit Demut und beruhigte sein aufbrausendes Temperament. »Ich verliebte mich in den Stoizismus. Ich studiere ihn, ich lese täglich Bücher darüber.« Er rezitierte einige Aussagen von Epiktet, Seneca, Musonius Rufus und anderen. Seine Mission ist es, die Persönlichkeiten seiner Schüler mithilfe des Stoizismus zu formen. »Es wäre beinahe ein Unrecht, den Stoizismus nicht zu nutzen, besonders in diesen unruhigen Zeiten.«

Dobbie ist Afroamerikaner und lebt in der Nähe von Ferguson, wo Michael Brown, ein achtzehnjähriger unbewaffneter Schwarzer, im August 2014 von einem Polizeibeamten erschossen wurde. Der Mord war der zündende Funke für die Black-Lives-Matter-Bewegung. Dobbie und ich unterhielten uns nur wenige Tage nach der Tötung von George Floyd in Minneapolis. Ferguson explodierte erneut. Wie auch seine Nachbarn, die damals wie heute an den massiven Protesten teilnahmen, wünscht sich Dobbie nichts sehnlicher als »Gerechtigkeit und Veränderung«. Aber die Fronten verlaufen für ihn nicht auf der Straße, sondern im Klassenzimmer. Er hat sich mit einem anderen praktizierenden Stoiker zusammengetan, Bob Cymber, einem Englischlehrer, der ebenfalls in St. Louis lebt. Gemeinsam haben sie Behavior Mods mitbegründet, ein Ergänzungsprogramm zum Lehrplan für Ethik und Verhalten in Klassen des primären und sekundären Bildungsbereiches. »Ich bin als Christ aufgewachsen«, erzählte Bob mir. Er studierte Philosophie als Hauptfach. Die Ehrlichkeit von Mark Aurels *Selbstbetrachtungen* »sprach mich wirklich an«, insbesondere die Aufforderung, »streng zu sich selbst und nachsichtig mit anderen zu sein«.

Gemeinsam erproben sie ihr Programm in den Vierteln von St. Louis, in der Nähe ihres Unterrichtsortes. In einer dieser Unterrichtseinheiten mit jungen Grundschulkindern stellen sie eine Schale mit Süßigkeiten auf einen Tisch, der sich hinter einem Vorhang befindet. Die Schüler stellen sich in einer Reihe auf und werden nacheinander aufgefordert, sich an den Süßigkeiten zu bedienen. Sie müssen »unbeobachtet selbst darüber entscheiden, welches wohl eine angemessene Menge wäre, die sie nehmen«, so

Bob. Das Szenario erinnert ein wenig an den berühmten »Marshmallow-Test« des Psychologen Walter Mischel[26], bei dem eine Vierjährige einem grauenhaften Dilemma ausgesetzt wird: Sie hat die Wahl zwischen einer kleinen Belohnung (ein Mini-Marshmallow), die sie jederzeit mittels Läuten einer Glocke erhalten kann, oder einer größeren Belohnung (zwei Mini-Marshmallows), die sie bekommt, wenn sie es schafft, fünfzehn Minuten zu warten. Die Versuchsleiter beobachteten durch einen Einwegspiegel, ob das Kind der Versuchung widerstand, ohne sich durch Spielzeug oder Bücher ablenken zu lassen, oder ob es die Glocke läutete, um die Belohnung zu bekommen, oder ob es möglicherweise während des langen Wartens Anzeichen von innerer Unruhe zeigte. Bei Mischels Test geht es um Willenskraft und die Fähigkeit, die eigene Aufmerksamkeit von der einladenden Belohnung ablenken zu können. In Folgestudien fand Mischel Folgendes heraus: Je länger ein Kind warten konnte, desto erfolgreicher war es im späteren Leben, sei es in der Schule oder im Beruf; auch war es im Allgemeinen gesünder und glücklicher.[27] Eine bereits im Kindesalter vorhandene Fähigkeit zur Selbstregulation ist ein starker Indikator für den gesamten späteren Lebensverlauf. Bob und Dobbie hingegen sind keine Experimentalpsychologen, die eine Studie über kognitive Fähigkeiten und hinausgezögerte Belohnungen durchführen wollen. Ihr Interesse gilt stattdessen der Charakterbildung. Bob möchte mit dieser Simulation das Prinzip der Mäßigung vermitteln, Dobbie hingegen möchte seinen Schülern das der Gerechtigkeit näherbringen.

Eines der Kinder hat mehr genommen, als ihm zusteht. »Und wie reagiert ihr darauf?«, fragt Dobbie die anderen. »Ein Schüler wird wütend.« Ein anderer sagt: »Ich werde ... und so weiter und so fort.« Ein anderer beginnt möglicherweise, auf dem Schüler ganz vorn in der Schlange herumzuhacken. »Das sind Situationen aus dem echten Leben. Echte Reaktionen. Wir schaffen einen Moment des Innehaltens, um den Schülern vor Augen zu führen, wie sie auf die Situationen reagieren«, sagt Dobbie. »Wenn sie anschließend wieder zu Hause sind und der Nachbar ihr Fahrrad stiehlt oder ihre Mutter nicht die Schuhe gekauft hat, die sie haben wollten, dann verhalten sie sich aufgrund des Trainings anders.« Sie werden den »Ausbruch der Wut« verspüren, erklärt Dobbie. »Was wir nicht wollen, ist, dass sie erstens auf die Wut so reagieren wie üblich und zweitens ihrer Wut freien Lauf lassen.«

Den Rahmen hierzu bilden die Lehren, die Seneca in *Über die Wut* vermittelt: »Der erste Seelenimpuls[28], der durch den Eindruck eines Unrechts hervorgerufen wird, beinhaltet nicht mehr Wut als der Eindruck selbst. Der darauffolgende Impuls, über den das Wahrgenommene nicht nur registriert, sondern auch bestätigt wird, ist das, was als Wut bezeichnet wird.« Wie wir in Lektion 3 gesehen haben, betrachtet Seneca gewöhnliche Emotionen wie die Wut als selbstgewählte Handlungen: Wut ist »eine durch Entscheidung hervorgerufene Regung«, die auch »durch Entscheidung beseitigt werden kann«. Was diese von den Stoikern inspirierten Lehrer zu vermitteln versuchen, ist die Kontrolle über den entscheidenden ersten Moment der Entscheidung – die »Zustimmung zu einem wertenden Eindruck«[29]. Es ist diese Zustimmung zum Eindruck, betrogen worden zu sein, der bei diesen jungen Kindern den Impuls der Wut auslöst.

Natürlich sind schnelle Reaktionen auf Eindrücke oft sehr nützlich für uns. Dies sind die mentalen Vorgänge dessen, was der Psychologe Daniel Kahneman das System 1 nennt – das »automatische System«.[30] Sie ermöglichen es uns, »Feindseligkeit in einer Stimme zu erkennen«, »eine angewiderte Miene aufzusetzen, wenn uns ein scheußliches Bild gezeigt wird« und »die Quelle eines plötzlichen Geräuschs zu finden«. Seneca beschreibt ähnliche Arten automatischer Empfindungen – das Zurückschrecken »bei der Berührung« von etwas Schleimigem oder das »plötzliche Weiten der Augen«[31] beim Anblick einer unerwarteten Bedrohung. Dies sind alles Beispiele für prä-emotionale Reaktionen, von denen sich nicht einmal ein Weiser freisprechen kann.

Kahneman meint, dass einige dieser unmittelbaren Reaktionen auch ohne Kontrolle auskommen und nützlich sind, wohingegen andere, die die Wahrnehmung verzerren oder zu Voreingenommenheit führen, von dem, was er als System 2 bezeichnet, dem »aufwändigeren System«, überwacht werden müssen. Normalerweise nutzen wir beide Systeme: »Wenn System 1 auf Schwierigkeiten stößt, ruft es System 2 herbei, damit es eine detailliertere und spezifischere Verarbeitung vornimmt.«[32]

Im Wesentlichen versuchen Bob und Dobbie, Raum für die aufwändigere Überwachung durch System 2 zu schaffen. Sie bringen kleinen Kindern bei, wie sie innehalten können, um aufgenommene Eindrücke zu erkennen, die zu impulsivem emotionalem Verhalten führen können, wie beispielsweise gierig nach etwas zu greifen oder Vergeltungssucht, und wie sie Platz für alternative Sichtweisen, Gefühle und Reaktionen schaffen können.

Vorbilder und Helden

Nehmen Sie sich am Verhalten von Vorbildern ein Beispiel. »Wenn du ein Vorbild brauchst, nimm Sokrates.« »Möchtest du gern ein zweites Vorbild? Nimm Cato, den Jüngeren«, schreibt Seneca an Lucilius. »Was zu tun ist, muss man von jemandem lernen, der es bereits tut.«[33]

Die römischen Stoiker lehren durch Argumentation, aber auch durch den Verweis auf Vorbilder. Und diese gibt es in großer Zahl, trotz der Fokussierung auf Sokrates und Cato als die zwei herausragendsten Persönlichkeiten, die sich gegen Schicksalsschläge zur Wehr setzten. Cicero prahlt damit, dass die Griechen nur eine »bescheidene Anzahl« von Vorbildern für Tapferkeit und Mäßigung aufweisen konnten, wohingegen die Anzahl der römischen Vorbilder die der Griechen weit übertreffe.[34] Die Anzahl der Beispiele sei endlos, trumpft er auf, sowohl in der Vergangenheit als auch in der Gegenwart. Ein späterer römischer Rhetoriker, Quintilian, stimmt in diese Prahlerei mit ein. Die Griechen mochten zwar Prinzipien gehabt haben, aber die Römer »liefern eindrucksvollere Beispiele für moralische Leistungen«[35].

Die Tradition der Moralisierung durch Musterbeispiele ist für die römische Moralvorstellung von zentraler Bedeutung. Seneca greift in seinen Briefen, Trostschriften und Theaterstücken regelmäßig auf sie zurück. Er verwendet zahlreiche Beispiele aus der Geschichte, aber auch aus dem täglichen Leben, als Vorbilder für das eigene moralische Streben. Diesen Vorbildern gilt es nachzueifern und ihre Verhaltensmuster nachzuahmen. Diese Beispiele funktionieren direkter als Vorschriften oder dialektische Argumente. Sie bringen die Dinge auf den Punkt: »Feierliche Reden werden dir nicht so viel bringen«, schreibt er an Lucilius, »wie der direkte Kontakt, das persönliche Gespräch, das gemeinsame Essen. Du musst kommen, wir müssen uns sehen ... das Lernen allein durch Vorschriften ist ein großer Umweg ... Schneller und effektiver ist es, durch Orientierung an einem Vorbild zu lernen.« Dann legt er dar, wie Kleanthes von Zenon »geformt« wurde, wie Platon und Aristoteles »mehr aus Sokrates' Verhalten als aus seinen Worten« ableiteten, wie Epikur seine Schüler beeinflusste, weniger durch formale Unterweisung als vielmehr durch Kameradschaft und Gemeinschaft. Eine Mentorschaft eines lebenden Vorbilds birgt den zusätzlichen Vorteil des beiderseitigen Wachstums: »Wenn mir Weisheit nur unter der Bedingung gegeben würde, dass ich sie in mir selbst verschlossen hielte und sie niemals einem anderen mitteilte«, vertraut er Lucilius an, »dann würde ich sie ablehnen: Etwas Gutes zu besitzen, bereitet keinerlei Freude, wenn man es nicht mit einem Gefährten teilen kann.«[36]

Stoische Mentoren legen dar, was man zu erdulden vermag – wie Stockdales bemerkenswerte »Tapferkeit unter feindlichem Feuer« als Kriegsgefangener in Vietnam über sieben Jahre hinweg. Lucilius wird ermutigt, sich gefallene Helden wie Pompeius oder Caligula zum Vorbild zu nehmen[37], um zu begreifen, dass selbst die Mächtigsten von Verlusten heimgesucht werden. Man stellt sich seiner eigenen Zukunft, indem man über das Schicksal anderer nachsinnt: »Wenn es überhaupt passieren kann, dann kann es auch heute passieren.«[38] Vorbilder, denen man folgen, oder moralisch abschreckende Beispiele, die man meiden sollte, verdorbene und bevorzugte Beispiele, in Vergessenheit geratene oder zu lange im Verborgenen gebliebene Vorbilder – von ihnen allen können wir lernen.

Während ich den Lehrstuhl für Ethik an der US-Marineakademie innehatte, trug ich unwissentlich dazu bei, die Geschichte eines bemerkenswert couragierten Mannes am Leben zu erhalten, den die Armee einst zu vergessen versucht hatte. Es war im Frühjahr 1998, dreißig Jahre nach dem Massaker von Mỹ Lai, bei dem eine Gruppe von Soldaten der US-Armee etwa fünfhundert unbewaffnete vietnamesische Zivilisten, viele davon Frauen und Kinder sowie buddhistische Priester, gefoltert und getötet hat. Hugh Thompson[39], ein damals fünfundzwanzigjähriger Army-Hubschrauberpilot, landete zusammen mit seinem achtzehnjährigen Bordschützen Lawrence

Colburn und seinem zweiundzwanzigjährigen Teamleiter Glen Andreotta an jenem Tag seinen Hubschrauber und stoppte das Massaker, wodurch wahrscheinlich das Abschlachten hunderter weiterer Menschen verhindert wurde.

Ich lud Thompson dazu ein, einen Vortrag an der Marineakademie zu halten. Ich wusste ein wenig über seine Vorgeschichte, aber mir war auch bewusst, dass die Armee anfänglich versucht hatte, das Massaker zu vertuschen, und dass einige im Kongress damals darauf gedrängt hatten, ihn zu bestrafen. Was war sein Vergehen? Als er seinen Hubschrauber landete, gab er seiner Besatzung den Befehl: Sollten die GIs versuchen, mich aufzuhalten, dann »eröffnet das Feuer und tötet sie«. »Es war an der Zeit, dem Wahnsinn ein Ende zu setzen«, sagte er sich, auch wenn er damit riskierte, vor ein Kriegsgericht gestellt zu werden. Er verließ den Hubschrauber, lediglich mit einem Dolch bewaffnet, und stellte sich zwischen Lieutenant William Calley und Captain Ernest Medina auf der einen und die Zivilisten auf der anderen Seite, als diese aus einem Bunker in einen Graben geführt wurden, der bereits von Leichen übersät war. Calley und Medina eröffneten nicht das Feuer.

Ich unterrichtete gemeinsam mit vielen pensionierten Offizieren, die in Vietnam gedient hatten. Wir wollten die Offiziersanwärter über das Massaker und über das beispielhafte Verhalten eines Offiziers informieren, der seine Karriere aufs Spiel gesetzt hatte, um eine Gräueltat zu verhindern.

Der Vortrag war eine Veranstaltung der Akademie, aber auch für die Öffentlichkeit zugänglich. Ich bewarb die Veranstaltung etwas naiv damit, dass an diesem Abend Hugh Thompson, »der Held von Mỹ Lai«, sprechen würde. Ich erhielt eine Flut von erzürnten E-Mails aus dem Dunstkreis des Militärs, in denen mir mitgeteilt wurde, dass kein Soldat, der einen solchen Befehl gegeben habe, als

»Held« bezeichnet werden dürfe. Ich hätte mir die falschen Menschen zum Vorbild gewählt.

Schließlich war der Abend der Veranstaltung. Thompson hielt seinen Vortrag, gefolgt von einer Frage-und-Antwort-Runde. Ein Vietnamveteran von außerhalb der Akademie stand auf und fragte wutentbrannt, wie Thompson den Befehl dazu habe geben können, sich gegen Kampfgefährten zu wenden. Das sei Verrat, deutete er an. Thompson blieb ruhig und erläuterte seine Gründe. Weitere Fragen folgten, und Thompson blieb ebenso ruhig. Am Ende des Vortrags ging der zuvor noch so wütende Veteran auf die Bühne und umarmte Thompson unter Tränen mit den Worten: »Willkommen zu Hause, Bruder.« Wir alle sahen zu. Wir hatten keine Ahnung gehabt, wie sich die Sache entwickeln würde.

Nicht immer kommt es zu solchen Versöhnungen. Thompson war über lange Zeit hinweg ein verfolgter und getriebener Mann. Die Armee wollte ihn vergessen und so den Makel der Gräueltaten ausmerzen. Erst dreißig Jahre später, im selben Frühjahr, in dem auch die Veranstaltung stattfand, erkannte die Armee endlich die moralische Tapferkeit von Thompson und seiner Crew an und verlieh ihnen allen die Soldier's Medal am Vietnam War Memorial.[40]

Könnte Thompsons Beispiel im modernen Stoizismus als Vorbild dienen? Würde eine aktualisierte Neuauflage von Senecas *Briefe an Lucilius* Thompson mit einschließen? Dies ist ein seltsames Gedankenexperiment. Wie würden Sie die Motive neu interpretieren, die Seneca zu seiner Auswahl von Beispielen veranlasst haben – Verdeutlichung, Nachahmung, Abschreckung, aber auch Schmeichelei und rhetorische Ausschmückung? Dennoch dachte ich über ähnliche Dinge nach, während ich *Stoic Warriors* verfasste und über meine Jahre an der Marineakademie und die stoische Kultur des Militärs reflektierte.

Mit der stoischen Sichtweise der Wut tat ich mich schwer. Es sei eine Emotion, so Seneca, die blindwütig um sich greife, wenn man ihr keinen Einhalt gebiete. Diese Emotion dürfe keinesfalls zugelassen werden, da sie zu gefährlich sei. Es gebe bessere Wege, um Gerechtigkeit zu befördern, als durch Wut, so betonte er. Wird die Kampflust eines Kriegers durch Wut entfacht, führt dies zu Rache und Vergeltung, zu genau der Art von Gift, das die GIs der Charlie Company dazu veranlasst hatte, das Massaker von Mỹ Lai zu verüben. Sie wollten ihre durch Minen und Sprengfallen getöteten Kameraden rächen. Es sei an der Zeit abzurechnen, so glaubten sie.

Das mag sein, aber der Mut Thompsons an jenem Morgen im März 1968 war für mich das lebende Gegenbeispiel. Hier war jemand, der anfangs von Wut getrieben vorwärts gestürmt war, der dann aber innehielt und sich von Gerechtigkeit und Tapferkeit leiten ließ, um die Gräueltaten zu beenden. Gewaltloser Widerstand ist nicht Teil der bewaffneten Kriegsführung. Aber Zurückhaltung schon. Thompson verließ seinen Hubschrauber, bewaffnet nur mit seinem Dolch. Er war nicht auf Rache aus, sondern suchte verzweifelt nach einer Möglichkeit, unschuldige Zivilisten zu retten, die sonst ermordet werden würden.

Während ich an *Stoic Warriors* schrieb, musste ich immer wieder an Thompson denken, und so lud ich ihn erneut ein, um einen Vortrag zu halten, diesmal in Georgetown. Das war im Jahr 2002, vier Jahre waren vergangen, seitdem wir uns zum ersten Mal getroffen hatten. Ob er dazu bereit sei, sich vor dem Vortrag von mir interviewen zu lassen, fragte ich ihn. Er war einverstanden, und so setzten wir uns vor seinem Vortrag etwa eine Stunde lang in meinem Büro zu einem Gespräch zusammen. Als er begann, sich an den Morgen in Mỹ Lai zu erinnern, stiegen ihm die Tränen in die Augen: »Bitte bringen Sie mich nicht an den Rand eines Nervenzusammenbruchs«, sagte er leise. Ich habe ihm mehrmals zugesichert, dass wir das Interview sofort abbrechen könnten, aber er wollte weiterreden. Es sei wichtig, sagte er mir. Er erlebte den Morgen des 16. März 1968 noch einmal.

Zunächst konnte er sich keinen Reim auf das machen, was er sah, als er während einer Routineaufklärung über das Dorf flog. Noch am frühen Morgen hatte es weder Anzeichen für feindliche Aktivitäten noch Berichte über verletzte GIs gegeben. Doch jetzt, nur eine Stunde später, sahen er und seine Besatzung beim Überfliegen desselben Ortes eine Schneise der Verwüstung und einen mit Leichen übersäten Graben. Ihm kam ein fürchterlicher Verdacht, an den er aber nicht einmal denken wollte.

»Ich schätze, ich wollte es nicht wahrhaben«, sagte er zu mir. »Sie müssen verstehen, dass wir durchaus dazu bereit waren, unser Leben zu riskieren, um unsere Jungs dort unten zu retten.« Und so fing er an, sich mögliche Erklärungen für das, was er sah, zurechtzuzimmern. Möglicherweise war das Blutbad dort unten das Ergebnis eines Artillerieangriffs, der früher am Morgen stattgefunden hatte. Aber wieso dann der Graben? Er versuchte es mit einer anderen Erklärung: Möglicherweise »rannten die Feinde in den Graben, als die Artillerie kam, und eine zufällige Artilleriesalve hatte sie erwischt«. Aber jedes Haus hatte einen Luftschutzraum. Wenn die Artillerie kommt, »warum sollte man dann diesen sicheren Bunker verlassen und stattdessen draußen herumlaufen?« Möglicherweise hatten die GIs sich menschlich verhalten, dachte er sich. Sie könnten einen großen Graben ausgehoben haben, um darin die Toten eines Artillerieangriffs zu begraben. Aber dann sah er wieder auf den Graben hinunter. »Es sind nicht alle tot. Moment mal. Wir schicken doch nicht die Lebenden in ein Massengrab, in dem Leichen liegen.« Dann kam er zum einzig möglichen Schluss – dem, vor dem er sich gefürchtet hatte: »Diese Leute waren in diesen verdammten Graben getrieben und ermordet worden.« Und dann sah er, wie die GIs die anderen Dorfbewohner aus ihren Hütten und hinunter in den Graben trieben. An diesem Punkt rief er über Funk um Hilfe, doch die Gegenstelle war kaum zu verstehen. Seine Hilferufe waren irgendwie verstümmelt worden und wurden als Warnungen vor einer Bedrohung missverstanden, was zu Verzögerungen und weiteren Morden führte – doch im Nachhinein weiß er es besser: Die Nachrichten waren nicht verstümmelt worden, sie waren ignoriert worden.

Während er Zeuge der Morde wurde, stieg Wut in ihm auf. »Ich war wütend. Das kann ich Ihnen sagen. Ich war so verdammt wütend.« »Ich hatte genug. Verdammt, das wird nicht passieren. Diese Leute werden nicht sterben.« Ich konnte auch jetzt noch seine Empörung sehen und spüren. Er hatte sich unter Kontrolle, war gleichzeitig aber voller Emotionen. Aber er bestritt auch die Wut nicht, die ihn damals dazu angetrieben hatte, das Gemetzel zu beenden.

Die Zeit für den Vortrag war gekommen. Wir gingen in den Hörsaal, den Studenten aus Georgetown und einige junge Kadetten und Offiziersanwärter aus der Gegend von Washington bevölkerten. Er erzählte ihnen von Mỹ Lai, davon, was er gesehen hatte, und wie er die GIs am Boden an jenem Morgen als den wahren Feind betrachtet hatte. Dann erzählte er ihnen von seiner Rückkehr nach Vietnam[41] vor einigen Jahren. Er besuchte das Dorf, in dem das Massaker stattgefunden hatte. Eine gebrechliche, alternde Frau eilte ihm entgegen, um ihn zu empfangen. Sie hatte sich im Graben tot gestellt und so das Massaker überlebt. Er erinnerte sich an sie. Er lächelte sie freundlich an, als sie zu ihm aufblickte und flehentlich fragte: »Warum sind die Leute, die diese Morde hier begangen haben, nicht auch mit Ihnen zurückgekommen …?« Sie beendete ihren Gedankengang ohne Pause, aber der Dolmetscher konnte ihren Satz erst nach einer kurzen Verzögerung vervollständigen. »... damit wir ihnen verzeihen können?« So hatte sich Thompson das Ende des Satzes ganz und gar nicht vorgestellt. »Wie konnte diese Frau Mitgefühl für jemanden haben, der so abgrundtief schlecht gewesen war? Sie ist ein viel besserer Mensch als ich.« Barmherzigkeit, Mitgefühl, die Fähigkeit, seine Wut im Zaum zu halten, all dies zeigte sich in diesem Moment in der Frage dieser Überlebenden. Und das erzählt uns ein Mann, der zuvor gesagt hatte, dass Wut der ausschlaggebende Faktor war, der ihn dazu veranlasst hatte, diese Frau und andere zu retten. Wir können es moralische Entrüstung nennen, wir können es moralische Empörung nennen. Aber es war immer noch Wut.

Würde ein Stoiker so etwas zulassen? Die Stoiker glauben nicht daran, dass Verletzungen, die andere zufügen, schweres Unrecht sind. Wut wird immer als Beweggrund missinterpretiert, also können sie uns hier nicht so recht weiterhelfen. Stattdessen bieten sie uns als Lösungsmöglichkeit an, gemäß den Grundsätzen zu handeln. Aber das genügt hier natürlich nicht. Es ist schwer vorstellbar, dass Thompson ruhig geblieben wäre, nachdem ihm das ganze Ausmaß des Grauens, das sich in Mỹ Lai abspielte, bewusst geworden war. Vielleicht sollten wir seiner Wut einen eigenen Namen geben, »transitional anger«, wie es die Philosophin Martha Nussbaum bezeichnet, um zu unterstreichen, dass Thompson nicht auf Rache, sondern auf eine Verbesserung der Situation – auf die Rettung von Unschuldigen – aus war[42]. Er wünschte den Tätern nichts Schlechtes. Wenn Wut zwingend mit dem Wunsch nach Vergeltung einherginge, dann war dies nicht der Grund für Thompsons Handeln. Dennoch betrachtete Thompson das, was Calley und seine Einheit an diesem Tag taten, als abgrundtief böse. Und er war nicht bereit, ihnen zu verzeihen, ohne eine Wiedergutmachung ihrerseits.[43]

Das Lehren anhand von Beispielen allein ist immer unzureichend. Es ist ein Ausgangspunkt für Analysen und Zusammenhänge, Fragen und Untersuchungen. Wir lassen uns von Beispielen inspirieren, aber wir müssen wissen, was wir nachahmen und warum. Und im Falle der stoischen Beispiele für Mut müssen wir dazu bereit sein, die stoische Darstellung der moralischen Motivation zu hinterfragen. Wut kann uns manchmal auf den richtigen Weg führen, den wir möglicherweise nicht einschlagen würden, wenn wir alles, was wir sehen, fraglos und mit Gelassenheit akzeptieren würden.

Wie ein Tanz oder ein Ballspiel

Die Stoiker der Antike ebenso wie die der Moderne können so wirken, als wären sie viel zu sehr mit sich selbst beschäftigt. Die Kunst des stoischen Lebens besteht darin, nach innen zu schauen, um das Äußere kontrollieren zu können, und sollte täglich praktiziert werden. Betreiben Sie morgens und abends eine Selbstinspektion, bereiten Sie sich vor, indem Sie mögliche Szenarien vorab proben, setzen Sie sich mit Ihren Ängsten auseinander, wappnen Sie sich für die Herausforderungen des Lebens. Seien Sie vorbereitet. Seien Sie vorausschauend. All das sind Übungen, die wir im Laufe dieses Buches erforscht haben. Lernen Sie, sich nicht ablenken zu lassen, nicht nur indem Sie sich bewusst machen, was in Ihrer Macht liegt und was nicht, sondern auch, indem Sie die Grenze zwischen Ihrem Selbst und dem, was außerhalb ist, festigen. Es hört sich möglicherweise so an, als würde man eine Festung errichten. Und doch, so haben wir durchgehend argumentiert, drängen die Stoiker auf ein sozial engagiertes Leben mit anderen. Sie drängen auf eine Gemeinschaft der Schüler der Moral und auf eine Sichtweise auf die Menschheit, die deren zutiefst gemeinschaftliches und kooperatives Wesen erkennt. Das ist der Schlüssel zu unserer Resilienz. Und es ist der Schlüssel zu unserem Gedeihen, zu unserer persönlichen Weiterentwicklung. Aber wenn das so ist, wie können dann Meditation und die geistige Anstrengung des Wahrnehmens und Vergegenwärtigens nicht nur mich selbst betreffen, sondern auch andere, und das Geben und Nehmen in unseren Beziehungen einschließen?

Diese Frage steht im Mittelpunkt von Senecas Untersuchungen in *Über die Wohltaten*. Der gegenseitige Austausch von Wohlwollen und Dankbarkeit hängt von der Wahrnehmung der Gesinnung des anderen sowie der emotionalen Überlagerung dieses Austausches ab. »Gibt es denn irgendeine Tugend, die wir Stoiker mehr respektieren oder mehr fördern würden? Wer wäre besser geeignet, sie zu fördern, wenn nicht wir, die wir stets betonen, dass die menschliche Gemeinschaft heilig ist?«[44] Sein Werk ist passenderweise an einen »Liberalis« gerichtet. Aber wir lernen bald, dass »Liberalität« oder Großzügigkeit nicht von Größe oder Pracht abhängen. Entscheidend ist die innere Haltung, die zum Ausdruck kommt, nicht etwa die Größe oder der Glanz eines Geschenks. »Der Geist ist es, der kleinen Dingen Wert und schäbigen Dingen Glanz verleiht, aber auch große und wertvolle Dinge in Misskredit bringen kann.«[45]

Die innere Haltung wird, wie Seneca weiter ausführt, durch Emotionen ausgedrückt. Und so ist es nicht verwunderlich, dass die Kunst des stoischen Lebens auch Übungen der emotionalen Ausdrucksfähigkeit umfasst – wie man Gefühle zeigt, einschließlich der Fähigkeit, sie manchmal vorzutäuschen. Und wie man sie bei anderen erkennt. Für einen Stoiker ist dies eine seltsame Beschäftigung, möchte man meinen. Aber das stimmt eigentlich nicht. Die Stoiker geben Ratschläge zu Emotionen und emotionalem Verhalten – sie lehren, wie man den kognitiven Fokus verlagert, um Enttäuschung und Trauer zu lindern oder, wie im vorliegenden Fall, Großzügigkeit auszudrücken und zu erkennen, oder auch deren Fehlen. Die Stoiker kennen vielerlei Nuancen dessen, was wir in unseren Gesichtern erkennen lassen oder durch den Klang unserer Stimme ausdrücken. Wenn wir auf die Nuancen des emotionalen Ausdrucks achten, versetzt uns dies in die Lage, in die vielen Rollen (*personae*), die wir im Leben spielen, hineinzuschlüpfen. Manchmal können wir uns, wie gute Schauspieler, die Stücke aussuchen, die zu unseren Talenten »am besten passen«[46], bemerkt Cicero. In anderen Fällen müssen wir uns mit den Rollen begnügen, die uns auferlegt werden.

Wenn wir Geschenke erhalten, sagt Seneca, sollten wir darauf achten, wie der Schenkende uns sieht. Das »Geschenk ist großartig – aber er zögerte, er schob es hinaus, er stöhnte beim Überreichen, er wirkte dabei hochmütig, er stellte sich zur Schau; er wollte damit nicht den Beschenkten erfreuen; er tat es aus Ehrgeiz, nicht für mich«.[47] Wir »verdarben« eine Gefälligkeit »durch Schweigen« oder »durch einen widerwilligen Blick«[48]. Überlegen Sie beim nächsten Mal im Voraus, welche Eindrücke wir hinterlassen und was wir aus dem Verhalten anderer lesen können. Cicero erteilt ganz ähnliche Ratschläge: Wir können Handlungen beurteilen »durch einen flüchtigen Blick, durch ein Stirnrunzeln oder ein entspanntes Gesicht ... durch das Heben oder Senken der Stimme und so weiter«.[49] Diese Ansichten über das Signalisieren von Emotionen sind Vorläufer von Theorien, die etwa zweitausend Jahre später in Darwins bahnbrechendem Werk über den Ausdruck von Emotionen[50] erläutert wurden und auch in der zeitgenössischen Forschung über Gesichtsmimik von Erving Goffman, Paul Ekman und Wallace Friesen und anderen vorkommen.

Seneca lehrt, dass das Überreichen von Geschenken das gleichzeitige Ausdrücken angemessener Emotionen erfordert, sowie die Fähigkeit, auf die Reaktionen einzugehen. Schenken und Dankbarkeit sind eine Art Tanz, sagt er und verweist damit auf die drei Grazien oder Musen, die einen Kreis bilden und sich an den Händen fassen und in einer sanften, koordinierten Bewegung geben, annehmen und zurückgeben: »Es ist eine Abfolge von Freundlichkeit, die von einer Hand zur anderen wechselt, die aber trotzdem zum Geber zurückkehrt, und die Schönheit des Ganzen geht verloren, wenn diese Abfolge irgendwo unterbrochen wird.«[51] Denken Sie an die Tänzerinnen und Tänzer eines Ballettkorps, zum Beispiel im Stück *Schwanensee*. Das Ensemble bewegt sich wie ein einziger Körper, während die aufeinander abgestimmten Bewegungen der einzelnen Tänzer wie Wellen von einem Körper zum anderen laufen. Zwischen ihnen herrscht Verbundenheit, niemand ist davon ausgenommen. Wir haben gesehen, dass die Stoiker, und insbesondere Mark Aurel mit seinem Gleichnis eines Schlachtfelds voller einzelner verstreuter Gliedmaßen, an das Ideal der Verbindung unter den Menschen appellieren.

Der Austausch von Gefälligkeiten ist wie ein Ballfangspiel, was Seneca mit einem anderen Gleichnis illustriert: »Ein guter Spieler muss einem großen Partner den Ball auf andere Weise zuspielen als einem kleinen.«[52] Wenn man will, dass der Ball gefangen wird, muss man den Wurf auf den Fänger abstimmen, damit er eine bessere Chance hat, gefangen und zurückgeworfen zu werden. Als Trainer oder Elternteil, das sein Kind auf dem Spielplatz anleitet, passt man das Spiel nicht nur an die Körpergröße des jungen Fängers an, sondern auch an dessen Fähigkeiten, und hebt, von dort ausgehend, die Anforderungen Stück für Stück an. Wenn es bei einem Ballspiel nicht nur um Fähigkeiten geht, sondern auch um all die anderen

Dinge, die zum Spielen dazugehören – Spaß, Enttäuschung und das Bedürfnis nach Ermutigung und Unterstützung –, dann ist das Spiel auch eine Möglichkeit für die Eltern, die Emotionen des Kindes abzulesen, und für das Kind, diese zu steuern.

Die Betrachtung der feinen Schattierungen des emotionalen Austausches ist üblicherweise kein Teil der modernen stoischen Praxis. Moderne Stoiker sprechen eher über Lifehacks zur Bewältigung von Angst oder Enttäuschung, Ablehnung oder Trauer. »Selbstvervollkommnung«, »persönliche Entwicklung«, diese Begriffe höre ich oft von denjenigen, die sich auf der Suche nach spiritueller Führung dem Stoizismus zuwenden. Aber die Stoiker der Antike betrachteten Wohlbefinden oder Gedeihen Einzelner immer als ein soziales Projekt, sowohl in Bezug auf die Art und Weise, wie es erreicht wird, als auch in Bezug auf den Inhalt. Ein tugendhaftes Leben bedeutet, dass wir gut mit anderen zusammenleben. Seneca legt dar, dass die soziale Gemeinschaft fein strukturiert ist, dass es darauf ankommt, eine gerunzelte Stirn, eine arrogante Haltung, ein Stöhnen, ein Zögern oder – im positiven Fall – die Wärme eines Lächelns oder eines gemeinsamen Lachens bemerken zu können.

Von den Entwicklungspsychologen[53] wissen wir heute, dass wir von frühester Kindheit an Gesten wahrnehmen und interpretieren und uns auf diese Weise Resilienz, Vertrauen und gegenseitige Liebe beibringen. Wir beurteilen, was sicher oder gefährlich ist, indem wir die unzähligen Muskeln in einem Gesicht genau lesen (die Blinden verwenden hierfür andere Sinne). Als ein Teil der Verbundenheit mit der Welt (Oikeiosis) – dem stoischen Grundgedanken lebenslanger Weiterentwicklung und Ausrichtung auf soziale Belange – sei es, wie Seneca jetzt sagt, erforderlich, sowohl die Zeichen des Wohlwollens erkennen zu können als auch die des Mangels daran. Wir sind »Gedankenleser«, die Absichten durch emotionale Zeichen und Signale erkennen: »Es handelt sich nicht um eine Wohltat, wenn der beste Teil davon fehlt – die Urteile, die in sie eingeflossen sind.«[54] Der moderne Philosoph P. F. Strawson greift diesen Punkt auf: »Wir sollten bedenken, dass Nutzen oder Schaden unseres Verhaltens hauptsächlich oder gar vollständig vom Ausdruck unserer inneren Haltung abhängen.«[55] Seneca lehrt, dass die Darstellung der Gesinnung selbst ein Ziel von Übungen sein kann: Die innere Haltung manifestiert sich in Emotionen, einige offen, einige vorgespielt, einige gepflegt, damit wir das, was wir zeigen, auch fühlen können. Dies kann etwas Übung erfordern.[56]

Auf Emotionen zu achten, ist eine andere Art des Wahrnehmens und des Kümmerns. Es ist eine Form der Aufmerksamkeit, die nicht nach innen, sondern nach außen gerichtet ist, auf jene, mit denen wir uns die Welt teilen.

Abb. 13: Der sterbende Seneca, Peter Paul Rubens, 1612/1613

Lektion 8

Ein gesunder moderner Stoizismus

Eine letzte Prüfung

»Radfahrer vs. Rehwild« lautete die Überschrift des Krankenberichts, den mir die Krankenschwester aushändigte. Eine letzte Prüfung stellte sich mir, während ich gerade dabei war, dieses Buch zu beenden, und sie traf mich völlig unvorbereitet. Mein Mann Marshall war mit dem Fahrrad im Rock Creek Park in der Nähe unseres Hauses unterwegs, als ein Reh, das auf der Straße stand, sich nicht entscheiden konnte, in welche Richtung es laufen wollte. Es lief erst in die eine Richtung, erreichte fast die andere Straßenseite, bemerkte dann aber ein Auto, drehte unvermittelt um und überquerte die Straße erneut. Mein Mann und das Reh prallten zusammen. Das Reh kam völlig unversehrt davon. Mein Mann hingegen blieb mit sieben gebrochenen Rippen, einer kollabierten Lunge und einer ausgekugelten Schulter zurück. Es hat ihn »wirklich sehr böse erwischt«, sagte mir ein Arzt in der Notaufnahme. Ich wurde sehr blass bei dieser Nachricht. »Wir müssen ihn in eine Unfallklinik in Washington verlegen.«

Covid griff um sich, wir befanden uns mitten in der Pandemie. Mein Mann und ich hatten immer alle Vorsichtsmaßnahmen getroffen und befanden uns praktisch bereits seit fünf Monaten im Lockdown. Und nun waren wir auf dem Weg in ein Großstadtkrankenhaus.

Wie sollte ich als Stoikerin darauf reagieren? Ich hörte Epiktet in mein Ohr flüstern: »Es ist nur sein Körper.«

Du machst wohl Witze, dachte ich. *Sein Gehirn ist sein Körper.* Ein paar unserer Freunde sind Ärzte und halfen mir dabei, Fachbegriffe wie »instabiler Thorax« zu verstehen. Sie erklärten mir die Risiken einer Lungenentzündung, die Funktionen der Lunge, mögliche neurologische Probleme, auf welche neurologischen Anzeichen man achten sollte. »Irgendwelche kognitiven Defizite?«, fragten sie. »Nur sein Körper?« Stockdale wurde das Bein zertrümmert, nachdem sein Flugzeug abgeschossen und er gefangen genommen worden war, zudem wurde er in der darauffolgenden Kriegsgefangenschaft mehr als sieben Jahre lang gefoltert. Er fand Trost bei Epiktet, einem Stoiker, der versklavt worden war und ebenfalls unter einem lahmen Bein litt. Mein Mann aber war kein Kriegsgefangener. Der einzige Feind, der mir in letzter Zeit Sorge bereitet hatte, war ein bösartiges Virus, das wir bekämpften, so gut es ging. Dass aber sein Körper durch die Unentschlossenheit eines Rehs übel zugerichtet werden könnte – damit hatte ich nicht gerechnet.

»Wirklich sehr böse erwischt«, schoss es mir immer wieder durch den Kopf. Ich hatte die ganze Woche damit verbracht, das brutale Zusammenschlagen versklavter Römer und stoische Kommentare zu studieren. Die Stoiker sind dafür bekannt, dass sie körperliche Schmerzen bagatellisieren. Sie verwischen hierbei aber auch den Unterschied zwischen Schmerzen, die man erleidet, weil man schlichtweg Pech gehabt hat, und denen, die man durch die Ungerechtigkeit anderer erdulden muss. Als umsichtiger und gewissenhafter Radfahrer mit einem Reh zusammenzustoßen, ist Pech. Als versklavte Person ausgepeitscht oder gefoltert zu werden, ist hingegen nichts anderes als ein Unrecht.

Seneca beklagt bekanntlich die unmenschliche Behandlung versklavter Römer. Aber dies tut er eher aus Eigennutz denn als Verfechter der Menschlichkeit: Diejenigen, die versklavt wurden, könnten sich gegen diejenigen wenden, die sie versklavt haben; es ist besser, wenn sie in Dankbarkeit als in Angst leben; gewähre ihnen eine Gunst, und sie werden sich möglicherweise revanchieren, einschließlich der Gunst, anstatt deiner in den Tod zu gehen: »Stell dir vor, ich zeige dir jemanden, der für seinen Herrn und dessen Sicherheit kämpft, ohne Rücksicht auf sein eigenes Leben, der mit Wunden übersät ist und aus dessen Eingeweiden das Blut strömt, das ihm noch verblieben ist, und der um den Preis seines eigenen Lebens versucht, seinem Herrn die nötige Zeit zur Flucht zu verschaffen, ihm einen Aufschub zu verschaffen.«[1] Die moralische Lehre hieraus ist, dass versklavte Menschen zu Wohlwollen fähig sind. Die politische Lektion für die Zielgruppe, die Elite, zu der auch Seneca selbst zählt, lautet, dass es sich lohnt, seine Wut zu zügeln und auf das Auspeitschen seines Dieners zu verzichten, auch wenn man es in Erwägung gezogen hat. Der Körper hingegen, seine Unversehrtheit und sein Schmerz, ein Mensch und der ihm gebührende Respekt – all dies war nicht Teil der Lektionen.

Wir alle sind äußeren Mächten unterworfen, so lehren die Stoiker. Aber sie lehren auch, dass einige von uns mehr weltliche Macht haben als andere. Moral ist eine Sache, Rechtmäßigkeit und die sozialen Gegebenheiten eine andere. Die Stoiker stellen die Institution der Versklavung nie infrage.

Dies führt uns zu folgenden Überlegungen: Wie können wir einen gesunden modernen Stoizismus auf dem Fundament der antiken griechischen und römischen Kultur aufbauen? Wieso sollten wir uns angesichts der gegenwärtigen »Cancel Culture«, in der die Denkmäler der Unterdrückung endlich von ihren Sockeln fallen, mit antiken Philosophen beschäftigen, die nicht nur die Versklavung duldeten, sondern die innere Freiheit als die edelste Art der Befreiung feierten?

Diogenes der Kyniker, eine stoische Kultfigur, mag sich zwar wie ein Transvestit gekleidet, sich in der Öffentlichkeit entblößt und die Ehe als Institution verschmäht haben, aber so unkonventionell er auch war, sogar er – selbst ein Versklavter – griff die Institution der Versklavung nicht an. Er suchte nach einer anderen Art von Freiheit und Selbstbeherrschung. So erklärt sich auch sein unverschämter Ausspruch auf dem Versteigerungspodest, bei dem er auf einen Korinther in der Menge zeigte und ausrief: »Verkauft mich an diesen Mann; er braucht einen Herrn.«[2] Die Beherrschung seines Selbst war die wahre Befreiung. Epiktet, der berühmteste der versklavten Stoiker, erhielt eine gute Bildung und wurde ein Lehrer mit zahlreichen Anhängern, darunter ein Kaiser. Aber auch er ergriff nicht das Wort gegen die Institution der Versklavung. Wenn das Auspeitschen einer versklavten Person moralisch verwerflich war, dann lag das Übel in der Erniedrigung des Machthabers, nicht in der Erniedrigung des Ausgepeitschten.[3] In ähnlicher Weise lehrte sein Lehrer Musonius Rufus[4], dass das Problem beim Ehebruch mit einer versklavten Person in der Willensschwäche des männlichen Ehebrechers und nicht in der ungerechten Behandlung der Frau liegt. Die wahre Macht einer versklavten Person ist die spirituelle Unabhängigkeit von Reichtum und Übergriffen. Die Sünde liegt in der mangelnden Beherrschung des Verlangens, ob es sich nun um den Verkehr mit einer versklavten Frau oder um den Verkehr einer verheirateten oder unverheirateten Frau mit einem versklavten Mann handelt. Hier herrscht Geschlechtergleichheit, aber die eigentliche Sünde, die Willensschwäche, ist für einen Mann schlimmer.

Die Versklavung ist universell: Wir alle sind Geiseln unseres Schicksals und der Begierden unseres Körpers. Auch die Freiheit ist universell: Uns allen ist Menschlichkeit und Vernunft gemein. Im Gegensatz zu dem, was Aristoteles lehrte, sahen es die Stoiker als erwiesen an, dass es für die Versklavung keine Vorbilder in der Natur gibt.[5] Wir leben in einer Gemeinschaft mit gemeinsamem Ursprung und gemeinsamem Schicksal.

Das mag sein. Aber Gleichheit im Geiste bedeutet nicht Gleichheit der alltäglichen sozialen Realität.[6] Seneca verbrachte einen Großteil seines Lebens in Wohlstand. Sein Gefolge von versklavten Hausangestellten würde Downton Abbey aussehen lassen, als gäbe es dort zu wenig Personal. Die Stoiker halten viel von der Gemeinschaft und von gegenseitiger Unterstützung, um mehr zu erreichen. Aber in der Praxis ist diese Unterstützung nicht immer beidseitiger Natur. Der Körper, so Epiktet, ist »wie ein armer, ausgemergelter Esel«[7], der mit seinem eigenen »Packsattel« und »Zaumzeug« beschwert ist. Er ist ein Werkzeug, das »zum Dienst am Staate gezwungen« werden kann.

»Widersetze dich nicht und murre nicht herum, sonst bekommst du Prügel«. Das ist der Teil der Abmachung aus Sicht der versklavten Person.

Zum Abschluss dieser Lektionen über den modernen Stoizismus möchte ich mich Ihnen kurz vorstellen, falls Sie mich noch nicht kennen. Ich lehre und schreibe über antike und moderne Ethik. Ich liebe Texte, ich vertiefe mich in sie, ich setze mich mit ihnen kritisch auseinander, und ich bestehe darauf, dass meine Studenten sie sorgfältig lesen und sich ebenfalls intensiv mit ihnen auseinandersetzen. Ich bin keine orthodoxe Stoikerin (was auch immer das für einen Menschen der Moderne bedeuten könnte), und ich kommentiere Texte auch nicht nur. Ich nehme die Position einer neugierigen und wissbegierigen Neo-Stoikerin ein, die das Beste des antiken Stoizismus und seiner Lehren, das eines modernen Stoizismus würdig ist, aufgreift.

Bei der Konstruktion eines gesunden modernen Stoizismus habe ich bestimmte Grundsätze vorbehaltlos als Hintergrundleitfaden übernommen:

- Psychologische Meisterschaft darf nicht auf Kosten der menschlichen Verletzlichkeit gehen.
- Sich aufeinander verlassen zu können, setzt den Aufbau von Gemeinschaften voraus, die sich durch Zusammenarbeit, Respekt und Unterstützung auszeichnen.
- Das Leugnen von Schmerz – sei er körperlicher oder psychischer Natur – ist keine dauerhafte Alternative zu Standhaftigkeit und Mut.
- Die Überwachung unmittelbarer Eindrücke beinhaltet das Prüfen derselben auf Verfälschungen und Verzerrungen, die durch Angst, Wut oder Verlangen erzeugt werden.

Für jeden dieser Grundsätze habe ich Beispiele aus den stoischen Texten gebracht – einige behandeln vielschichtige Emotionen, andere die Vorstellungen von Empathie und einer globalen menschlichen Verbundenheit, einige weitere den psychischen und moralischen Schmerz und die Rolle des Mitgefühls bei der Heilung, und wiederum andere die Rolle der bewusst gesteuerten Aufmerksamkeit. Ich bin respektvoll mit diesen Texten umgegangen. Aber ich habe sie auch für sich selbst sprechen lassen und uns erlaubt, mit ihnen zu sprechen, sie zu hinterfragen und neu auszulegen.

Dennoch haben wir mit den Stoikern noch nicht so recht abgerechnet, was ihre Einstellung zur Institution der Versklavung angeht. Zu einer Zeit, in der wir mit unserer eigenen Geschichte der Versklavung abrechnen, müssen wir das tun. Wie beurteilen wir einen modernen Stoizismus im Zeitalter von Black Lives Matter?

Hierzu konzentrieren wir uns auf Senecas Ausführungen, insbesondere im siebenundvierzigsten seiner *Briefe an Lucilius.* Obwohl moderne Gelehrte die darin enthaltenen Bemerkungen einst als aufgeklärt und als antikes Fundament zeitgenössischen humanistischen Denkens[8] ansahen, werden sie heute im Allgemeinen als das Gegenteil hiervon betrachtet. Seneca setzte sich zwar für eine humane Behandlung der Versklavten ein, aber eher aus Gründen der Zweckmäßigkeit als aus Gewissensgründen. Die Institution der Versklavung war für das Bestehen der römischen Elite von entscheidender Bedeutung. Als kaiserlicher Berater Neros lag Senecas Hauptaugenmerk auf der »Akzeptanz des Status quo«[9].

»›Sie sind Sklaven.‹ Nein, sie sind Menschen.«

So beginnt Seneca seinen Brief an Lucilius über den Umgang mit versklavten Dienern. Er fährt in einem rasanten Schlagabtausch mit seinem Alter Ego fort: »›Sie sind Sklaven.‹ Nein, sie sind Mitbewohner. ›Sie sind Sklaven.‹ Nein, sie sind Freunde von niedriger Geburt.« Die nächste Salve liefert die entscheidende moralische

Lektion: »›Sie sind Sklaven.‹ Mitsklaven eher, wenn du bedenkst, dass das Schicksal mit dir genauso umgeht wie mit ihnen.«[10] Ihr seid »aus demselben Samen geboren«[11]. Katastrophen können »hochgeborene Adlige« niederdrücken. Geteiltes Glück und geteilte Menschlichkeit sind Gleichmacher.

Dennoch, der hochgeborene Adlige nutzt versklavte Personen, während der Versklavte ein Werkzeug ist, wie Aristoteles gesagt hat[12], auch wenn er jetzt, für die Stoiker, nur durch Konvention und Zufall zum Werkzeug wurde. Und ein Werkzeug wofür? Um bei Banketten Spucke und Erbrochenes aufzuwischen, um das teure Geflügel zu tranchieren und den Weinbecher zu tragen, um bei gesellschaftlichen Anlässen Getränke zu servieren, aber hinter verschlossenen Türen die Lust zu befriedigen – »denn nur auf dem Fest ist er ein Junge, im Schlafzimmer ist er der Mann«[13]. Er kennt den Geschmack dieses Hochwohlgeborenen, weiß, welche Speisen »seinem Gaumen schmeicheln«, durch welche ihm »unwohl« wird, auf welche er »Lust hat«, »die sein Auge erfreuen«. Er weiß, mit wem er gerne speist und wer »unter seiner Würde« ist[14]. Es ist ein intimes Wissen, nun katalogisiert von der Seite der Macht, geschrieben für Gleichgesinnte, deren Gewohnheiten und Haushaltsökonomie ebenfalls von versklavten Arbeitern abhingen.

Senecas eigene Liste der Funktionen von Dienern im Haushalt ging weiter und weiter: »Koch, Bäcker, Masseure, Bademeister, Privattrainer, Haushofmeister«[15]. In prunkvollen Haushalten wie dem seinen gab es darüber hinaus Friseure, Gästebetreuer, Kammerdiener und Zimmermädchen, Pförtner und Platzanweiser, Sänftenträger und Menschen, die sich um die Kranken und Wahnsinnigen kümmerten. Man war von den versklavten Helfern abhängig, vom Aufwachen bis zum Schlafengehen. Man brauchte sie für die alltäglichen Aufgaben, die in einem Haushalt des gehobenen Standes anfielen – innerhalb des Hauses, um jede Laune und jedes Bedürfnis zu befriedigen, und außerhalb des Hauses, um den Garten und die Ländereien zu pflegen. Es ist nicht verwunderlich, dass »flüchtende Sklaven in den Textquellen fast schon eine Obsession sind ... Sklavenhalter haben einen solchen Verlust von Eigentum nicht leichtfertig hingenommen«[16]. Der Verlust eines versklavten Arbeiters bedeutete einen großen Einschnitt in die Lebensweise und die Art des Wirtschaftens innerhalb dieses Haushalts.

Seneca meditiert vielleicht abends darüber, wie er die Wut auf einen Hausangestellten zügeln kann, denn die Auspeitschung eines versklavten Arbeiters, der während des Abendessens zu viel Lärm machte oder den Gutsherrn bei seiner Haushaltsbuchführung störte (oder, was bei Seneca wahrscheinlicher ist, ihn bei seiner Selbstinspektion störte, »wenn das Licht erloschen ist und meine Frau, die meine Gepflogenheit längst kennt, eingeschlafen ist«[17]), war keineswegs ungewöhnlich. Das Einüben von Zurückhaltung durch das Meditieren am Morgen oder zur Schlafenszeit könnte bedeuten, dass die versklavte Person nicht wegläuft oder bei einem Verhör unter brutaler Folter gegen einen aussagt.

Dies ist der gesellschaftliche Rahmen für die humane Behandlung der versklavten Römer in Senecas Umfeld. Es ist eine Anpassung an die Gepflogenheiten. Die moralische Einstellung ist edler – wir sind ja schließlich alle versklavt. »Zeigt mir, wer es nicht ist! Der eine ist ein Sklave der Wolllust, ein anderer der Gier, ein dritter des Ehrgeizes – und alle sind Sklaven der Hoffnung, alle sind Sklaven der Angst.«[18] Versklavung ist ein mentaler Zustand. Und dieser ist allen Menschen gemein. Man solle also nicht »nur auf dem Forum oder im Senat« nach Freunden suchen. Man findet sie im eigenen Garten und im eigenen Haushalt. Die »Kleidung« oder »gesellschaftliche Stellung«[19] eines Menschen ist kein Hinweis auf seine wahre Freiheit. Der Verstand ist es, der frei sein sollte.

Darin liegt sowohl der Reiz des Stoizismus als auch seine verderbliche Seite. In diesem Buch habe ich versucht, den Blick des modernen Stoikers nach außen zu richten – damit er das stoische Versprechen der Zugehörigkeit zur Welt, der Verbundenheit und der gemeinsamen Vernunft und Menschlichkeit erkennt. Und ich habe dem Willen und der Aufmerksamkeit ein breiteres Spektrum von Eindrücken zugewiesen, die sie erfassen sollen und die unser Wohlbefinden – in seiner höchsten Form die Glückseligkeit oder *eudaimonia* – beeinflussen. Dies ist das ganze Versprechen des Stoizismus und seines sokratischen Erbes: uns selbst zu überprüfen und zu hinterfragen, was wir in der Welt für gut und für schlecht halten. Für die Stoiker haben die »falschen« Güter und Übel mit den äußeren beziehungsweise gleichgültigen Dingen zu tun – damit ist alles gemeint, was außerhalb des wahren Gutes liegt, also außerhalb der Vernunft, die in ihrer vollkommenen Form der Tugend entspricht.

Aber laut den Stoikern soll die Vernunft gar nicht gleichgültig gegenüber äußeren Ressourcen sein. Ganz im Gegenteil, die Weisheit besteht ihrer Ansicht nach darin, jene Güter auszuwählen oder zu bevorzugen, die, größtenteils, im Einklang mit der Natur stehen. Folgende Güter würden wir bevorzugen: Gesundheit statt Krankheit, ausreichende materielle Mittel statt Armut, liebe Kinder und gute Freunde statt boshafte Menschen. In diesen Präferenzen und in der Art und Weise, wie wir sie in der chaotischen Welt des Handelns zum Ausdruck bringen, zeigt sich ganz konkret unsere Tugend. Die Vernunft und ihre Vortrefflichkeit oder Vollkommenheit sind das wahre Gut, weil sie für unser kollektives Wohlergehen grundlegend sind. Natürlich können wir nicht alle Ergebnisse kontrollieren. Aber wir können die Vernunft, die Neugier, den Respekt vor der Wahrheit und die Überzeugung kultivieren, dass jeder Mensch angemessene Mittel zur Kultivierung der Vernunft verdient. Das ist die Saat der Stoiker, auch wenn sie nicht in deren eigener Zeit gesät wurde.

Wenn wir also einen modernen Stoizismus entwerfen, kann der Stoizismus dann die Herausforderung bewältigen?

Immanuel Kant, ein Vertreter der europäischen rationalen Aufklärung, hat diese Arbeit in Angriff genommen. Er entwickelt die Vorstellung, dass die Vernunft von allen Menschen geteilt wird. Dies wird zur Grundlage des moralischen Gesetzes, das wir erschaffen – nicht die Götter oder die Natur oder der Kosmos. An dieses Gesetz sind wir gebunden, es ist die Quelle moralischer Verpflichtungen, die universell gelten, ohne Ausnahmen aufgrund von Zweckmäßigkeit oder Eigeninteresse. Kant entwirft einen starken Grundsatz der Menschlichkeit, um zu verhindern, dass Menschen als bloße Werkzeuge mit Preisschildern behandelt werden, auch wenn seine Schriften, die fast zwei Jahrtausende nach denen von Seneca entstanden sind, kein lupenreines Modell für die Emanzipation aller Menschen[20] sind.

Texte und Kontexte

Wie gehen wir also mit Texten um, die moralisch bedenkliche Aussagen enthalten? Streichen wir diese Aussagen? Entscheiden wir uns dafür, sie nicht zu lehren oder, noch radikaler, das gesamte Werk des Autors zu verbannen? Oder versuchen wir, das zu tun, was die Stoiker selbst lehren, wenn sie einen ihrer besseren Momente haben: sich mit gutem Urteilsvermögen und einer Portion Flexibilität den Herausforderungen zu stellen? Ich entscheide mich für Letzteres.

Im vorliegenden Fall handelt es sich bei den Herausforderungen darum, eine Zeit, die sich von der unseren eklatant unterscheidet, und die Ansichten, die (manchmal viel zu stark) von diesen historischen Rahmenbedingungen beeinflusst wurden, zu verstehen.

Philosophie ist niemals ahistorisch, auch wenn sie vorgibt, es zu sein. Selbst wenn sie einen Standpunkt »aus dem Nichts heraus« einnimmt, so wird sie doch von Menschen aus Fleisch und Blut betrieben, die von ihrer Kultur, ihren Praktiken und ihren Vorgängern beeinflusst werden und oftmals auf diese reagieren.

Die Philosophie rühmt sich, die Disziplin der Argumentation zu sein. Aber in der Praxis ist sie das niemals in Reinform. Sie versammelt Anhänger und Gläubige um sich, Jünger und Schüler, wie jene, die sich in Athen im Schatten eines mit Fresken geschmückten Säulengangs oder in der Turnhalle des Lyzeums oder in der Akademie trafen.

Hinzu kommt, dass die römischen Stoiker sich als Philosophen deutlich von Aristoteles und Platon und sogar von den antiken griechischen Stoiker unterscheiden. Sie argumentieren, aber sie predigen auch. Das macht einen Teil ihrer anhaltenden historischen Anziehungskraft aus. Und es ist auch der Grund für das große stoische Revival. Die stoische Philosophie kann eine Art säkulare Religion sein, eine spirituelle Praxis, die sich auf Güte und moralischen Fortschritt konzentriert, aber frei vom zusätzlichen Ballast der etablierten Religion.

Historisch gesehen ging der Einfluss offensichtlich in die andere Richtung. Die frühen jüdisch-christlichen Denker übernahmen einen Teil der heidnischen Philosophie. Das ist zum Teil der Grund dafür, dass der Stoizismus vielen von uns so vertraut erscheint. Seine Theorien über Impulskontrolle und die Stärkung des Willens, um sich vor Versuchungen und plötzlichen Eindrücken zu schützen – all das gefiel den frühen westlichen religiösen Denkern. Sie nutzten den Stoizismus, um heilige Schriften zu interpretieren und den moralischen Fortschritt anzuleiten.

Der Stoizismus ist eine Tradition, die nicht der Anbetung einer höheren Macht, sondern der meditativen Praxis dient. Die stoische Meditation besteht zwar nicht darin, den geschwätzigen Verstand zum Schweigen zu bringen, wie man es aus östlichen Praktiken kennt, aber sie soll letztlich helfen, Ruhe im Umgang mit den großen und weniger großen Herausforderungen des Alltags zu finden. Es ist eine Disziplin der Besonnenheit, nicht der Angst. Das Versprechen lautet, Gelassenheit zu finden.

Wie es nun weitergeht

Wir leben in unruhigen Zeiten. Unser Verständnis von Politik ist ins Wanken geraten. Unsere Demokratie ist bedroht. Unsere Kontrolle über Krankheiten ist auf die Probe gestellt worden. Wirtschaftliche, soziale und gesundheitliche Ungleichheiten reißen die Wunden, die uns die Versklavung und das Vermächtnis von Jim Crow – die Rassentrennung – beigefügt haben, wieder auf. Auf den Straßen herrscht moralische Empörung. Die Arbeitslosigkeit ist auf dem höchsten Stand seit der Weltwirtschaftskrise von 1929. Bei all dem ist es nicht einfach zu wissen, wie es weitergehen soll. Wir brauchen Führungspersönlichkeiten, wir brauchen Bildung, wir brauchen Wissenschaft, und wir brauchen mehr Gerechtigkeit.

Die Stoiker können uns nicht bei all diesen Dingen helfen. Sie können uns aber in einigen Bereichen Trost spenden: Hilfreich sind zum Beispiel ihre Lektionen über unsere eigene Sterblichkeit, ihre Lifehacks zur Bewältigung von Ängsten sowie die Möglichkeiten, die sie aufzeigen, mit lähmenden Emotionen umzugehen. Darüber hinaus präsentieren sie uns Übungen, mit deren Hilfe wir besser auf plötzliche Schicksalsschläge vorbereitet sind, sie bieten uns ein Gefühl der Verbundenheit, das die Resilienz fördert, sowie einen Platz für Wohlwollen und Dankbarkeit in unserem Leben. Die Kultivierung der Menschlichkeit, wozu Seneca aufrief, ist eine noch unvollendete Aufgabe. Dazu müssen wir nicht nur die Seele reparieren, sondern die Gesellschaft. »Manche Dinge liegen in unserer Macht, andere nicht.«[21] Es kommt nicht darauf an, was einem widerfährt, sondern wie man darauf reagiert. Dies sind Epiktets bekannte Lehren. Aber wir können die historische Tatsache der Versklavung von Epiktet nicht einfach hinnehmen und damit rechtfertigen, dass wir uns aus der Verantwortung stehlen können. Das wäre Feigheit, angesichts dessen, wer wir sind, in welcher Zeit wir leben und vor welchen tiefgreifenden moralischen und politischen Herausforderungen wir stehen. Was wir nicht akzeptieren können, müssen wir ändern. Und wir müssen es ändern, indem wir nicht nur uns selbst ändern, sondern auch die Institutionen und sozialen Strukturen, die unser kollektives Selbstverständnis bestimmen. Es ist ein gesellschaftliches Projekt, das sozialen Mut und den Glauben an die Einheit der Menschheit erfordert. Genau das hatte Mark Aurel im Sinn, als er auf dem Schlachtfeld das genaue Gegenteil dessen sah – Menschen, denen Körperteile abgetrennt worden waren, die nun verstreut dalagen. Das passiert, schrieb er an sich in seinen *Selbstbetrachtungen*, wenn man sich von der Gemeinschaft und dem Wohlergehen des Ganzen abschneidet. Man macht sich selbst zu einem »Ausgestoßenen« der Menschheit.[22]

Die Stoiker warnen vor dem Verfall der Werte – vor falschem Glanz, Habgier, übermäßigem Materialismus. Seneca warnt vor Tyrannen, die Loyalität einfordern. Er weiß von Redenschreibern, die Palastmorde zu Papier bringen, die über Barmherzigkeit schreiben, um die besorgte Öffentlichkeit zu beruhigen, die behaupten, dass die Ermordung eines Rivalen das Ende und nicht der Anfang von weiterem Blutvergießen sein würde. Seneca ist dieser Redenschreiber, und seine Hände sind schmutzig. In seinen philosophischen Schriften geht es um die Spannungen zwischen Macht und der Angst, sie zu verlieren, um Loyalität und deren Preis, um Überfluss und Enthaltsamkeit. Seine Texte sind, zum Teil, ein Gebet um Erlösung. Er schreibt in der Hoffnung, Freiheit zu erlangen.

Der Stoizismus kann dabei helfen, Situationen, in denen eine strenge Kontrolle von außen das eigene Dasein bedroht, zu ertragen und innere Tugend zu stärken. Er war eine Philosophie, die in die damalige Zeit passte. Und er scheint auch in unsere heutige Zeit zu passen. Aber wir sind moderne Menschen. Wir können viel von den Menschen der Antike lernen. Aber es gibt auch einige Fehler, die wir vermeiden sollten. Stoische Disziplin und Resilienz, Tugend und die Bande der Vernunft und der Rationalität können uns darin unterstützen, uns zusammenzuschließen und uns gemeinsam unseren individuellen und gemeinschaftlichen Herausforderungen zu stellen. Das gelingt aber nur, wenn Mitgefühl und Barmherzigkeit durch die Adern der Vernunft fließen. So könnte es nun für uns weitergehen – als gesunde moderne Stoiker.

DANKSAGUNGEN

Ich habe dieses Buch während der Coronapandemie geschrieben, isoliert von unseren Kindern und unserem Enkelkind, die in Kalifornien leben, sowie von Freunden und Kollegen. Das einzig Gute an der Quarantäne war, dass es keine Ablenkungen gab. Dadurch, und weil ich ein glücklicherweise gut getimtes Sabbatical genommen hatte sowie ein Forschungsfreisemester bekam, war es mir möglich, dieses Buch zu schreiben. Für die kontinuierliche institutionelle Unterstützung bin ich der Georgetown University, vor allem Professor Bill Blattner, zutiefst dankbar. Er hat unsere Fakultät in diesen schwierigen Zeiten mit Brillanz und guter Laune zusammengehalten. Auch dem Präsidenten der Georgetown University Jack DeGioia, Verwaltungsdirektor Bob Groves und Dekan Chris Celenza schulde ich Dank für ihre Unterstützung, vor allem beim Übergang zu neuen Formen des Zusammenkommens als Lehr-, Lern- und Forschungsgemeinschaft.

Den Anstoß für das Buch gab ein Graduiertenseminar über stoische Ethik im Herbst 2019. In diesem Präsenzseminar, in dem sich die Studenten und Dozenten intensiv mit Texten beschäftigten, ging es äußerst lebhaft zu. Unter den Teilnehmern gab es sowohl leidenschaftliche Sympathisanten als auch leidenschaftliche Skeptiker in Bezug auf den Stoizismus. Ich bin allen Seminarteilnehmern dankbar, dass sie dazu beigetragen haben, den Texten neues Leben einzuhauchen. Besonders dankbar bin ich meinen Philosophiekollegen

Rachel Singpurwalla (University of Maryland) sowie Marcus Hedahl und Michael Good (US Naval Academy) für ihre Teilnahme an dem Seminar in diesem Semester. Und ich bin den Doktoranden – Beba Cibralic, Christopher Kochevar, Elisa Reverman, Megan Ritz, Andy Sullivan, Jeffrey Tsoi und Ari Watson – dankbar für ihre Auseinandersetzung mit diesen seltsamen und schwierigen Texten.

Ich bin Katherine Ward, meiner Forschungsassistentin, die nun Assistenzprofessorin an der Bucknell University ist, zu besonderem Dank verpflichtet. Sie hat mir während des gesamten Projekts mit ihrer üblichen Ruhe und Effizienz, ihren bemerkenswerten Recherchefähigkeiten und ihrem hervorragenden Urteilsvermögen immens geholfen.

Einige der Ideen in diesem Buch habe ich zuvor schon in Seminaren und Vorträgen im In- und Ausland vorgestellt. Ich bin dankbar für die lebhaften Gespräche und danke allen, die mich dazu eingeladen haben. Zu diesen Vorträgen und Institutionen gehören: The McCain Keynote Lecture, US Naval Academy; The Blegen Lecture, Vassar College; Jean Beer Blumenfeld Center for Ethics, Georgia State University; European International Society for Military Ethics (EuroIsme), Wien; Danish Institute for International Studies, Kopenhagen; ARQ Nationales Psychotraumazentrum, Diemen, Niederlande; Ethics of War and Peace Keynote, West Point Academy; WesternChinese Ethics of War and Peace, University of Virginia; National Endowment for the Humanities Coming Home Dialogues with New America Foundation; Emerson College, Boston; John Deigh Book Fest, University of Texas School of Law (die Ausführungen werden unter dem Titel »Shame & Guilt: From Deigh to Strawson & Hume, and Now to the Stoics« in Philosophy and Phenomenological Research erscheinen); Cultural Heritage and the Ethics of War Keynote, Arts and Humanities Research Council (AHRC, UK) (aufgrund der Pandemie nur schriftlich vorgelegt); NIH Department of Bioethics, Joint Bioethics Colloquium, Bethesda.

Im ARQ Psychotraumazentrum in Amsterdam bin ich besonders Annelieke Drogendijk, Jackie June ter Heide und Marlene van de Ven dankbar. Ich danke Bart Nauta für seine Fallstudie mit Aart Van Oosten. Für Gespräche über moralische Verletzung und deren Behandlung bin ich Shira Maguen und ihren Kollegen vom San Francisco VA Health Care System sowie Brett Litz vom VA Boston Health Care System dankbar. Am dänischen Institut für internationale Studien bin ich Robin Schott, Johannes Lang und Joanna Bourke dankbar für die Gelegenheit, mehr über Resilienz und moralische Verletzung nachzudenken.

Ich danke Simon Drew für sein Interesse am modernen Stoizismus und dafür, dass er mich mit Bob Cymber, Dobbie Herrion, Jeff Loesch und Shammi Sheth bekannt gemacht hat. Ich danke auch dem BBC World Service für die Einladung zur Teilnahme an ihrem Radioforum *Calm in the Chaos: The Story of the Stoics*, gemeinsam mit den anderen Gästen Massimo Pigliucci und Donald Robertson. Die Sendung hat mich erneut zum Nachdenken über den Stoizismus und mein kompliziertes Verhältnis zu ihm angeregt.

Stoische Weisheit hat meinem Lektor bei Oxford University Press, Peter Ohlin, viel zu verdanken. Er war von Anfang an von der Idee begeistert und hat Lektion für Lektion, Zeile für Zeile mit Scharfsinn gelesen. Alle Fehler gehen auf mein Konto, aber ich verdanke ihm viel, weil er mir geholfen hat, zahlreiche weitere zu vermeiden. Es war eine große Freude, so eng mit ihm zusammenzuarbeiten, vor allem in dieser Zeit der Isolation. Mein Dank gilt auch meinem Agenten Jim Levine, der von Anfang an das Potenzial dieses Buches erkannt hat. Sein kluges Urteilsvermögen in kritischen Momenten war von unschätzbarem Wert.

Ich bin Emily Bang, Lektoratsassistentin bei OUP, für ihre Arbeit bei der Vorbereitung des Manuskripts für das Lektorat zu Dank verpflichtet.

Seneca lehrt, dass es wichtig ist, wie wir unsere Dankbarkeit zum Ausdruck bringen. Mein Mann Marshall Presser ist ein sehr lustiger und geistreicher Mann. Ich wünschte, ich hätte auch nur einen Bruchteil seines Humors. Dann hätte ich jetzt genau den richtigen Witz parat, um meine Dankbarkeit und Liebe auszudrücken. Aber Witze zu erzählen, ist seine Sache, nicht meine. Also, Marshall, ich danke dir für das Leben, das wir miteinander teilen, seit wir uns bei einem Auslandsaufenthalt in Edinburgh kennen gelernt haben, und ich danke dir für die Familie, die wir geschaffen haben – unsere fantastischen Kinder Kala und Jonathan, ihre wunderbaren Partner, Jonathans Elaine und Kalas Austin, sowie Jonathans und Elaines bezaubernden kleinen Max.

Nancy Sherman
Kensington, Maryland
27. August 2020

Anmerkungen

Einleitung: Das grosse Revival des Stoizismus

1 https:// www.wired.co.uk/article/susan-fowler-uber-sexism-stoicism

2 Siehe Aurelius (2011, 8.34)

3 Siehe Laertius (1925, 6.63)

4 Siehe Woelfel (2011)

5 Für eine Minderheitsmeinung, dass dieses Stück nicht von dem Philosophen Seneca geschrieben wurde, siehe Thomas (2003). Ich danke Margaret Graver, Martha Nussbaum und Amy Richlin für die Korrespondenz zu diesem Thema.

6 Siehe Garnsey (1996, S. 157)

Lektion 1: Wer waren die Stoiker?

1 Wilson (2007, S. 72ff.)

2 Unter Nutzung von Wilson übers. Wilson (2007, S. 73), mit Zitat aus *The Clouds* (362–363)

3 Xenophon (2013, 5.4–5.7)

4 Vlastos nennt sie »komplexe Ironie«. Vlastos (1991, S. 31)

5 Plato (1978, 21d)

6 Vlastos (1991, S. 36). Siehe am Ende von *Symposium*, wo die Sehnsucht des Alkibiades nach ein wenig Tugend des Sokrates thematisiert wird. (Plato, 1997a)

7 Siehe Frede (1987, S. 151–153)

8 Siehe Long (1999, S. 623)

9 Siehe Long (1999, S. 623)

10 Laertius (1970, 6.22–24). Für ein wunderbares Porträt siehe Gérôme (1860)

11 Laertius (1970, 6.22)

12 Boissoneault (2017)

13 Schofield (1999b, S. 64)

14 Laertius (1970, 6.29)

15 Laertius (1970, 7.32–34)

16 Laertius (1970, 6.41; 6.74)

17 Laertius (1970, 6.42)

18 Laertius (1970, 6.48)

19 Laertius (1970, 6.43)

20 Laertius (1970, 6.46)

21 Laertius (1970, 6.54)

22 Laertius (1970, 6.63)

23 Laertius (1970, 6.70–71)

24 Laertius (1970, 6.71)

25 Eine wunderbare Einführung in das sich wandelnde Umfeld der antiken Philosophie auf der Agora findet sich in der Einleitung von Long und Sedley (Long & Sedley, 1987b).

26 Schofield (1999b). Auch Schofield (1999a)

27 Plutarch (1034F), zitiert in Schofield (1999b, S. 25)

28 Arius Didymus bei Eusebius, zitiert in Schofield (1999b, S. 67). Siehe auch Cicero *De Natura Deorum* 2.3 in Schofield (1999b, S. 67)

29 Aristotle (1984a, NE 1097b11); Laertius (1970, 7.24)

30 Laertius (1970, 7.2)

31 Laertius (1970, 7.21)

32 Zur Debatte über den Zusammenhang zwischen diesen Studienbereichen siehe das Symposium zu Julia Annas' *The Morality of Happiness* (Annas, 1995; Cooper, 1995; Sherman, 1995a).

33 Laertius (1970, 7.111–112)

34 Laertius (1970, 7.171)

35 Laertius (1970, 7.171)

36 Immanuel Kant, der herausragende Philosoph der Aufklärung, schließt sich in seinen ethischen Schriften den Stoikern an und vertritt die normative Auffassung, dass Emotionen exzessiv und irrational und damit für sich genommen unzuverlässige moralische Motivatoren sein können. Für eine kritische Abhandlung darüber, was Kant von den Stoikern über die Emotionen gelernt hat, und eine Zusammenstellung seiner oft verkannten und komplexen Ansichten darüber, wie Emotionen im moralischen Leben eine Rolle spielen, siehe Sherman (1997b).

37 Ich bin Miriam Griffin für ihre Einführung in Cicero (1991) sowie Kings Einführung in Cicero (1927) zu Dank verpflichtet.

38 Seneca (2015, 108.15–16). Siehe Wilson (2019) für eine lebendige Biografie von Seneca, die mir eine große Hilfe bei dieser Kurzbiografie war. Außerdem habe ich enorm viel von dem herausragenden Werk M. Griffin (1976) gelernt.

39 Wilson (2019)

40 Wilson (2019)

41 Siehe vor allem die *Briefe an Lucilius* 102 und 79.13. Im letztgenannten heißt es, »der Ruhm ist der Schatten der Tugend« (Seneca, 2015). Ich bin hier der ausgezeichneten Diskussion von Senecas Suche nach einer neuen Art von Ruhm in Edwards (2017) zu Dank verpflichtet.

42 Trotz einer wichtigen Übersetzung von Cora Lutz im Jahr 1947 (Rufus, 1947). Für neuere Übersetzungen, siehe C. King (2011). Siehe die Übersetzungen von Nussbaum im Anhang zu ihrem hervorragenden Essay (Nussbaum, 2002).

43 Tacitus *Annales*, xvi.32, Tac. Hist. i.14; 17, zitiert in Parker (1896)

44 Parker (1896)

45 Nussbaum (2002, S. 287)

46 Siehe Margaret Gravers ausgezeichneten Eintrag in der *Stanford Encyclopedia of Philosophy* über Epiktet (Graver, 2017).

47 Ich bin im Hinblick auf diese kurze Biografie Tony Longs hervorragender Arbeit über Epiktet zu Dank verpflichtet, insbesondere seiner Einführung in Epictetus (2018) und Long (2002).

48 Epictetus (1995, 3.6.10)

49 Es handelt sich dabei um eine der wenigen, wenn nicht gar um die einzige Reiterstatue aus der Antike, die erhalten geblieben ist. Hierzu ist ein Hinweis des Walters Art Museum in Baltimore zu einer kleineren Ausgabe dieser monumentalen Statue, die es in seiner Sammlung hat, von Bedeutung. Im Hinblick auf das Original heißt es darin: »176 n. Chr. eingeweiht – die einzige erhaltene Reiterstatue der Antike. Sie entging der Einschmelzung für den Guss von Kanonen, weil man glaubte, sie stelle Konstantin, den ersten christlichen Kaiser, dar. In den frühen 1500er Jahren wurde der Reiter korrekt als der römische Kaiser Mark Aurel identifiziert« (»Reiterstatue des Mark Aurel«).

50 Inwood (1999, S. 676)

51 Philo (1953, 4.16–19; 4.73)

52 Seneca wird etwa zur gleichen Zeit eine parallele Darstellung von Schwellengefühlen entwickeln, die vermutlich auf gemeinsame frühere stoische Quellen zurückgreift (Graver, 1999). Siehe auch Sorabji (2000)

53 Wie diskutiert und zitiert in Schofield (1999b, S. 108). Siehe Aristoteles (1984a, NE I.7 1097b7–11) für die Quelle für diese Passage.

54 Sorabji (2000, S. 8–9)

55 Für den komplexen Weg von der »stoischen Erregung zur christlichen Versuchung« siehe Sorabji (2000). Sorabji schreibt, dass heidnische Quellen, wie Porphyrios, übereinstimmend davon ausgehen, dass böse Dämonen Erregungen hervorrufen können (Sorabji, 2000, S. 348).

56 Erasmus (1501/ 1905, S. 10, 88–119)

57 Siehe Stoughton (2015)

58 Montaigne (1957/1595, 1.14); Schaefer (2001). Zu Montaignes eigener Lebensweise siehe Montaigne (1957/1595, 3.13). Zu Montaigne über Trunkenheit, siehe Montaigne (1957/1595, 2.2)

59 Schneewind (1990, S. 224–236). Ich bin dankbar für die Gespräche mit Huaping Lu-Adler über Descartes und stoische Einflüsse.

60 Zu den stoischen Einflüssen auf Kant siehe Sherman (1997b, insb. Kap. 3, »Stoic Interlude«)

61 Kant (1974, S. 147). Diese Bemerkungen sind kurz gehalten. Für eine umfassendere Studie von Kant über die Emotionen siehe Sherman (1990, 1995b, 1995c, 1997a, 1997b, 1998).

62 Siehe Montgomery (1936)

Lektion 2: Gelassenheit finden

1 Konkret am US National Institute of Allergy and Infectious Diseases

2 Baker (2020)

3 Cicero (2002, S. 222)

4 Sanger, Lipton, Sullivan, & Crowley (2020). Einer Offenlegung des Berichtsentwurfs zufolge wurde im gesamten Bericht von »Verwirrung« gesprochen, von Botschaften und mangelnder Koordination der Behörden (Lipton et al., 2020). Beachten Sie die Überschrift: »He Could Have Seen What Was Coming: Behind Trump's Failure on the Virus«.

5 Epictetus (1925, 1.6.30). Siehe zum Beispiel Donald Robertson: (D. J. Robertson). Er interpretiert den Ausschnitt wie folgt: »Wir sollten nicht auf Hilfe von anderen warten, sondern lernen, eigenständig zu sein und da aktiv zu werden, wo es nötig ist.«

6 Dies wirft die Frage auf, ob die Stoiker, wie Aristoteles, die Institution der Versklavung von Menschen verteidigten. Ich widme mich diesem Thema in Lektion 8. Für einen Überblick über die stoischen Texte siehe D. Robertson (2017). Für eine bahnbrechende Abhandlung siehe Finley (2017, ursprünglich 1980 veröffentlicht).

7 Aurelius (2011, 7.13), Übersetzung leicht abgeändert.

8 Luna, St. John, Wigglesworth, Lin II, & Shalby (2020)

9 Aurelius (2011, 7.9)

10 Aristotle (1984a, NE 1.5 1095b33ff)

11 Aristotle (1984a, NE 1.9 1099b24)

12 Aristotle (1984a, NE 1.10 1101a5–7). Für eine bahnbrechende Studie über die Fragilität von Glück und Güte in Aristoteles' Ethik siehe Nussbaum (1986).

13 Aristotle (1984a, NE 1109b22, 1094b25, 1094b21). Für eine ausführlichere Darstellung von Aristoteles' Ethik siehe Sherman (1989, 1997b).

14 Long (1968). Man beachte, dass Zenon ein Schüler von Polemo war, dem dritten Leiter der Akademie, an der Aristoteles 20 Jahre lang studiert hatte, bevor er das Lyceum gründete. Er dürfte also mit Aristoteles' Ansicht vertraut gewesen sein (Rist, 1983).

15 »Im Allgemeinen«, da nicht alle Ausprägungen dieser beiden Typen Dinge sind, die wir bevorzugen oder nicht bevorzugen. Darüber hinaus

gibt es Dinge, die wir weder bevorzugen noch vermeiden, sondern die uns von Natur aus gleichgültig sind, wie zum Beispiel »eine gerade oder ungerade Anzahl von Haaren auf dem Kopf zu haben« (Long & Sedley, 1987b, 58B; Diogenes Laertius 7.104–5, *SVF* 3.119).

16 Siehe die hilfreichen Bemerkungen von Gill zum Streben (Gill, 2019, Kap. 2). Seine Sichtweise überschneidet sich mit meinem eigenen Fokus darauf, dass ein Leben, das dem moralischen Fortschritt gewidmet ist, bereits eine wichtige Lebensweise ist und nicht nur eine Vorbereitung auf ein idealisiertes Leben des Weisen.

17 Das ist eine Sorge, die Aristoteles in seiner Ethik oft äußert, besonders in (1984a, 10.7–8). Siehe Sherman (1989, S. 94–106)

18 https://www.washingtonpost.com/history/2020/11/19/rankingcoviddeathsamericanhistory/; https://www.businessinsider.com/more-americans-dead-covid-19-us-battle-deaths-wwii-2020-12

19 Epictetus (2018, *Encheiridion* 1)

20 Seneca (1995a, 2.3–4)

21 Seneca (1995a, 2.4)

22 Epictetus (2018, *Encheiridion* 5)

23 Für eine wunderbare Diskussion mit Einblick in die aktuelle philosophische Literatur siehe Ward (2020). Für kritische Arbeiten in diesem Bereich siehe Fricker (2007).

24 Philon betont, dass die Zeit ein wichtiger Aspekt der mentalen Kontrolle der Zustimmung zu Eindrücken ist. So sagt Philon in Bezug auf Abraham, der (in Genesis 18.2) zu den drei Männern hinrennt, die ihm versprechen, dass sie im nächsten Jahr wiederkommen und Sara einen Sohn gebären wird: »Das ist eine Warnung für diejenigen, die ohne zu überlegen und nachzudenken auf das zustürmen, was zufällig da ist, ohne vorher zu denken und zu schauen, und es lehrt sie, nicht hinauszueilen, bevor sie klar sehen und begreifen, worum es geht.« (Philo, 1953, 4.3)

25 Packard (1957)

26 Für weitere Informationen zu meinen Gesprächen und Interviews mit Admiral Stockdale siehe Sherman (2005b). Auf Stockdales Stoizismus gehe ich in Lektion 5 näher ein.

27 Zu Seneca als Staatsdiener und zu seinem Ausscheiden aus dem Amt siehe M. Griffin (1976, S. 315–366)

28 Seneca (1935, *On Leisure* 4.1)

29 Seneca (1935, *On Leisure* 3.3)

30 Seneca (1935, *On Leisure* 6.3)

31 Zu den stoischen Vorstellungen von intellektueller Tugend siehe Sherman & White (2007)

32 Epictetus (1995, 3.12.16)

33 Cicero (2002, 3.29)

34 Cicero (2002, 3.30)

35 Cicero (2002, 3.52); Long & Sedley (1987a, 65B; Andronicus, *On Passions* 1, *SVF* 3.391, part)

36 Cicero (2002, S. 222)

37 Das ist die traditionelle und erzieherische Rolle der antiken Tragödie – die *Mimesis,* die Nachahmung des Lebens. Siehe Überlegungen dazu und zu tragischen Unfällen in Aristoteles' *Poetik* (Sherman, 1992).

38 Cicero (2002, 3.58)

39 Sowohl Albert Ellis als auch Aaron Beck, Begründer einer frühen Version der KVT, räumen diese Anleihen ein: (Beck, 1975; Ellis, 1962). Es ist anzumerken, dass es innerhalb der militärischen Gemeinschaft eine Bewegung gegeben hat, den Begriff »posttraumatische Belastung (PTB)« zu verwenden und das »S« für »Störung« wegzulassen, das viele als stigmatisierend empfinden. Ein häufig vorgebrachtes Argument ist, dass die Soldaten nicht mit »Gliedmaßenstörungen«, sondern mit »Gliedmaßenverletzungen« aus dem Krieg zurückkehren. Psychische Verletzungen sollten ebenso betrachtet werden. Andere argumentieren, dass eine posttraumatische Belastung eine *normale* Reaktion auf eine *anormale* Situation mit überwältigender Lebensbedrohung ist und dass der Begriff »Störung« die Reaktion falsch darstellt. Ich habe in der vorangegangenen Diskussion aus Gründen der Einheitlichkeit den Begriff »PTBS« verwendet, weil die Literatur, die ich im Folgenden über Prä-Exposition zitiere, diesen Begriff verwendet. An anderer Stelle in diesem Buch lasse ich das »S« weg.

40 Hendriks, de Kleine, Broekman, Hendriks, & van Minnen (2018)

41 Badura- Brack et al. (2015); Lazarov et al. (2019); Ilan Wald et al. (2013)

42 I. Wald et al. (2016, S. 2633)

43 Cicero (2002, 3.58)

44 Ich nenne dies »Zufallsschuld« in Sherman (2010). Siehe auch Sherman (2011)

45 Für eine ausführliche Besprechung dieses Themas siehe Sherman (2010, 2015a)

46 Epictetus (2018, 4)

47 Epictetus (2018, 4)

48 Epictetus (2018, 3)

49 Epictetus (1925), unter Verwendung der Übersetzung von Long & Sedley (1987b, 58J)

50 Epictetus (1925, 2.10.5–6), nach J. Klein (2015, S. 267–268), Überarbeitung von Oldfather (Übers.)

51 Der griechische Begriff lautet *huperairesis.* Im Lateinischen oft *exceptio.* Siehe Inwood (1985, S. 119–126). Für eine gegenteilige Ansicht, dass Vorbehalte keine bedingten Triebe beinhalten und dass es möglicherweise keine Beweise für die Synergie von stoischer Logik und Psychologie gibt, siehe Brennan (2000).

52 Seneca (1932b, 13.23); Kursivsatz hinzugefügt.

53 Epiktet (2018), überarbeitete Übersetzung nach Brennan (2000, S. 151)

54 Long & Sedley (1987b, 65E; 65W, *SVF*3.564); Stobaeus (1999, 2.115.5–9)

55 Eine eloquente und sorgfältige Ausarbeitung der Kritik findet sich in Brennan (2000).

56 Brennan (2000, S. 164)

57 Seneca (1932b, 13.3–14.1)

58 Cicero (2001, 3.22) und die Anmerkung von Annas und Woolf. Für eine Diskussion über den Unterschied zwischen Ziel (oder Vorgabe) und Zweck siehe Inwood (1986).

59 Dies ist der Kernpunkt des Bruchs der Stoiker mit Aristoteles. Im Gegensatz zu Aristoteles sind sie der Ansicht, dass äußere Dinge und die Kooperation einer menschenfreundlichen Welt zur Erreichung unserer Ziele nicht notwendig sind, um den allgemeinen Zweck – gut zu leben oder ein glückliches Leben zu führen – zu erreichen. Dazu ist Tugend ausreichend.

60 Bekannt als ARQ, Nationales Psychotraumazentrum in Diemen (Amsterdam), Niederlande. Ich danke dem ARQ und den dortigen Kollegen für die Gelegenheit, die Keynote zu halten.

61 Ich bin Bart Nauta für die gekürzte und übersetzte Fassung seines Interviews mit Aart (die ich hier leicht abgeändert habe) zu Dank verpflichtet. Für das Originalinterview siehe Nauta (2019).

62 Diese Idee ist von Aristoteles bekannt. Bestimmte Fähigkeiten sind wie Medizin, »denn die Aufgabe der Medizin besteht nicht darin, gesunde Dinge hervorzubringen, sondern so weit wie möglich in dieser Richtung voranzukommen« (Aristoteles, 1984c, Rhetorik 1355b10–13). Es handelt sich um »stochastische« Fähigkeiten, bei denen das Erreichen des Ziels von der perfekten Ausübung der Fähigkeit abhängt; wir können die Fähigkeiten auch dann perfekt ausüben, wenn wir die gewünschten Ziele nicht erreichen. Zur Diskussion siehe Inwood (1986).

63 Lamas (2020)

64 Barbaro (2020a) reflektiert über sein Podcast-Interview mit Fauci.

65 Von Arnim (1964, *SVF* 2.117, *SVF* 3.95 [Stobaeus *Eclogae*] 2.58)

Lektion 3: Die eigenen Emotionen im Griff behalten

1 Egan (2020)

2 Wie in diesem Bericht (Editorial Board, 2020)

3 Wenn wir eine allgemeine Sichtweise skizzieren, sollten wir bedenken, dass dies eine Vereinfachung ist. Das stoische Denken erstreckt sich über einen Zeitraum von mindestens 500 Jahren und ist von beträchtlichen internen Debatten und mehr oder weniger Sympathie mit konkurrierenden Schulen geprägt, mit denen einzelne Stoiker im Dialog stehen.

4 Für eine Liste der Unterarten dieser vierfachen Klassifizierung siehe Long & Sedley (1987b, 65E); Stobaeus (1999, 2.90, 19.9; *SVF* 3.394)

5 Brennan (2005) für hilfreiche Ausarbeitungen.

6 Seneca (1995a, 2.1.3–4)

7 Cicero (2002, 3.75–76). Sherman (2005b, S. 143–149) für eine weitere Diskussion

8 *tou logou diastrophas* (Von Arnim, 1964; *SVF* 1.208). Auch Seneca (1995a, 3.15): »ein Abweichen von der Vernunft«.

9 Long & Sedley (1987b, 65J, Galen, *On Hippocrates' and Plato's doctrines* 4.2.10-18; *SVF* 3.462)

10 Seneca (1995a, 1.74; 2015, 3.14; auch 3.16.2)

11 Graver merkt an, dass Seneca von Freude als »Hochgefühl« spricht, »eine geistige Erhebung«, die affektiv der Freude eines normalen Menschen über die Geburt eines Kindes oder den Gewinn einer Wahl ähnelt. Siehe Graver, »Ethics II: Action and Emotion« in Damschen (2014, 272.3).

12 Long & Sedley (1987b; 65F Diogenes Laertius 7.116; *SVF* 3.431)

13 Stobaeus, 2.7.11M, zitiert in Graver (2007, S. 179), mit leichten Änderungen.

14 Wie Margaret Graver feststellt, gehören die hier erwähnten Emotionen – *eunoia, agapāsis und aspasmos* – zu den kultivierten eupathischen (oder guten) Emotionen der Weisen, und zwar zu den Arten der Gattung des rationalen Wunsches – *boulēsis* –, die auf das Streben nach dem Guten oder der Tugend gerichtet und dafür empfänglich sind (Graver, 2007, S. 179, 58).

15 Seneca (2015, 11.7)

16 Seneca (1995a, 2.3.2–3)

17 Philo (1953, 4.16)

18 Seneca (2015, 9.3)

19 Gellius (1927, Bd. 3, 19.1)

20 Für die Ansicht, dass Prä-Emotionen (*propatheiai*) mit dem verwandt sein könnten, was der Neurobiologe Joseph LeDoux (LeDoux, 1996, 2015) in seiner früheren Arbeit als »Low Road Emotions« oder schnell ablaufende Reaktionen der Amygdala bezeichnete, siehe Sorabji (2000, S. 145–150), der sich auf LeDoux (1996, S. 138–178) bezieht. Für manch gut platzierte Skepsis bezüglich der genauen Parallelen angesichts der bunten Vielfalt von Senecas vollständiger Liste von Beispielen siehe Graver (2007, S. 97).

21 Für kognitive Emotionstheorien in der Philosophie siehe Roberts (2009); Deigh (1994); Nussbaum (2001). Zu den kognitiven Emotionstheorien in der Psychologie siehe die Arbeiten von Nico Frijda (N. H. Frijda, 1986) und der von ihm beeinflussten Arbeiten: Ortony (1988); Oatley (1992); Scherer (2005).

22 Seneca (1995a, 1.1.4)

23 Seneca (1995a, 3.4.4)

24 Homer (1999, 22.398–405; 24.64–65)

25 Seneca (1995a, 3.16.1; 3.27–26; 2.34.1)

26 M. Klein (1984, S. 68)

27 Strawson (1962). Siehe Sherman (2010, 2015a) zu reaktiven Einstellungen im Zusammenhang mit moralischer Verletzung.

28 Hill et al. (2020). Siehe auch den Stellenwert der Wut in Ta-Nehisi Coates' Plädoyer für Wiedergutmachung in seinem *Atlantic*-Essay über Redlining-Praktiken, die Afroamerikaner davon abgehalten haben, Häuser zu kaufen und zu besitzen (Coates, 2014). Für eine frühe Abhandlung über die widersprüchlichen Ansichten über den Stellenwert der Wut im afroamerikanischen Protest (insbesondere die Debatte zwischen Booker T. Washington und W. E. B. Dubois) siehe Boxill (1976).

29 Lewis (2020)

30 Nussbaum (2015, 2016)

31 Nussbaum (2015, S. 49)

32 Nussbaum (2015, S. 49)

33 Für ihre Liste von 10 zentralen Fähigkeiten, die ein Minimum für ein menschenwürdiges Leben darstellen, siehe Nussbaum (2011, S. 31–35).

34 Nussbaum hat hierzu den Begriff »Übergangszorn« erschaffen (Nussbaum, 2015).

35 Gafni & Garofoli (2020); auch Ismay (2020)

36 Garland (2020)

37 Seneca (1995a, 3.3.1–5). Aristoteles greift die Wut in der *Nikomachischen Ethik* auf (Aristotle, 1984a, 2.9 und 4.5). In 2.9 argumentiert er, dass die Bestimmung, wie viel und welche Art von Wut in einer bestimmten Situation angemessen ist, eine Frage der praktischen Weisheit ist: »Das Urteil liegt in der Wahrnehmung« (1109b15–25).

38 Aristotle (1984a, 2.9 1109b15–25)

39 Plutarch (2000, 464c–d; 453d); Seneca (1995a, 2.12.3–4)

40 Long & Sedley (1987b, 65E, Stobaeus 2.90, 19-91, 9, *SVF* 3.394, Teil)

41 Ich habe hier von einem privaten Vortrag der Anwältin Debra Katz profitiert, die Christine Blasey Ford vor dem Kongress vertreten hat. Der Vortrag fand am 26. April 2020 vor einer Gruppe in Washington, D.C. statt.

42 »Ford Cites Hippocampus in Recollection of Alleged Assault« (2018)

43 Zhouli (2018)

44 Associated Press (2018)

45 Einige seiner College-Freunde sagten, dass er sich so verhielt, wenn er betrunken war (*New York Times*, 2018).

46 Siehe insbesondere seine Äußerungen gegenüber Senatorin Amy Klobuchar, als sie ihn fragte, ob er nach dem Trinken »Blackouts« erlebt habe (»Kavanaugh widerspricht der Behauptung, er sei unter Alkoholeinfluss ›streitlustig‹ gewesen«, 2018).

47 »Der erste seelische Ruck, der uns befällt, wenn wir uns im Unrecht wähnen«. Er kann »selbst den weisesten Menschen treffen« (Seneca, 1995a, 2.2.2).

48 Aber selbst wenn wir die Wut als Prä-Emotion betrachten, kann sie kognitiv robuster sein als nur eine geistige oder körperliche *Erregung*. Seneca bietet eine bunte Sammlung von vorbereitenden Affekten: Es gibt die, die wir bereits erwähnt haben – Blässe, Tränen, Erröten, zitternde Knie, Erektionen, »geistige Erschütterungen« und »körperliche Unruhe«. Aber es gibt auch kognitiv reichhaltigere »emotionale Vorspiele«. So bittet er seine Zeitgenossen, sich vorzustellen, über Ereignisse aus den letzten Jahrzehnten der *Republik* zu lesen: »Wir haben oft das Gefühl, wütend auf Clodius zu sein, weil er Cicero ins Exil trieb, oder mit Antonius, weil der ihn ermorden ließ. Wer lässt sich nicht von den Waffen provozieren, zu denen Marius griff, oder von den Verboten Sullas? Wer wäre nicht wütend auf Theodotus und Achillas oder auf den Jungen selbst, der ein solch unmännliches Verbrechen beging?« Dies sind emotionale Vorspiele, denn sie sind »Bewegungen des Geistes, der sich nicht bewegen will« (Seneca, 1995a, 2.2.3–5). Bei diesen Emotionen fehlt nicht so sehr der Gedankenprozess, sondern das, was Psychologen heute als »Handlungsabsicht« bezeichnen (Nico H. Frijda 1987).

49 Zur Reformierung des zweiten wertenden Urteils – im Falle der Trauer in Bezug auf das Trauerverhalten – siehe Cicero (2002, 3.76).

50 Wenger (2020)

51 Die Stoiker stellen sich den Geist physisch vor. Emotionen werden manchmal als Veränderungen der »Spannungen« der Vernunft beschrieben, die sich durch »Kontraktionen, Kauern, Zerreißen, Anschwellen und Ausdehnungen« manifestieren (Long & Sedley, 1987b, 65E, Galen, *On Hippocrates' and Plato's doctrines* 4.3.2–5; Posidonius fr. 34, Teil).

52 Zum Thema, dass Krankenschwestern nicht trauern können, weil sie die Namen der im Dienst Gefallenen nicht kennen, siehe Jewett & Szabo (2020).

53 Cicero (2002, 3.76)

54 Cicero (2002, S. xv). Wie immer bin ich Margaret Graver für ihre Einführung, ihre Übersetzung und ihren wichtigen Kommentar zu diesem Werk zu großem Dank verpflichtet.

55 Cicero (2002, 3.76)

56 Cicero (2002, 3.77)

57 Cicero (2002, 3.79)

58 Seneca (2015, 63.1)

59 In Seneca (2015, 99.14) verwendet Seneca den stoischen Begriff *morsus*, einen Biss: »Was du fühlst, ist kein Schmerz, sondern nur ein Biss: Du erst machst ihn zu Schmerz.«

60 Seneca (2015, 99.18–19)

61 Seneca (2015, 99.18–19)

62 Seneca (2015, 99.21). Aufschlussreiche klinische Forschung zu anhaltendem Kummer bei langwierigen Trauerreaktionen findet sich bei Boelen (2019). Er weist auf die Bedeutung der ersten sechs Monate für die frühzeitige Erkennung und Behandlung von Risikopersonen hin und stellt fest, dass Risikopersonen häufig weiterhin eine starke Sehnsucht nach dem Verstorbenen verspüren. Eine solche Sehnsucht und das sprichwörtliche Hängen an jemandem sind für die Stoiker klare Anzeichen eines Kontrollverlustes.

63 Seneca (2015, 63.11)

64 Seneca (2015, 63.14)

65 Seneca (2015, 27.1)

66 Seneca (2015, 68.9)

Lektion 4: Stoische Standhaftigkeit und Resilienz

1 Westover (2018)

2 Epictetus (1995), 29.4

3 Sie beispielsweise Bonanno (2004); Fleming & Ledogar (2008); Konnikova (2016); Reivich & Shatte (2002)

4 Siehe Stanton (1968)

5 Aurelius (2011, 5.6, 5.30, 6.7, 7.74; 5.6, 6.4) Das Bild ist organisch, und organische Gemeinschaften, die in lokalen Kulturen und nationalen Unterschieden verwurzelt sind, fördern nicht immer einen umfassenden Humanismus. Dies ist eine moderne Debatte, die in Mark Aurels politischen Überlegungen nicht aufgegriffen wird. Zu unserer eigenen zeitgenössischen Debatte siehe Nussbaum & Cohen (1996/2002).

6 Aurelius (2011, 7.13)

7 Für Überlegungen zu motorischen Resonanzen und Synchronisationen in Tanz und Kampf siehe Sherman (2018, 2020)

8 Aurelius (2011), 7.9; 6.42

9 Aurelius (2011, 6.48). Siehe Caston (2016) und das Kapitel von Gill (2016)

10 Aurelius (2011, 6.30)

11 Aurelius (2011, 1.1–17)

12 Aristotle (1984b, 1.1–2); Annas (1993, S. 148–149)

13 Einen hervorragenden Überblick bietet J. Klein (2016).

14 Cicero (2001, 3.23). Allgemeiner: 3.20–23. Zur Sozialität als natürlich, siehe Cicero (2001, 3.66–70)

15 Aristotle (1984a, 9.8, 1168b29–69a11)

16 Seneca (2015, 73.7–8)

17 So konstruiert beispielsweise der Aufklärer Immanuel Kant, der stark von den Stoikern beeinflusst wurde, das ideale moralische Gemeinwesen anhand von Prinzipien der praktischen Vernunft. Er entwickelt nicht in vollem Umfang, wie wir uns gegenseitig in unterstützenden Verbindungen zusammenschließen oder durch gegenseitige und mit-

fühlende Fürsorge stark werden. Dennoch gibt er viele Hinweise, wie man zu einem vollständigeren Bild gelangen kann, was ich in Sherman (1997b) unternehme.

18 Seneca (2015, 62.2)

19 Fitch (1987)

20 Seneca (2015, 42.1)

21 Philo (1953, 4.16)

22 Seneca (2015, 67.2). Siehe auch die *Einleitung* von Graver und Long zur über die Briefe geführten Beziehung.

23 Seneca (2015, 102.18)

24 Seneca (2015, 34.1)

25 Seneca (2015, 35.3)

26 Seneca (2015, 35.3)

27 Cicero (1991, 1.107–125); Epictetus (1983, 17). Siehe Gill (1988)

28 Mehr dazu in Sherman (2005b, Kap. 3, »Of Manners and Morals«)

29 Seneca (2015, 36.4)

30 Baltimore Sun Staff (2019)

31 Siehe CNN Politics (2019). Auch C-Span (2019)

32 Long & Sedley, (1987b, 57G; Hierocles [Stobaeus 4.671], 7-673, 11)

33 Plato (1997a, *Republic* 5); Aristotle (1984d, *Politics* 2.1, 1262b16)

34 Hume (1968, 579)

35 Smith (2000, 1.1., S. 3–4; 1.2., S. 23)

36 Seneca (2010, 75–108)

37 Seneca (2010, 610)

38 Seneca (2010, 635)

39 Seneca (2010, 1148)

40 Seneca (2010, 1200)

41 Seneca (2010, 1236–1238)

42 Seneca (2010, 1265)

43 Seneca (2010, 1275)

44 Seneca (2010, 1248–1250)

45 Ich danke Jackie June ter Heide für ihre Präsentation dieses Falles im Nationalen Psychotraumazentrum in Amsterdam und für die anschließende Korrespondenz.

Lektion 5: Heilung durch Selbstmitgefühl – stoische Krieger

1 »Courage Under Fire«, in James B. Stockdale (1995, S. 189)

2 Yablonka (2006)

3 Für eine frühere Darstellung von Stockdales Stoizismus, siehe Sherman (2005b, insbesondere Kap. 1, »A Brave New Stoicism« und Anmerkungen). Für Sybils und Jims Memoiren siehe James B. Stockdale & Stockdale (1990).

4 Epictetus, (1995, 2.22.11)

5 Litz, Lebowitz, Gray, & Nash (2016, S. 21). Siehe auch Litz, Stein, Delaney, Lebowitz, Nash, et al. (2009); Maguen & Litz (13. Januar 2012). Ich bin sehr dankbar für die Gespräche, die ich im Laufe der Jahre mit Bill Nash, Brett Litz und Shira Maguen geführt habe, und für die gemeinsamen Symposien.

6 Diese Geschichte wird in »The Body of an American«, einem Stück von Dan O'Brien, nacherzählt. Ich habe das Stück im Theater J in Washington, D.C., im März 2016 gesehen.

7 Chivers (2018, S. 6–24, 119–121). Ich bin dankbar für die Korrespondenz und das Gespräch mit Chris Chivers über diesen Bericht im Buch *The Fighters*. Für ein Gespräch in Georgetown mit mir, Chivers und anderen (einschließlich James Fallows vom *Atlantic*) über moralische Verletzung (anlässlich der Veröffentlichung von *Afterwar* 2015), siehe Sherman (2015b).

8 Für eine ausführliche Behandlung der moralischen Verletzung aus einer philosophischen Perspektive siehe Sherman (2015a).

9 Platon (1989, 216a–b). Siehe die aufschlussreiche Studie von Graver (2007, S. 191–211).

10 Siehe Callard (2018) für eine Rekonstruktion von Alkibiades in Bezug auf Willensschwäche und Bestrebungen.

11 Cicero (2002, 3.77, 34–35)

12 Cicero (2002, 4.61–62)

13 In Anlehnung an Walzer (1977) über zulässige Kollateralmorde: »Eine doppelte Wirkung ist nur dann vertretbar ..., wenn die beiden Ergebnisse das Produkt einer *doppelten Absicht* sind: erstens, dass das ›Gute‹ erreicht wird; zweitens, dass das vorhersehbare Übel so weit wie möglich reduziert wird« (S. 155–156).

14 Vergleichen Sie dazu die Haltung von Eddie Gallagher, ehemaliger SEAL Petty Chief Officer, und die berechtigte moralische Abscheu einiger seiner Mannschaftskameraden vor seiner Liebe zum Töten. Siehe den Bericht von Dave Philipps über diese Geschichte (Philipps, 2019).

15 Seneca (2010, S. 1275)

16 Ich bin dankbar für die Gelegenheit, an einer Diskussionsrunde über moralische Verletzungen in West Point im Herbst 2019 zusammen mit Tessman (2019) teilgenommen zu haben. Lisa Tessman diskutierte den Begriff der passenden, aber ungerechten reaktiven Einstellungen, auf den ich mich hier beziehe. Siehe auch Sherman (2015a, 2010) für weitere Informationen zu den eigenen Geschichten von Militärangehörigen über die unsichtbaren Wunden des Krieges und die Herausforderungen für eine Heilung nach der Rückkehr.

17 Seneca (1985, 2.6.3–7.1)

18 Seneca (1985, 1.7)

19 Seneca (1985, 2.4.4; 2.7.4–5)

20 Seneca (2010b, 748)

21 Seneca (2010b, 764)

22 Dies greifen auch Klinikärzte, die moralische Verletzungen therapieren, auf, insbesondere bei einer Technik namens »adaptive Offenbarung« (Litz, Lebowitz, Gray, & Nash, 2016; Griffin, Worthington, Davis, Hook, & Maguen, 2018; Griffin, Cornish, Maguen, & Worthington, Jr., 2019; Purcell, 2018). Nochmals vielen Dank an Brett Litz, Bill Nash, Shira Maguen, Brandon Griffin und Natalie Purcell für die Konversation über Selbstvergebung und die Arbeit zur adaptiven Offenbarung.

Lektion 6: Lifehacks

1 Laertius (1970, 7.2)

2 Ich wurde vor einigen Jahren von Ryan Holiday interviewt (Holiday). Ich fing an, über Stoiker und das Lifehacking des Todes nachzudenken, als ein Tech-Reporter für *Medium*, Jeff Bercovici, wegen eines Interviews für seine Story »Silicon's Valley Latest Lifehack: Death« (Bercovici, 2018) auf mich zukam. In dieser Lektion stütze ich mich auf diese anderen Geschichten, die das Interesse des Silicon Valley am Stoizismus verfolgen: Alter (2016); Benzinga (2020); Bowles (2019); Carr & McCracken (2018); Dowd (2017); Fowler (2017); Goldhill (2016); Margolis (2019); Richards & Feloni (2017); Rosenberg (2020); Schein (2019).

3 Raymond (1991, S. 189)

4 »Lifehack« (2020)

5 Ferriss (2017). Siehe auch Western, D.

6 Cicero (2002, S. 222), der Galen, *Precepts of Hippocrates and Plato* (auf Deutsch erschienen unter *Über die Lehrmeinungen des Hippokrates und des Platon*), zitiert.

7 Epictetus (1983, S. 1)

8 Western, D.

9 Aristotle (1984a, 3.7; 1.2)

10 Rassismus ist eine soziale Determinante der Gesundheit, haben pädiatrische Forscher gezeigt, mit tiefgreifenden Auswirkungen auf den Gesundheitszustand von Kindern, Jugendlichen, jungen Erwachsenen und ihren Familien. Siehe Trent, Dooley, & Douge (2019).

11 Ozuah (2020)

12 Maslin Nir (2020)

13 Corasaniti (2020)

14 Timberg (2016)

15 Seneca (1995a, 2.4)

16 Seneca (1995a, 2.3)

17 Seneca (1995a, 2.3)

18 Kahneman (2011)

19 Zu den bidirektionalen endokrinen, neuronalen und immunologischen Bahnen, die Teil einer Darm-Hirn-Achse sind, siehe Clapp et al. (2017).

20 Drew (2020a, 2020b, 2020c)

21 Für eine wichtige Erinnerung hieran siehe Salvador Minuchins bahnbrechendes Werk über Familien (Minuchin, 1974).

22 Diese Geschichte wurde in der Morgenausgabe von NPR mit Noel King gesendet (N. King, Kwong, Westerman, & Doubek, 2020).

23 Cicero (1991, 1.99)

24 Benzinga (2020)

25 Braun (2019)

26 Twitter (2020)

27 Für eine Diskussion hierzu, siehe Astor (2019)

28 Warzel (2020)

29 M. Anderson, Barthel, Perrin, & Vogels (2020)

30 Siehe Maslin Nir (2020). Man beachte Christian Coopers Überlegungen, dass die immense Empörung auf Twitter, die zum »Mundtot-Machen« von Amanda Cooper und zu ihrer Entlassung aus ihrem Job bei einer Investmentfirma führte, ihn sehr beunruhigt hat: »Ich fühle mich unwohl dabei, jemanden aufgrund von ein paar Sekunden dessen, was er getan hat, zu definieren. Ich will damit ihre Tat nicht entschuldigen, nicht sagen, dass es keine rassistische tat war, denn es war eine rassistische Tat. Aber definiert diese ihr ganzes Leben? Ich weiß es nicht. Nur sie kann uns sagen, ob dies ihr ganzes Leben bestimmt, gemessen daran, was sie in Zukunft tut, und was sie in der Vergangenheit getan hat. Das kann ich nicht beantworten. Diese wahnsinnige Empörung ist es also, die mir Unbehagen bereitet.« Archiviertes Transkript aus dem NYT-Podcast *The Daily* (Barbaro, 2020c).

31 Sicherlich gibt es Übel, die die digitalen Dienste selbst durch das von ihnen geförderte soziale Verhalten verursachen. Jack Dorseys Überlegungen zu den Fehlern von Twitter finden Sie in seinem Interview mit Michael Barbaro im Podcast *The Daily* (Barbaro, 2020b). Und für eine aufschlussreiche Fallstudie über den Versuch, die Empörung auf Twitter einzudämmen, und wie man dann von ihr vereinnahmt wird, siehe Barbaro (2020d). Als dieses Buch in den Druck ging, haben Twitter und Facebook die Konten von Präsident Trump gesperrt, nachdem er durch die Nutzung dieser Plattformen zur Belagerung des Kapitols am 6. Januar 2021 beigetragen hatte.

32 Cuccinello (2020)

33 Schleifer (2020)

34 Seneca (1995b, 2.10–11)

35 Seneca (1995b, 1.11.6; 1.12.3)

36 Seneca (1995b, 1.4.2)

37 Seneca (1995b, 2.18). Für eine ausführlichere Diskussion von Seneca über das Schenken siehe Sherman (2005a, Kap. 3, »Manners and Morals«).

38 Cicero (2001, 2.118)

39 Strawson (1993, S. 49)

40 Für einen aufschlussreichen Beitrag zum Thema, siehe Bercovici (2018)

41 Seneca (1932, 11.6)

42 Plato (1997b, 64a)

43 Seneca (2015, 54.5)

44 Seneca (1932a, 10–12)

45 Recode Staff (2017)

46 Aristotle (1984a, 3.2 1111b20ff)

47 Dave Asprey, ein Tech-Investor, der zum Biohacking-Unternehmer wurde, ist ebenfalls ein Befürworter des Stoizismus (Garfield, 2016).

48 Seneca (1932b, 14)

49 Ein Biohacker, der dem Tod ein Schnippchen schlagen will, nennt sein Produkt sogar »Bulletproof« – also »kugelsicher« bzw. »unverwundbar« (Garfield, 2016).

50 Diese Diskussion über den stoischen Selbstmord verdanke ich dem hervorragenden zweiteiligen Artikel von Miriam Griffin (M. Griffin, 1986a, 1986b).

51 Laertius (1925, 7.130)

52 Kant (1964, 6:424)

53 Zuckerberg (2018, S. 48)

54 Dozier (2017)

55 Zu diesem Punkt bin ich dankbar für die Diskussion von Grahn-Wilder (2018, S. 245–246).

56 Musonius Rufus (2022, S. 35)

Lektion 7: Die Kunst des stoischen Lebens

1 Seneca (1995a, 3.36)

2 Martin (2020)

3 Seneca (2015, 28.10)

4 Sorabji (2000, S. 13)

5 Epictetus (1995, 4.12)

6 Für einen Überblick über einige psychologische Studien zu »kognitiver Belastung« und geschwächter Selbstkontrolle, siehe Kahneman (2011, insb. Kap. 3, »The Lazy Controller«, S. 31–49).

7 Seneca (1995a, 3.36)

8 Seneca (1995a, 3.36–38)

9 Seneca (1995a, 3.36.2; 3.37.3)

10 Seneca (1995a, 2.36). Siehe Sorabji (2000, S. 213)

11 Seneca (2015, 59.15)

12 Brennan (2005, S. 71). Mehr über die epistemologische Unbesiegbarkeit des Weisen und die Rolle dessen, was die Stoiker »starke Zustimmung« zu *kataleptischen* Eindrücken nennen, siehe insbesondere S. 69–73.

13 Brennan (2005, S. 73)

14 Seneca (2015, 59.16)

15 Mill (1979, Kap. 2)

16 Die Begründer der ersten Formen der modernen kognitiven Verhaltenstherapie, Albert Ellis (in den 1950er Jahren) und Aaron Beck (in den 1960er Jahren), waren von der stoischen kognitiven Sicht auf Emotionen beeinflusst und betrachteten sie als Vorläufer des modernen kognitiven Ansatzes in der Therapie. Ihre Sichtweise wurde als »Rational-Emotive Psychotherapie« bezeichnet (Beck, 1975; Ellis, 1962). Eine zeitgenössische Übersicht über die Zusammenhänge findet sich in der Arbeit von Donald Robertson (D. J. Robertson, 2019).

17 Den Stoikern ging es um Ermahnung und nicht nur um Erkundung. Die meisten zeitgenössischen Psychotherapeuten sind sehr darauf bedacht, die Schuldgefühle oder die seelische Qual, die ihre Patienten oft zu ihnen führen, nicht noch zu verstärken. Für eine Diskussion über

Selbsterkenntnis und die moralische Perspektive innerhalb der Psychoanalyse siehe Sherman (1995d).

18 Es gibt einige empirische wissenschaftliche Belege für die langjährige Wirksamkeit der vedischen Meditation beim Stressabbau. Siehe Hartley, Mavrodaris, Flowers, Ernst, & Rees (2014); Walton, Schneider, & Nidich (2004). Zur Achtsamkeits- und Traumaforschung sowie zu einem Modell des achtsamkeitsbasierten Fitnesstrainings für das Militär siehe Stanley (2019). In der Komplementärmedizin und der Bildgebung des Gehirns gibt es beachtliche Forschungsarbeiten, die darauf abzielen, die mentalen Zustände, Prozesse und Funktionen der verschiedenen Meditationsarten zu verstehen. Es bestehen jedoch Unklarheiten bei der Verwendung der Terminologie in den Studien und keine klaren Überschneidungen zwischen dem, was untersucht und gemessen wird, und dem, was Langzeitmeditierende verschiedener Traditionen praktizieren. Für einen guten Überblick siehe Dam NTV (2018).

19 Aus einem Interview via Zoom mit Shammi Sheth, 20. Mai 2020. Ich bedanke mich bei Simon Drew, dass er mich ihm vorgestellt hat.

20 Von Arnim (1964, *SVF* 2.117; 1964, *SVF* 3.95 [Stobaeus *Eclogae*] 2.58)

21 Rinpoche (1992). Siehe auch Thurman (1984); Guenther (1989).

22 Thurman (1984, S. 245–246)

23 Platon, *Phaidros*

24 Für eine ausführlichere Diskussion über Eindrücke als Geisteszustände und Überzeugungen und Emotionen als Ereignisse siehe Brennan (2005, S. 65–69).

25 Aus einem Interview via Zoom mit Dobbie Herrion und Bob Cymber, 3. Juni 2020. Ich bedanke mich bei Simon Drew, dass er uns einander vorgestellt hat.

26 Mischel & Ebessen (1970), durchgeführt an der Stanford's Bing Nursery School. Der ursprüngliche Test verwendete fünf kleine Brezelstangen als sofortige Belohnung und fünf Brezelstangen plus zwei Kekse als aufgeschobene Belohnung. Die Behavior-Mod-Simulation erinnert auch an die Legende vom Ring des Gyges, die Glaukon in den ersten Büchern von Platons *Der Staat* (2.359dff) erzählt. Würden ein Gerechter und ein Ungerechter anders handeln, wenn jeder einen Ring hätte, der sie unsichtbar macht, wenn sie ihn auf den Finger stecken? Wie würden sie unbeobachtet handeln, ohne, wie Glaukon fragt, »den Zwang« von Belohnungen und Sanktionen?

27 Mischel, Ayduk, et al. (2011); Murray (2016); Konnikova (2014); Healy (2018)

28 Seneca (1995a, 2.4.2)

29 Siehe Brennan (2005, S. 87) für eine hilfreiche Erläuterung der stoischen Impulse und Gefühle.

30 Kahneman (2011, S. 21)

31 Seneca (1995a, 2.2–4)

32 Kahneman (2011, S. 24)

33 Seneca (2015, 104.27–33; 98.17)

34 Cicero (1991, 3.47; 2001, 2.62); Mayer (2008, S. 302)

35 Quintilian, 12.2.30

36 Seneca (2015, S. 6)

37 Seneca (2015, 4.6–7)

38 Seneca (2015, 63.15)

39 Ich habe Hugh Thompson zwischen 1998 und 2004 mehrmals interviewt und in Sherman (2005b) ausführlich über ihn geschrieben. Ich wurde an Thompsons Heldentat erinnert, als ich über Polizeibrutalität und die Mauer des Schweigens nachdachte, die verhindert, dass Polizisten anderen Polizisten die Stirn bieten. Siehe dazu Ackerman (2020).

40 Associated Press (1998)

41 Zu Thompsons Rückkehr nach Mỹ Lai, siehe das Interview von Mike Wallace in *60 Minutes* mit Thompson (T. Anderson, 1998). Siehe auch den wichtigen investigativen Journalismusbeitrag in Bilton (1992). Außerdem Angers (1999).

42 Nussbaum (2015, 2016). Siehe ihre Diskussion über die Stoiker und Rache (Nussbaum, 2016, insbesondere S. 35–38)

43 Calley hat sich erst 2009 zum ersten Mal öffentlich entschuldigt. Hugh Thompson starb im Januar 2006. Leider erfuhr ich von seinem Tod, kurz nachdem mein Buch *Stoic Warriors* (2005) erschienen war.

44 Seneca (1995b, 1.15.2)

45 Seneca (1995b, 1.6.2)

46 Cicero (2001, 1.114). Auch 1.124–46 für die Feinheiten der Gesten, die für die entsprechende Handlung wichtig sind. Für eine aufschlussreiche

Diskussion von Cicero über die verschiedenen Rollen im Leben siehe Gill (1988).

47 Seneca (1995b, 1.6–7)

48 Seneca (1995b, 2.3)

49 Cicero (2001, 1.146)

50 Darwin (1872); Ekman (1982); Ekman & Friesen (1980); Goffman (1959). Für eine philosophische Auseinandersetzung mit dem Ausdruck von Emotionen siehe Glazer (2014, 2016, 2017).

51 Seneca (1995b, 1.3.2)

52 Seneca (1995b, 2.17.3–7)

53 Emde, Gaensbauer, & Harmon (1976); Greenspan (1989); Stern (1985)

54 Seneca (1995b, 1.15.6)

55 Strawson (1993, S. 49)

56 Arlie Russell Hochschilds (Hochschild, 1983) aufschlussreicher Begriff der »emotionalen Arbeit« mag hier in den Sinn kommen, auch wenn sich ihr ursprüngliches Konzept auf die Arbeit von Frauen und die Akzeptanz der Steuerung von Emotionen zugunsten kommerzieller Interessen bei gleichzeitig hohem persönlichem Preis bezog. Der Stress und die innere Unruhe, die daraus resultieren, oberflächlich etwas vorzuspielen, stellen eine Herausforderung dar, der sich die antiken Stoiker eindeutig nicht stellen.

Lektion 8: Ein gesunder moderner Stoizismus

1 Seneca (1995b, 3.19)

2 Laertius (1970, 6.74)

3 Epictetus (1995, 4.1.119)

4 Rufus (1947, Fragment 12)

5 M. Griffin, (1976, S. 257); Seneca (1995b, 3.28); Griffin präsentiert eine insgesamt vorsichtige und ausgewogene Sicht von Seneca auf die Institution der Versklavung (S. 256–285).

6 Für eine aufschlussreiche Betrachtung von Senecas humanitären Bemerkungen zur Versklavung im Kontext der sozialen Realität römi-

scher Hierarchiestrukturen und elitärer Haushaltsökonomien siehe Bradley (2008).

7 Epictetus (1995, 4.1.79–80)

8 Bradley (2008, S. 335); Finley (2017, S. 189)

9 M. Griffin (1976, S. 256, 284). Sowohl Miriam Griffins klassisches Werk über Seneca am Hofe Neros als auch Moses Finleys (Finley, 2017) wegweisende Studie (ursprünglich 1980 veröffentlicht) über antike Institutionen der Versklavung sind unverzichtbar. Bradleys Arbeit (Bradley, 2008) macht überdeutlich, dass es gefährlich ist, den sozialen Kontext zu ignorieren.

10 Seneca (2015, 47.1)

11 Seneca (2015, 47.10)

12 Aristotle (1984b, 1253b3254a9). Seneca begegnet der Vorstellung von versklavten Menschen als natürlichen Werkzeugen auf diese Weise: »Die Berufe werden zufällig zugewiesen. Den Charakter hingegen gibt jeder Mensch sich selbst« (Seneca, 2015, 47.15).

13 Seneca (2015, 47.5–7)

14 Seneca (2015, 47.8)

15 Bradley (2008, S. 346)

16 Finley (2017, S. 179)

17 Seneca (2015, 122.15)

18 Seneca (2015, 47.17)

19 Seneca (2015, 47.16)

20 In jüngster Zeit hat sich die Aufmerksamkeit auf Kants Ansichten zum Kolonialismus und seine hierarchische Darstellung der menschlichen Rassen konzentriert. Für eine Diskussion seiner Äußerungen zu kolonialen Praktiken und Versklavung siehe Flikschuh (2014).

21 Epictetus (1983, 1,5)

22 Aurelius (2011, 8.34)

LITERATUR-EMPFEHLUNGEN

Aurel, Mark (2021). *Selbstbetrachtungen.* In einer Neuübersetzung von Gregory Hays. FinanzBuch Verlag, München.

Farnsworth, Ward (2021). *Der praktizierende Stoiker: Ein philosophisches Handbuch für den Verstand.* FinanzBuch Verlag, München.

Holiday, Ryan (2020). *Das Leben der Stoiker: Lektionen über die Kunst des Lebens von Mark Aurel bis Zenon.* FinanzBuch Verlag, München.

Irvine, William B. (2022). *Von der Herausforderung, ein Stoiker zu sein.* FinanzBuch Verlag, München.

Robertson, Donald (2021). *Stoizismus und die Kunst, glücklich zu sein: Alte Weisheiten für moderne Herausforderungen.* FinanzBuch Verlag, München.

Rufus, Musonius (2022). *Die Kunst, trotz Mühsal gut zu leben: Die Lehren eines römischen Stoikers.* FinanzBuch Verlag, München.

Salzgeber, Jonas (2019). *Das kleine Handbuch des Stoizismus: Zeitlose Betrachtungen um Stärke, Selbstvertrauen und Ruhe zu erlangen.* FinanzBuch Verlag, München.

van Natta, Matthew J. (2021). *Stoizismus. Das besondere Buch für den angehenden Stoiker.* FinanzBuch Verlag, München.

Literaturverzeichnis

Ackerman, E. (4. Juni 2020). The Police Will Be Part of the Solution, Too. *New York Times.* Abgerufen von https://www.nytimes.com/2020/06/04/opinion/police-violence-reform-protests.html.

Alter, A. (6. Dezember 2016). Ryan Holiday Sells Stoicism as a Life Hack, Without Apology. *New York Times.* Abgerufen von https://www.nytimes.com/2016/12/06/fashion/ryan-holiday-stoicism-american-apparel.html?smid=em-share.

Anderson, M., Barthel, M., Perrin, A., & Vogels, E. A. (10. Juni 2020). #BlackLivesMatter surges on Twitter after George Floyd's death. *Pew Research Center.* Abgerufen von https://www.pewresearch.org/fact-tank/2020/06/10/blacklivesmatter-surges-on-twitter-after-george-floyds-death/.

Anderson, T. (1998). Back to My Lai. *60 Minutes* (M. Wallace). New York, NY.

Angers, T. (1999). *The Forgotten Hero of My Lai.* Lafayette, LA: Acadia House.

Annas, J. (1993). *The Morality of Happiness.* New York, NY: Oxford University Press.

Annas, J. (1995). Reply to Cooper. *Philosophy and Phenomenological Research, 55*(3), 599–610. doi:10.2307/2108441.

Aristotle. (1984a). Nicomachean Ethics (NE) (W. D. Ross & J. O. Urmson, Übers.). In J. Barnes (Hrsg.), *The Complete Works of Aristotle:*

The Revised Oxford Translation (Bd. 2). Princeton, NJ: Princeton University Press.

Aristotle. (1984b). Politics. In J. Barnes (Hrsg.), *The Complete Works of Aristotle: The Revised Oxford Translation* (Bd. 2). Princeton, NJ: Princeton University Press.

Aristotle. (1984c). Rhetoric. In J. Barnes (Hrsg.), *The Complete Works of Aristotle: The Revised Oxford Translation* (Bd. 2). Princeton, NJ: Princeton University Press.

Aristotle. (1984d). *The Complete Works of Aristotle: The Revised Oxford Translation* (J. Barnes, Hrsg.). Princeton, NJ: Princeton University Press.

Associated Press. (7. März 1998). 3 Honored for Saving Lives at My Lai. *New York Times*. Abgerufen von https://www.nytimes.com/1998/03/07/us/3-honored-for-saving-lives-at-my-lai.html.

Associated Press. (27. September 2018). Christine Blasey Ford Says She Is »One Hundred Percent« Certain Kavanaugh Assaulted Her. *New York Times*. Abgerufen von https://www.nytimes.com/video/us/politics/100000006131149/sexual-assault-kavanaugh-ford.html.

Astor, M. (26. Februar 2019). How the Politically Unthinkable Can Become Mainstream. *New York Times*. Abgerufen von https://www.nytimes.com/2019/02/26/us/politics/overton-window-democrats.html.

Aurelius, M. (2011). *Meditations* (R. Hard, Übers.). New York, NY: Oxford University Press.

Badura-Brack, A. S., Naim, R., Ryan, T. J., Levy, O., Abend, R., Khanna, M. M., ... Bar-Haim, Y. (2015). Effect of Attention Training on Attention Bias Variability and PTSD Symptoms: Randomized Controlled Trials in Israeli and U.S. Combat Veterans. *The Ame-*

rican Journal of Psychiatry, 172(12), 1233–1241. doi:10.1176/appi.ajp.2015.14121578.

Baker, S. (10. März 2020). Fauci: We Can't Be Doing the Kinds of Things We Were Doing a Few Months Ago. *Axios.* Abgerufen von https://www.axios.com/anthony-fauci-coronavirus-risk-containment-1f8aca36-f190-4f4d-aa2e-4d69408fdd33.html.

Baltimore Sun Staff. (28. Februar 2019). Vollständiges Transcript: Rep. Elijah Cummings' Closing Statements at Michael Cohen Hearing. *Baltimore Sun.* Abgerufen von https://www.baltimoresun.com/politics/bs-md-cummings-transcript-20190228-story.html.

Barbaro, M. (2020a, 4. April 2020). Calling Dr. Fauci. *New York Times,* S. 2. Abgerufen von https://www.nytimes.com/2020/04/03/podcasts/daily-newsletter-fauci-coronavirus.html?searchResultPosition=5.

Barbaro, M. (2020b, 7. August 2020). *Jack Dorsey on Twitter's Mistakes.* Abgerufen von https://www.nytimes.com/2020/08/07/podcasts/the-daily/Jack-dorsey-twitter-trump.html.

Barbaro, M. (2020c). *The Daily.* Abgerufen von https://www.nytimes.com/2020/08/10/podcasts/the-daily/cancel-culture.html?showTranscript=1.

Barbaro, M. (2020d, 11. August 2020). *The Daily.* Abgerufen von https://www.nytimes.com/2020/08/11/podcasts/the-daily/cancel-culture.html.

Beck, A. (1975). *Cognitive Therapy and the Emotional Disorders.* Madison, CT: International Universities Press.

Benzinga, S. M. W. (24. Januar 2020). The Silicon Valley Stoic: A Glimpse into Jack Dorsey's Bizarre Morning Routine. *Yahoo Finance.* Abgerufen von https://finance.yahoo.com/news/silicon-valley-stoic-glimpse-jack-163022397.html.

Bercovici, J. (18. Juli 2018). Silicon Valley's Latest Lifehack: Death. Abgerufen von https://onezero.medium.com/game-over-bf20324ba420.

Bilton, M., & Sim, K. (1992). *Four Hours in My Lai.* New York, NY: Penguin.

Boelen, P. A., & Lenferink, L. I. M. (2019). Symptoms of Prolonged Grief, Posttraumatic Stress, and Depression in Recently Bereaved People: Symptom Profiles, Predictive Value, and Cognitive Behavioural Correlates. *Social Psychiatry and Psychiatric Epidemiology, 55, 765–777.* doi:https://doi.org/10.1007/s00127-019-01776-w.

Boissoneault, L. (24. August 2017). How the New York Stock Exchange Gave Abbie Hoffman His Start in Guerrilla Theater. *Smithsonian Magazine.* Abgerufen von https://www.smithsonianmag.com/history/how-new-york-stock-exchange-gave-abbie-hoffman-his-start-guerrilla-theater-180964612/.

Bonanno, G. A. (2004). Loss, Trauma, and Human Resilience: Have We Underestimated the Human Capacity to Thrive after Extremely Aversive Events? *American Psychologist, 50*(1), 20–28.

Bowles, N. (26. März 2019). Why Is Silicon Valley So Obsessed with the Virtue of Suffering? *New York Times.* Abgerufen von https://www.nytimes.com/2019/03/26/style/silicon-valley-stoics.html?smid=em-share.

Boxill, B. R. (1976). Self-Respect and Protest. *Philosophy & Public Affairs,* 6(1), 58–69.

Bradley, K. R. (2008). Seneca and Slavery. In J. Fitch (Hrsg.), *Seneca: Oxford Readings in Classical Studies* (S. 335–347). New York, NY, und Oxford, UK: Oxford University Press.

Braun, L. (12. Mai 2019). Silicon Valley Billionaires Adopt Fasting as a Way of Life. *Toronto Sun.* Abgerufen von https://torontosun.

com/news/localnews/braun-silicon-valley-billionaires-adopt-fasting-as-a-way-of-life.

Brennan, T. (2000). Reservation in Stoic Ethics. *Archiv für Geschichte der Philosophie, 82*, 149–177.

Brennan, T. (2005). *The Stoic Life*. Oxford, UK: Oxford University Press.

C-Span (Produzent). (17. Oktober 2019). House Leadership Tributes to Representative Elijah Cummings. Abgerufen von https://www.c-span.org/video/?465290-5/house-leadership-tributes-representative-elijah-cummings.

Callard, A. (2018). *Aspiration*. New York, NY: Oxford University Press.

Carr, A., & McCracken, H. (4. April 2018). »Did We Create This Monster?« How Twitter Turned Toxic. *Fast Company*. Abgerufen von https://www.fastcompany.com/40547818/ did-we-create-this-monster-how-twitter-turned-toxic.

Caston, R. R. (2016). *Hope, Joy, and Affection in the Classical World*. New York, NY: Oxford University Press.

Chivers, C. J. (2018). *The Fighters: Americans in Combat in Afghanistan and Iraq*. New York, NY: Simon & Schuster.

Cicero. (1927). *Tusculan Disputations* (J. E. King, Übers. Bd. 8). Cambridge, MA, und London, UK: Harvard University Press.

Cicero. (1991). *On Duties* (E. M. Atkins, Übers.; M. T. Griffin, E. M. Atkins, Hrsg.). Cambridge, UK: Cambridge University Press.

Cicero. (2001). *On Moral Ends* (R. Woolf, Übers.; J. Annas, Hrsg.). Cambridge, UK: Cambridge University Press.

Cicero. (2002). *Cicero on the Emotions: Tusculan Disputations 3 and 4* (M. Graver, Hrsg.). Chicago, IL: University of Chicago Press.

Clapp, M., Aurora, N., Herrera, L., Bhatia, M., Wilen, E., & Wakefield, S. (2017). Gut Microbiota's Effect on Mental Health: The

Gut-Brain Axis. *Clinics and Practice, 7*(4), 987–987. doi:10.4081/cp.2017.987.

CNN Politics (Produzent). (17. Februar 2019). Rep. Cummings Makes Fiery Speech in Defense of Democracy. Abgerufen von https://www.cnn.com/videos/politics/2019/02/27/elijah-cummings-closing-michael-cohen-testimony-sot-vpx.cnn.

Coates, T.-N. (Juni 2014). The Case for Reparations. *The Atlantic.* Abgerufen von https://www.theatlantic.com/magazine/archive/2014/06/the-case-for-reparations/361631/.

Cooper, J. M. (1995). Eudaimonism and the Appeal to Nature in the Morality of Happiness: Comments on Julia Annas, The Morality of Happiness. *Philosophy & Phenomenological Research, 55*(3), 587–598.

Corasaniti, N. (13. Juni 2020). Cory Booker on Newark Pride, Black Lives Matter and »This Distraught Present.« *New York Times.* Abgerufen von https://www.nytimes.com/2020/06/13/us/politics/cory-booker-racism-black-lives-matter.html.

Cuccinello, H. C. (15. April 2020). Jack Dorsey, Bill Gates and at Least 75 Other Billionaires Donating to Pandemic Relief. *Forbes.* Abgerufen von https://www.forbes.com/sites/hayleycuccinello/2020/04/15/jack-dorsey-bill-gates-and-at-least-75-other-billionaires-donating-to-pandemic-relief/?sh=4792c9cb21bd.

Dam NTV, v. V. M., Vago, D. R., Schmalzl, L., Saron, C. D., Olendzki, A., Meissner, T., Lazar, S. W., Kerr, C. E., Gorchov, J., et al. (2017). Mind the Hype: A Critical Evaluation and Prescriptive Agenda for Research on Mindfulness and Meditation. *Perspectives on Psychological Science, 13* (1), 36–61.

Damschen, G. A. H. (Hrsg.). (2014). *Brill's Companion to Seneca: Philosopher and Dramatist.* Leiden, Niederlande, und Boston, MA: Brill.

Darwin, C. (1872). *The Expression of the Emotions in Man and Animals*. London, United Kingdom: John Murray.

Deigh, J. (1994). Cognitivism in the Theory of Emotions. *Ethics: An International Journal of Social, Political, and Legal Philosophy*, 104(4), 824–854.

Dowd, M. (21. Oktober 2017). With … Susan Fowler. She's 26, and Brought Down Uber's C.E.O. What's Next? *New York Times*. Abgerufen von https://www.nytimes.com/2017/10/21/style/susan-fowler-uber.html?smid=em-share.

Dozier, C. (2017). White Supremacists Use Parthenon for Logo. Abgerufen von https://pages.vassar.edu/pharos/2017/11/21/white-supremacists-use-parthenon-for-logo/.

Dozier, C. (2020a, 3. Juni 2020). *The Practical Stoic*. Abgerufen von https://practicalstoicpodcast.podbean.com/e/prof-nancy-sherman-the-life-teachings-of-seneca/.

Dozier, C. (2020b, 6. März 2020). *The Practical Stoic*. Abgerufen von https://www.simonjedrew.com/nancy-sherman-on-stoic-emotion-and-senecas-humanity/.

Dozier, C. (2020c). *The Practical Stoic*. Abgerufen von https://podcasts.apple.com/us/podcast/the-practical-stoic-with-simon-j-e-drew/id1278694631.

Editorial Board. (23. April 2020). A Breath of Fresh Air. *New York Times*. Abgerufen von https://www.nytimes.com/2020/04/23/opinion/coronavirus-fresh-air-fund.html?searchResultPosition=2.

Edwards, C. (2017). Seneca and the Quest for Glory in Nero's Golden Age. In S. Bartsch, K. Freudenburg, und C. Littlewood (Hrsg.), *The Cambridge Companion to the Age of Nero* (S. 164–176). Cambridge: Cambridge University Press.

Egan, E. (2. Januar 2020). Writing a Book Is a Solitary Endeavor: Publishing One Is a Group Effort. *New York Times*. Abgerufen von https://www.nytimes.com/2020/01/02/books/review/inside-the-list-the-making-of-a-bestseller.html.

Ekman, P. (1982). *Emotion in the Human Face* (2. Aufl.). Cambridge, UK; New York, NY; Paris, Frankreich: Cambridge University Press; Editions de la Maison des Sciences de l'Homme.

Ekman, P., & Friesen, W. (1980). Relative Importance of Face, Body, and Speech in Judgments of Personality and Affect. *Journal of Personality and Social Psychology, 38*(2), 270–277.

Ellis, A. (1962). *Reason and Emotion in Psychotherapy*. Oxford, UK: Lyle Stuart.

Emde, R., Gaensbauer, T. J., & Harmon, R. J. (1976). Emotional Expression in Infancy: A Biobehavioral Study. *Psychological Issues, 10*(1).

Epictetus. (1925). *The Discourses as Reported by Arrian, The Manual, and Fragments* (W. A. Oldfather, Übers.). Cambridge, MA, und London, UK: Harvard University Press.

Epictetus. (1983). *Handbook of Epictetus* (N. White, Übers.). Indianapolis, IN: Hackett.

Epictetus. (1995). *The Discourses* (R. Hard, Übers.; C. Gill, Ed.). London, UK: Everyman.

Epictetus. (2018). *How to Be Free: An Ancient Guide to Stoic Life. Encheiridion and Selections from Discourses* (A. A. Long, Übers.). Princeton, NJ: Princeton University Press.

Equestrian Statue of Marcus Aurelius. Abgerufen von https://art.thewalters.org/detail/20970/equestrian-statue-of-marcus-aurelius/.

Erasmus. (1501/1905). *The Manual of a Christian Knight* (A Book Called in Latin *Enchiridion Militis Christiani* and in English *Ma-*

nual of the Christian Knight Replenished with Most Wholesome Preçepts Made by the Famous Clerk Erasmus of Rotterdam to the which is Added a New and Marvellous Profitable Preface). London: Methuen.

Ferriss, T. (April 2017). *Why You Should Define Your Fears Instead of Your Goals* [Video]. TED Conferences. https://www.ted.com/talks/tim_ferriss_why_you_should_define_your_fears_instead_of_your_goals.

Finley, M. I. (2017). *Ancient Slavery and Modern Ideology* (Erweiterte Ausgabe, Brent Shaw, Hrsg.). New York, NY: Marcus Weiner Publications.

Fitch, J., Übers. (1987). *Seneca, Hercules Furens: A Critical Text with Introduction and Commentary*. Ithaca, NY: Cornell University Press.

Fleming, J., & Ledogar, R. J. (2008). Resilience, an Evolving Concept: A Review of Literature Relevant to Aboriginal Research. *Pimatisiwin*, 6(2), 7–23.

Flikschuh, K., & Ypi, L. (Hrsg.). (2014). *Kant and Colonialism: Historical and Critical Perspectives*. New York, NY, und Oxford, UK: Oxford University Press.

Ford Cites Hippocampus in Recollection of Alleged Assault. (2018). In: ABC News. Abgerufen von https://abcnews.go.com/Politics/video/ford-cites-hippocampus-recollection-alleged-assault-58123603.

Fowler, S. (2017). Reflecting on One Very, Very Strange Year at Uber. Abgerufen von https://www.susanjfowler.com/blog/2017/2/19/reflecting-on-one-very-strange-year-at-uber.

Frede, M. (1987). Stoics and Skeptics on Clear and Distinct Impressions. In *Essays in Ancient Philosophy* (S. 151–176). Minneapolis: University of Minnesota Press.

Fricker, M. (2007). *Epistemic Injustice: Power and the Ethics of Knowing*. New York, NY: Oxford University Press.

Frijda, N. H. (1986). *The Emotions*. Cambridge, UK: Cambridge University Press.

Frijda, N. H. (1987). Emotion, Cognitive Structure, and Action Tendency. *Cognition and Emotion, 1*(2), 115–143. doi:10.1080/02699938708408043.

Gafni, M., & Garofoli, J. (31. März 2020). Captain of Aircraft Carrier with Growing Coronavirus Outbreak Pleads for Help from Navy. *San Francisco Chronicle*. Abgerufen von https://www.sfchronicle.com/bayarea/article/Exclusive-Captain-of-aircraft-carrier-with-15167883.php#.

Garfield, L. (9. Oktober 2016). The Founder of Bulletproof Coffee Plans to Live to be 180 Years Old—Here's His Daily Routine. *Business Insider*. Abgerufen von https://www.businessinsider.com/dave-asprey-bulletproof-coffee-routine-2016-10#:~:text=The%20founder%20of%20Bulletproof%20Coffee,old%20%E2%80%94%20here's%20his%20daily%20routine&text=Dave%20Asprey%20wants%20to%20cheat,for%20a%20very%20long%20time.

Garland, C. (6. April 2020). In Speech to USS Roosevelt Crew, Modly Calls Fired Captain Either »Stupid« or Knowingly Negligent. *Stars and Stripes*. Abgerufen von https://www.stripes.com/news/in-speech-to-uss-roosevelt-crew-modly-calls-fired-captain-either-stupid-or-knowingly-negligent-1.625061.

Garnsey, Peter. (1996). *Ideas of Slavery from Aristotle to Augustine*. Cambridge, UK: Cambridge University Press.

Gellius, A. (1927). *The Attic Nights* (J. C. Rolfe, Übers.). Cambridge, MA, und London, UK: Loeb Classical Editions.

Gill, C. (1988). Personhood and Personality: The Four Personae Theory in Cicero, De Officiis I. *Oxford Studies in Ancient Philosophy*, 6, 169–199.

Gill, C. (2016). Positive Emotions: Are They Enough? In R. Caston & R. Kaster (Hrsg.), *Hope, Joy, and Affection in the Classical World.* New York: Oxford University Press.

Gill, C. (2019). *Stoic & Modern Ethics.* Unpublished

Glazer, T. (2014). Can Emotions Communicate? *Thought: A Journal of Philosophy, 3*(3), 234–242.

Glazer, T. (2016). Looking Angry and Sounding Sad: The Perceptual Analysis of Emotional Expression. *Synthese, 194*(9), 1–25.

Glazer, T. (2019). Epistemic Violence and Emotional Misperception. *Hypatia, 34*(1), 59–65.

Goffman, E. (1959). *The Presentation of Self in Everyday Life.* New York, NY: Anchor Random House.

Goldhill, O. (17. Dezember 2016). Silicon Valley Tech Workers Are Using an Ancient Philosophy Designed for Greek Slaves as a Life Hack. *Quartz*. Abgerufen von https://qz.com/866030/stoicism-silicon-valley-tech-workers-are-reading-ryan-holiday-to-use-anancient-philosophy-as-a-life-hack/.

Grahn-Wilder, Malin. (2018). *Gender and Sexuality in Stoic Philosophy*. Cham, Schweiz: Palgrave Macmillan.

Graver, M. (1999). Philo of Alexandria and the Origins of the Stoic »propatheiai«. *Phronesis: A Journal of Ancient Philosophy, 44*(4), 300–325.

Graver, M. (2007). *Stoicism and Emotion.* Chicago: University of Chicago Press.

Graver, M. (2017). Epictetus. *The Stanford Encyclopedia of Philosophy*. https://plato.stanford.edu/entries/epictetus/.

Greenspan, S. I. (1989). *The Development of the Ego: Implications for Personality Theory, Psychopathology, and the Psychotherapeutic Process.* Madison, CT: International Universities Press.

Griffin, B., Cornish, M., Maguen, S., & Worthington, E. L., Jr. (2021). Forgiveness as a Mechanism of Repair Following Military-Related Moral Injury. In J. Currier, K. Drescher, & J. Nieuwsma (Ed.), *Addressing Moral Injury in Clinical Practice* (S. 71–86). Washington, DC: APA Publishing.

Griffin, B., Worthington, E., Davis, D., Hook, J., & Maguen, S. (2018). Development of the Self-Forgiveness Dual-Process Scale. *Journal of Counseling Psychology, 65*(6), 715–726.

Griffin, M. (1976). *Seneca: A Philosopher in Politics.* Oxford: Oxford University Press.

Griffin, M. (1986a). Philosophy, Cato, and Roman Suicide: I. *Greece & Rome, 33*(1), 64–77.

Griffin, M. (1986b). Philosophy, Cato, and Roman Suicide: II. *Greece & Rome, 33*(2), 199–202.

Guenther, H. (1989). *Tibetan Buddhism in Western Perspective.* Berkeley, CA: Dharma Publishing.

Hartley, L., Mavrodaris, A., Flowers, N., Ernst, E., & Rees, K. (2014). Transcendental Meditation for the Primary Prevention of Cardiovascular Disease. *Cochrane Database of Systematic Reviews* (12), Cd010359. doi:10.1002/14651858.CD010359.pub2.

Healy, M. (26. Juni 2018). The Surprising Thing the »Marshmallow Test« Reveals about Kids in an Instant-Gratification World. *Los Angeles Times.* Abgerufen von https://www.latimes.com/science/sciencenow/la-sci-sn-marshmallow-test-kids-20180626-story.html.

Hendriks, L., de Kleine, R. A., Broekman, T. G., Hendriks, G.-J., & van Minnen, A. (2018). Intensive Prolonged Exposure Therapy for Chronic PTSD Patients Following Multiple Trauma and Multiple Treatment Attempts. *European Journal of Psychotraumatology, 9*(1), doi:10.1080/20008198.2018.1425574.

Hill, E., Tiefenthaler, A., Triebert, C., Jordan, D., Willis, H., & Stein, R. (31. Mai 2020). How George Floyd Was Killed in Police Custody. *New York Times.* Abgerufen von https://www.nytimes.com/2020/05/31/us/george-floyd-investigation.html.

Hochschild, A. R. (1983). *The Managed Heart: Commercialization of Human Feeling*. Berkeley: University of California Press.

Holiday, R. Stoicism in the Military: An Interview with Professor Nancy Sherman. Abgerufen von https://dailystoic.com/nancy-sherman/.

Homer. (1999). *The Iliad* (R. Fagles, Übers.). New York, NY: Penguin.

Hume, D. (1968). *A Treatise of Human Nature.* London, UK: Oxford University Press.

Inwood, B. (1985). *Ethics and Human Action in Early Stoicism.* Oxford, UK: Oxford University Press.

Inwood, B. (1986). Goal and Target in Stoicism. *Journal of Philosophy, 83*(10), 547–556.

Inwood, B. (1999). Stoic Ethics. In K. Alglra, J. Barnes, J. Mansfeld, & M. Schofield (Hrsg.), *The Cambridge History of Hellenistic Philosophy* (S. 675–705). New York, NY: Cambridge University Press.

Ismay, J. (5. April 2020). Navy Captain Removed from Carrier Tests Positive for Covid-19. *New York Times Magazine.* Abgerufen von https://www.nytimes.com/2020/04/05/magazine/navy-captain-crozier-positive-coronavirus.html.

Jewett, C., & Szabo, L. (15. April 2020). Coronavirus Is Killing Far More US Health Workers Than Official Data Suggests. *The Guardian.* Abgerufen von https://www.theguardian.com/usnews/2020/apr/15/coronavirus-us-health-care-worker-death-toll-higher-official-data-suggests.

Kahneman, D. (2011). *Thinking, Fast and Slow* (1. Aufl.). New York, NY: Farrar, Straus and Giroux.

Kant, I. (1964). *The Doctrine of Virtue, Part II of the Metaphysics of Morals* (M. J. Gregor, Übers.). Philadelphia: University of Pennsylvania Press.

Kant, I. (1974). *Anthropology from a Pragmatic Point of View* (M. J. Gregor, Übers.). The Hague, NL: Nijoff.

Kavanaugh Challenges Notion That He Was »Belligerent« While Drinking. (2018). In *PBS NewsHour*: PBS.

King, C. (2011). *Musonius Rufus*: William Irvine at CreateSpace.com. Abgerufen von https://www.youtube.com/watch?v=qsVtXJtl7lw&ref=hvper.com&utm_source=hvper.com&utm_medium=website.

King, N., Kwong, M., Westerman, A., & Doubek, J. (3. Juni 2020). How a Mother Protects Her Black Teenage Son from the World. *NPR*. Abgerufen von https://www.npr.org/2020/06/03/868173915/how-a-mother-protects-her-black-teenage-son-from-the-world.

Klein, J. (2015). Making Sense of Stoic Indifferents. *Oxford Studies in Ancient Philosophy, 49*, 227–281.

Klein, J. (2016). The Stoic Argument from *Oikeiosis*. *Oxford Studies in Ancient Philosophy, 50*, 143–199. doi:10.1093/acprof:oso/9780198778226.001.0001.

Klein, M. (1984). *Envy and Gratitude and Other Works: 1946–1963*. New York, NY: Free Press.

Konnikova, M. (9. Oktober 2014). The Struggles of a Psychologist Studying Self-Control. *The New Yorker*. Abgerufen von https://www.newyorker.com/science/maria-konnikova/struggles-psychologist-studying-self-control.

Konnikova, M. (11. Februar 2016). How People Learn to Become Resilient. *The New Yorker*. Abgerufen von https://www.newyorker.com/science/maria-konnikova/the-secret-formula-for-resilience.

Laertius, D. (1925). *Lives of Eminent Philosophers* (R. D. Hicks, Übers., Bd. 2). London, UK, und Cambridge, MA: Harvard University Press.

Laertius, D. (1970). *Lives of Eminent Philosophers* (Bd. 2). Cambridge, MA: Loeb Classical Library, Harvard University Press.

Lamas, D. J. (3. April 2020). Who Gets a Ventilator? *New York Times*, S. 27. Abgerufen von https://www.nytimes.com/2020/04/02/opinion/coronavirus-ventilator-shortage.html.

Lazarov, A., Suarez-Jimenez, B., Abend, R., Naim, R., Shvil, E., Helpman, L., ... Neria, Y. (2019). Bias-Contingent Attention Bias Modification and Attention Control Training in Treatment of PTSD: A Randomized Control Trial. *Psychological Medicine*, 49(14), 24322440. doi:10.1017/S0033291718003367.

LeDoux, J. (1996). *The Emotional Brain*. New York, NY: Simon & Schuster.

Le Doux, J. (2015). *Anxious: Using the Brain to Understand and Treat Fear and Anxiety*. New York, NY: Viking.

Lewis, J. (30. Juli 2020). Together, You Can Redeem the Soul of Our Nation. *New York Times*. Abgerufen von https://www.nytimes.com/2020/07/30/opinion/john-lewis-civil-rights-america.html.

Life hack. (2020). In *Wikipedia*. https://en.wikipedia.org/wiki/Life_hack.

Lipton, E., Sanger, D. E., Haberman, M., Shear, M. D., Mazzetti, M., & Barnes, J. E. (11. April 2020). He Could Have Seen What Was Coming: Behind Trump's Failure on the Virus. *New York Times*. Abgerufen von https://www.nytimes.com/2020/04/11/us/politics/coronavirus-trump-response.html.

Litz, B., Lebowitz, L., Gray, M. J., & Nash, W. (2016). *Adaptive Disclosure: A New Treatment for Military Trauma, Loss, and Moral Injury*. New York, NY, und London, UK: Guilford Press.

Litz, B., Stein, N., Delaney, E., Lebowitz, L., Nash, W. P., et al. (2009). Moral Injury and Moral Repair in War Veterans: A Preliminary Model and Intervention Strategy. *Clinical Psychology Review, 29*(8), 695–706.

Long, A. A. (1968). Aristotle's Legacy to Stoic Ethics. *Bulletin of the Institute of Classical Studies, 15*, 72–85.

Long, A. A. (1999). The Socratic Legacy. In K. Algra, J. Barns, J. Mansfeld, & M. Schofield (Hrsg.), *The Cambridge History of Hellenistic Philosophy* (S. 617–641). Cambridge: Cambridge University Press.

Long, A. A. (2002). *Epictetus: A Stoic and Socratic Guide to Life*. Oxford, UK: Oxford University Press.

Long, A. A., & Sedley, D. N. (1987a). *The Hellenistic Philosophers* (Bd. 2). Cambridge, UK: Cambridge University Press.

Long, A. A., & Sedley, D. N. (1987b). *The Hellenistic Philosophers* (Bd. 1: Translations of the Principal Sources with Philosophical Commentary). Cambridge, UK: Cambridge University Press.

Luna, T., St. John, P., Wigglesworth, A., Lin II, R.-G., & Shalby, C. (20. März 2020). L.A. County Confirms 61 New Coronavirus Cases, Says Median Age among All Patients Is 47. *Los Angeles Times*. Abgerufen von https://www.latimes.com/california/story/2020-03-19/gavin-newsom-california-1-billion-federal-aid-coronavirus.

Maguen, S., & Litz, B. (13. Januar 2012). Moral Injury at War. Abgerufen von https://icds.uoregon.edu/wp-content/uploads/2011/07/Maguen-LItz-2012-Moral-Injury-review.pdf.

Margolis, R. (27. April 2019). Why Are Silicon Valley Billionaires Starving Themselves? *The Week*. Abgerufen von https://theweek.

com/articles/835226/why-are-silicon-valley-billionaires-starving-themselves.

Martin, S. (9. Juli 2020). Carl Reiner, Perfect. *New York Times*. Abgerufen von https://www.nytimes.com/2020/07/09/movies/steve-martin-carl-reiner.html.

Maslin Nir, S. (14. Juni 2020). How 2 Lives Collided in Central Park, Rattling the Nation. *New York Times*. Abgerufen von https://www.nytimes.com/2020/06/14/nyregion/central-park-amy-cooper-christian-racism.html.

Mayer, R. G. (2008). Roman Historical Exempla in Seneca. In J. Fitch (Hrsg.), *Seneca: Oxford Readings in Classical Studies* (S. 299–315). New York, NY, und Oxford, UK: Oxford University Press.

Mill, J. S. (1979). *Utilitarianism*. Indianapolis, IN: Hackett.

Minuchin, S. (1974). *Families and Family Therapy*. Cambridge, MA: Harvard University Press.

Mischel, W., Ayduk, O., et al. (2011). »Willpower« over the Life Span: Decomposing Self-Regulation. *Social Cognitive and Affective Neuroscience*, 6(2), 252–256.

Mischel, W., & Ebessen, E. B. (1970). Attention in Delay of Gratification. *Journal of Personality and Social Psychology*, *16*(2), 329–337.

Montaigne. (1957/1595). *Essays* (D. Frame, Übers.). Stanford, CA: Stanford University Press.

Montgomery, H. C. (1936). Washington the Stoic. *The Classical Journal*, *31*(6), 371–373.

Murray, J., Theakston, A., & Wells, A. (2016). Can the Attention Training Technique Turn One Marshmallow into Two? Improving Children's Ability to Delay Gratification. *Behavior Research and Therapy*, *77*, 34–39.

Nauta, B. (2019). Hoe gaan we de kinderen eruit halen? Aart van Oosten—brandweerman. In B. Nauta, H. Te Brake, & I. Raajimakers (Hrsg.), *Dat ene Dilemma: Persoonlijke verhalen over morel keuzes op de werkvloer* (S. 31–39). Amsterdam: Amsterdam University Press mit ARQ National Psychotrauma Centrum.

New York Times. (30. September 2018). Chad Ludington's Statement on Kavanaugh's Drinking and Senate Testimony. *New York Times.* Abgerufen von https://www.nytimes.com/2018/09/30/us/politics/chad-ludington-statement-brett-kavanaugh.html.

Nussbaum, M. C. (1986). *The Fragility of Goodness: Luck and Ethics in Greek Tragedy and Philosophy.* Cambridge und New York: Cambridge University Press.

Nussbaum, M. C. (2001). *Upheavals of Thought: The Intelligence of Emotions.* Cambridge, UK: Cambridge University Press.

Nussbaum, M. C. (2002). The Incomplete Feminism of Musonius Rufus, Platonist, Stoic, and Roman. In M. C. Nussbaum & J. Sihvola (Hrsg.), *The Sleep of Reason* (S. 283–326). Chicago, IL, und London, UK: University of Chicago Press.

Nussbaum, M. C. (2011). *Creating Capabilities: The Human Development Approach.* Cambridge, MA: Harvard University Press.

Nussbaum, M. C. (2015). Transitional Anger. *Journal of the American Philosophical Association, 1*(01), 41–56. doi:10.1017/apa.2014.19.

Nussbaum, M. C. (2016). *Anger and Forgiveness: Resentment, Generosity, Justice.* New York: Oxford University Press.

Nussbaum, M. C., & Cohen, J. (Hrsg.). (1996/2002). *For Love of Country.* Boston: Beacon Press.

Oatley, K. (1992). *Best Laid Schemes: The Psychology of Emotions.* New York, NY: Cambridge University Press.

Ortony, A., G. L. Clore, & A. Collins. (1988). *The Cognitive Structure of Emotions.* New York, NY: Cambridge University Press.

Ozuah, P. O. (9. Juni 2020). I Fought Two Plagues and Only Beat One. *New York Times.* Abgerufen von https://www.nytimes.

com/2020/06/09/opinion/coronavirus-racism-montefiore-medicine.html.

Packard, V. (1957). *The Hidden Persuaders.* New York, NY: D. McKay.

Parker, C. (1896). Musonius the Etruscan. *Harvard Studies in Classical Philology, 7,* 123–137.

Philipps, D. (27. Dezember 2019). Anguish and Anger from the Navy SEALs Who Turned in Edward Gallagher. *New York Times.* Abgerufen von https://www.nytimes.com/2019/12/27/us/navy-seals-edward-gallagher-video.html.

Philo. (1953). *Questions and Answers on Genesis* (R. Marcus, Übers.). Cambridge, MA, und London, UK: Loeb Classical Library.

Plato. (1978). Apology (G. M. A. Grube, Übers.). In *The Trial and Death of Socrates.* Indianapolis, IN: Hackett.

Plato. (1989). *Symposium.* Indianapolis, IN: Hackett.

Plato. (1997a). *Complete Works.* Indianapolis, IN: Hackett.

Plato. (1997b). Phaedo (G. M. A. Grube, Übers.). In J. M. Cooper & D. S. Hutchinson (Hrsg.), *Complete Works.* Indianapolis, IN: Hackett.

Plutarch. (1976). *De Stoicorum repugnantiis.* In *Moralia* (H. Cherniss, Übers., Bd. 13, Teil 2). Cambridge, MA: Harvard University Press.

Plutarch. (2000). *Moralia: On the Control of Anger* (W. C. Hembold, Übers., Bd. 1). Cambridge, MA: Harvard University Press.

Purcell, N., Burkman, K., Keyser, J., Fucella, P., & Maguen, S. (2018). Healing from Moral Injury: A Qualitative Evaluation of the Impact of Killing Treatment for Combat Veterans. *Journal of Aggression, Maltreatment & Trauma, 27*(6), 645–673.

Quintilian. *Institutio oratoria.* Abgerufen von https://ryanfb.github.io/loebolus-data/L124N.pdf.

Raymond, E. (1991). *The Hacker's Dictionary.* Cambridge, MA: MIT Press.

Recode Staff. (12. September 2017). CEO Geoff Woo Answers Biohacking Questions on Too Embarrassed to Ask. *Vox.* Abgerufen von https://www.vox.com/2017/9/12/16296408/transcript-hvmn-ceogeoff-woo-answers-biohacking-questions-too-embarrassed-to-ask.

Reivich, K., & Shatte, A. (2002). *The Resilience Factor.* New York, NY: Broadway Books.

Richards, D., & Feloni, R. (18. November 2017). »The 4-Hour Workweek« Author Tim Ferriss Reveals What He's Learned after a Difficult Year of Introspection, and How He Built a Passionate Fanbase of Millions. *Business Insider.* Abgerufen von https://www.businessinsider.nl/tim-ferriss-explains-how-he-built-a-fan-base-of-millions-2017-11/.

Rinpoche, S. (1992). *The Tibetan Book of Living and Dying.* San Francisco, CA: Harper Collins.

Rist, J. (1983). Zeno and Stoic Consistency. In J. P. Anton, & A. Preus (Hrsg.), *Essays in Ancient Greek Philosophy* (Bd. 2, S. 465–476). Binghamton, NY: SUNY Press.

Roberts, R. (2009). Emotions and the Canons of Evaluation. In P. Goldie (Hrsg.), *The Oxford Handbook of Philosophy of Emotion.* Oxford, UK: Oxford University Press.

Robertson, D. (5. November 2017). Did Stoicism Condemn Slavery? Abgerufen von https://donaldrobertson.name/2017/11/05/did-stoicism-condemn-slavery/.

Robertson, D. J. The Stoicism of Thomas Jefferson. *Medium.* Abgerufen von https://medium.com/stoicism-philosophy-as-a-way-of-life/the-stoicism-of-thomas-jefferson-e9266ebcf558.

Robertson, D. J. (2019). *How to Think like a Roman Emperor: The Stoic Philosophy of Marcus Aurelius.* New York, NY: St. Martin's Press.

Rosenberg, J. (Januar/Februar 2020). Why Silicon Valley Fell in Love with an Ancient Philosophy of Austerity. *Mother Jones*. Abgerufen von https://www.motherjones.com/media/2020/01/silicon-valley-stoicism-holiday/.

Rufus, M. (1947). *Musonius Rufus, The Roman Socrates* (C. Lutz, Übers.). Abgerufen von https://philocyclevl.files.wordpress.com/2016/09/yale-classical-studies-10-cora-e-lutz-ed-musonius-rufus_-the-roman-socrates-yale-university-press-1947.pdf.

Rufus, Musonius. (2022). *Über die Kunst, trotz Mühsal gut zu leben*. München, FBV.

Sanger, D. E., Lipton, E., Sullivan, E., & Crowley, M. (19. März 2020). Before Virus Outbreak, a Cascade of Warnings Went Unheeded. *New York Times*, S. 1. Abgerufen von https://www.nytimes.com/2020/03/19/us/politics/trump-coronavirus-outbreak.html.

Schaefer, D. L. (2001). Montaigne and the Classical Tradition. *International Journal of the Classical Tradition*, *8*(2), 179–194.

Schein, M. (17. Januar 2019). Tim Ferriss Is Everything That's Wrong with the Modern World (and Why You Should Follow His Lead). *Forbes*. Abgerufen von https://www.forbes.com/sites/michaelschein/2019/01/17/tim-ferriss-is-everything-thats-wrongwith-the-modern-world-and-why-you-should-follow-his-lead/#19026ad93f3d.

Scherer, K. R. (2005). What Are Emotions? And How Can They Be Measured? *Social Science Information*, *44*, 695–729. doi:10.1177/0539018405058216.

Schleifer, T. (11. Juni 2020). Inside Jack Dorsey's Radical Experiment for Billionaires to Give Away Their Money. *Vox*. Abgerufen von https://www.vox.com/recode/2020/6/11/21287395/jack-dorsey-start-small-billionaire-philanthropy-coronavirus-twitter-square-kaepernick-rihanna.

Schneewind, J. B. (1990). *Moral Philosophy from Montaigne to Kant* (Bd. 1). New York, NY: Cambridge University Press.

Schofield, M. (1999a). Social and Political Thought. In K. Alglra, J. Barnes, J. Mansfeld, & M. Schofield (Hrsg.), *The Cambridge History of Hellenistic Philosophy* (S. 739–770). New York, NY: Cambridge University Press.

Schofield, M. (1999b). *The Stoic Idea of the City*. Chicago, IL: University of Chicago Press.

Seneca. (1932a). On the Shortness of Life. In J. W. Basore (Hrsg.), *Moral Essays*. Cambridge, MA, und London, UK: Loeb Classical Library, Harvard University Press.

Seneca. (1932b). On Tranquility of Mind (J. W. Basore, Übers.). In *Moral Essays* (Bd. 2). Cambridge, MA, und London, UK: Harvard University Press.

Seneca. (1935). On Leisure (J. W. Basore, Übers.). In *Moral Essays*. Cambridge, MA, und London, UK: Harvard University Press.

Seneca. (1985). *On Mercy* (J. W. Basore, Hrsg., Bd. 1). Cambridge, MA: Harvard University Press.

Seneca. (1995a). On Anger (J. M. Cooper & J. F. Procope, Übers.). In *Moral and Political Essays*. New York, NY: Cambridge University Press.

Seneca. (1995b). On Favours (J. M. Cooper & J. F. Procope, Übers.). In *Moral and Political Essays*. New York, NY: Cambridge University Press.

Seneca. (2010). Hercules Furens. In E. Wilson (Hrsg.), *Seneca: Six Tragedies*. Oxford, UK, und New York, NY: Oxford University Press.

Seneca. (2015). *Letters on Ethics to Lucilius* (M. Graver & A. A. Long, Übers.). Chicago, IL, und London, UK: University of Chicago Press.

Sherman, N. (1989). *The Fabric of Character: Aristotle's Theory of Virtue.* Oxford, UK: Oxford University Press.

Sherman, N. (1990). The Place of Emotions in Kantian Morality. In O. Flanagan & A. O. Rorty (Hrsg.), *Character, Psychology and Morality* (S. 158–170): Cambridge, MA: MIT Press.

Sherman, N. (1992). Hamartia and Virtue. In A. O. Rorty (Hrsg.), *Essays on Aristotle's Poetics* (S. 177–196). Princeton, NJ: Princeton University Press.

Sherman, N. (1995a). Ancient Conceptions of Happiness. *Philosophy and Phenomenological Research, 55*(4), 913–919. doi:10.2307/2108341.

Sherman, N. (1995b). *Kant on Sentimentalism and Stoic Apathy.* Paper presented at the Proceedings of the Eighth International Kant Congress.

Sherman, N. (1995c). Reason and Feeling in Kantian Morality, discussion review of Paul Guyer, Kant and the Experience of Freedom. *Philosophy and Phenomenological Research, 55*(2), 369–377.

Sherman, N. (1995d). The Moral Perspective and the Psychoanalytic Quest. *The Journal of the American Academy of Psychoanalysis, 23*(2), 223–241.

Sherman, N. (1997a). Kantian Virtue: Priggish or Passional? In A. Reaths, B. Herman, and C. Korsgaard (Hrsg.), *Reclaiming the History of Ethics: Essays for John Rawls* (S. 270–296). Cambridge, UK: Cambridge University Press.

Sherman, N. (1997b). *Making a Necessity of Virtue: Aristotle and Kant on Virtue.* New York, NY: Cambridge University Press.

Sherman, N. (1998). Concrete Kantian Respect. *Social Philosophy and Policy, 15* (1), 119–148.

Sherman, N. (2005a). Stoic Warriors: On Modern Soldiers and Ancient Wisdom. *TPM: The Philosopher's Magazine, 32,* 34–38.

Sherman, N. (2005b). *Stoic Warriors: The Ancient Philosophy behind the Military Mind.* New York, NY: Oxford University Press.

Sherman, N. (2010). *The Untold War: Inside the Hearts, Minds, and Souls of Our Soldiers.* New York, NY: W. W. Norton & Company.

Sherman, N. (2011). War and the Moral Logic of Survivor Guilt. *New York Times.* Abgerufen von https://opinionator.blogs.nytimes.com/2011/07/03/war-and-the-moral-logic-of-survivor-guilt/.

Sherman, N. (2015a). *Afterwar: Healing the Moral Injuries of Our Soldiers.* New York, NY: Oxford University Press.

Sherman, N. (2015b). Afterwar: Healing the Moral Wounds of Our Soldiers. Abgerufen von https://www.youtube.com/watch?reload=9&v=PhYmCFgwfmM&feature=youtu.be.

Sherman, N. (2018). Dancers and Soldiers Sharing the Dance Floor: Emotional Expression in Dance. In J. McMahon (Hrsg.), *Social Aesthetics and Moral Judgment: Pleasure, Reflection and Accountability* (S. 121–138). London, UK: Routledge.

Sherman, N. (2021). Trenches, Cadences, and Faces: Social Connection and Emotional Expression in the Great War and After. In A. L. LaCroix, J. S. Masur, M. C. Nussbaum & L. Weinrib (Hrsg.), *Cannons and Codes: War, Literature, and America's Wars* (S. 1). New York, NY: Oxford University Press.

Sherman, N., & White, H. (2007). Intellectual Virtue: Emotions, Luck, and the Ancients. In M. DePaul & L. Zagzebski (Hrsg.), *Intellectual Virtue: Perspectives from Ethics and Epistemology* (S. 34–54). Oxford and New York: Oxford University Press.

Smith, A. (2000). *The Theory of Moral Sentiments.* New York, NY: Prometheus.

Sorabji, R. (2000). *Emotion and Peace of Mind: From Stoic Agitation to Christian Temptation.* Oxford, UK, und New York, NY: Oxford University Press.

Stanley, E. A. (2019). *Widen the Window.* New York, NY: Avery, Penguin.

Stanton, G. R. (1968). The Cosmopolitan Ideas of Epictetus and Marcus Aurelius. *Phronesis: A Journal of Ancient Philosophy, 13*(2), 183–195.

Stern, D. (1985). *The Interpersonal World of the Infant.* New York, NY: Basic.

Stobaeus, A. D. (1999). *Epitome of Stoic Ethics (Eclogae)* (A. Pomeroy, Übers. und Hrsg.). Atlanta, GA: Society of Bibical Literature.

Stockdale, J. B. (1995). *Thoughts of a Philosophical Fighter Pilot.* Stanford, CA: Hoover Press.

Stockdale, J. B., & Stockdale, S. (1990). *In Love and War: The Story of a Family's Ordeal and Sacrifices during the Vietnam Years.* Annapolis, MD: Naval Institute Press.

Stoughton, S. (2015). Law Enforcement's »Warrior« Problem. *Harvard Law Review, 128,* 225–234.

Strawson, P. F. (1962). Freedom and Resentment. *Proceedings of the British Academy, 48,* 1–25.

Strawson, P. F. (1993). Freedom and Resentment. In J. Fischer & M. Ravizza (Hrsg.), *Perspectives on Moral Responsibility* (S. 45–66). Ithaca, NY: Cornell University Press.

Tessman, L. (2019). *Moral Injury and Moral Failure.* Paper presented at the West Point War, Herbst 2019.

Thomas, D. K. (2003). Who Wrote Seneca's Plays? *The Classical World, 96*(3), 271–280. doi:10.2307/4352761.

Thurman, R. (1984). *The Central Philosophy of Tibet: A Study and Translation of Jey Tsong Khapa's Essence of True Eloquence.* Princeton, NJ: Princeton University Press.

Timberg, C. (18. Oktober 2016). Racial Profiling, by a Computer? Police Facial-ID Tech Raises Civil Rights Concerns. *Washington*

Post. Abgerufen von https://www.washingtonpost.com/business/economy/face-recognition-tech/2016/10/17/986929ea-41f0-44a2-b2b9-90b495230dce_story.html.

Trent, M., Dooley, D. G., & Douge, J. (2019). The Impact of Racism on Child and Adolescent Health. *Pediatrics, 144*(2), e20191765. doi:10.1542/peds.2019-1765.

Twitter. (2020). Investor Relations FAQ [Press release]. Abgerufen von https://investor.twitterinc.com/contact/faq/default.aspx#:~:text=What%20is%20Twitter's%20mission%20statement%3F,a%20free%20and%20global%20conversation.

Vlastos, G. (1991). *Socrates, Ironist and Moral Philosopher.* Ithaca, NY: Cornell University Press.

Von Arnim, J. H. (1964). *Stoicorum Veterum Fragmenta (SVF).* Stuttgart: B. G. Teubner.

Wald, I., Degnan, K. A., Gorodetsky, E., Charney, D. S., Fox, N. A., Fruchter, E., ... Bar-Haim, Y. (2013). Attention to Threats and Combat-Related Posttraumatic Stress Symptoms: Prospective Associations and Moderation by the Serotonin Transporter Gene. *JAMA Psychiatry, 70*(4), 401–408. doi:10.1001/2013.jamapsychiatry.188.

Wald, I., Fruchter, E., Ginat, K., Stolin, E., Dagan, D., Bliese, P. D., ... Bar-Haim, Y. (2016). Selective Prevention of Combat-Related Post-Traumatic Stress Disorder Using Attention Bias Modification Training: A Randomized Controlled Trial. *Psychological Medicine, 46*(12), 2627–2636. doi:10.1017/s0033291716000945.

Walton, K. G., Schneider, R. H., & Nidich, S. (2004). Review of Controlled Research on the Transcendental Meditation Program and Cardiovascular Disease: Risk Factors, Morbidity, and Mortality. *Cardiology in Review, 12*(5), 262–266. doi:10.1097/01.crd.0000113021.96119.78.

Walzer, M. (1977). *Just and Unjust Wars: A Moral Argument with Historical Illustrations*. New York, NY: Basic Books.

Ward, K. (2020). *Standpoint Phenomenology*. (Ph.D.). Georgetown University.

Warzel, C. (10. Juni 2020). The Floyd Protests Show That Twitter Is Real Life. *New York Times*. Abgerufen von https://www.nytimes.com/2020/06/10/opinion/sunday/twitter-protest-politics.html.

Western, D. Tim Ferriss Net Worth. *Wealthy Gorilla*. Abgerufen von https://wealthygorilla.com/tim-ferriss-net-worth/.

Westover, T. (2018). *Educated: A Memoir*. New York, NY: Random House.

Wilson, E. (2007). *The Death of Socrates*. Cambridge, MA: Harvard University Press.

Wilson, E. (2019). *The Greatest Empire: A Life of Seneca*. New York, NY: Oxford University Press.

Winger, A. (Autor). (2020). Unorthodox. In: Netflix. Abgerufen von https://www.netflix.com/title/81019069.

Woelfel, J. (2011). »The Beautiful Necessity«: Emerson and the Stoic Tradition. *American Journal of Theology and Philosophy, 32*(2), 122–138.

Xenophon. (2013). *Symposium* (O. J. Todd, Übers., überarb. v. J. Henderson). Cambridge, MA, und London, UK: Harvard University Press.

Yablonka, M. (August 2006). Vice Admiral James Bond Stockdale: Vietnam War Hero and Indomitable Spirit at the Hanoi Hilton. *Vietnam*. Abgerufen von https://www.historynet.com/vice-admiral-james-bond-stockdale-vietnam-war-hero-and-indomitable-spirit-at-the-hanoi-hilton.htm.

Zhouli, L. (16. September 2018). Christine Blasey Ford's Letter Detailing Sexual Assault Allegations against Brett Kavanaugh.

Vox. Abgerufen von https://www.vox.com/2018/9/16/17867706/christine-blasey-ford-brett-kavanaugh-sexual-assault-allegations.

Zuckerberg, D. (2018). Social Media Has Elevated Misogyny to New Levels of Violence/Interviewer: N. Iqbal. Abgerufen von https://www.theguardian.com/books/2018/nov/11/donna-zuckerberg-social-media-misoyny-violence-classical-antiquity-not-all-dead-white-men.

Bildnachweise

Einleitung: Das grosse Revival des Stoizismus

Abb. 1: Seneca, Eduardo Rosales, 1836–1873: Permissions: Public domain.

Lektion 1: Wer waren die Stoiker?

Abb. 2: Zenon von Kition: Permissions: Photograph by Paolo Monti, 1969, Naples. Courtesy of Biblioteca europea di informazione e cultura.
Kleanthes: Titelseite aus *L. Annaei Senecae philosophi Opera*. Permissions: Public domain.
Chrysipp: Permissions: Courtesy of The British Museum.
Cicero: Musei Capitolini. Permissions: Photo by José Luiz licensed under https:// creativecommons.org/ licenses/ by- sa/ 3.0/ deed.en.
Philon von Alexandria: aus André Thevet, *Les vrais pourtraits et vies des hommes illustres grecz, latins et payens*. Permissions: Public domain.
Seneca: Teil der Doppelherme des Sokrates and Seneca in der Antikensammlung Berlin. Permissions: Photo by Calidius licensed under https:// creativecommons.org/ licenses/ by- sa/ 3.0/ deed.en.
Musonius Rufus: Permissions: Public domain.

Epiktet: Permissions: Public domain.
Mark Aurel: Portrait des Kaisers Mark Aurel, 2. Jahrhundert, Marmor, Archäologisches Museum von Istambul, Türkei. Permissions: Photo by Eric Gaba licensed under https:// creativecommons.org/ licenses/ by- sa/ 3.0/ deed.en.

Lektion 2: Gelassenheit finden

Abb. 3: Ärzte und Krankenschwestern behandeln einen Patienten. Permissions: Photo by J. C. Gellidon, courtesy of Unsplash.
Abb. 4: Aart van Oosten; Brandmeister Arnemuiden, Niederlande. Permissions: Courtesy of Aart van Oosten.

Lektion 3: Die eigenen Emotionen im Griff behalten

Abb. 5: Boxer von Quirinal, unbekannter Künstler, 100–50 v. Chr., Bronze, Palazzo Massimo alle Terme. Permissions: Photo by Carole Raddato licensed under https:// creativecommons.org/ licenses/ by- sa/ 3.0/ deed.en.

Lektion 4: Stoische Standhaftigkeit und Resilienz

Abb. 6: Panathenäische Preisamphore, unbekannter Euphiletos-Maler, um 530 v. Chr., Terrakotta. Metropolitan Museum of Art. Permissions: Public domain.

Abb. 7: Herkules und Zentaur Nessus, Giambologna, 1599, Marmor. Loggia della Signoria in Florenz. Permissions: Photo by Carlo Raso. Public domain.

Lektion 5: Heilung durch Selbstmitgefühl – stoische Krieger

Abb. 8: Stockdale beim Aussteigen aus seinem Flugzeug eine Woche vor seinem Abschuss. Permissions: Courtesy of Jim and Sybil Stockdale, aus *In Love and War.*

Abb. 9: Stockdale als Gefangener, 1966. Permissions: Courtesy of Jim and Sybil Stockdale, aus *In Love and War.*

Lektion 6: Lifehacks

Abb. 10: Mark Aurel, unbekannter Künstler, um 175, Bronze. Kapitolinische Museen, Rom, Italien. Permissions: Photo by Heinz Klier, courtesy of Pexels.

Lektion 7: Die Kunst des stoischen Lebens

Abb. 11: Seneca, Lucas Vorsterman nach Peter Paul Rubens, 1838. Permissions: Courtesy of Art Institute Chicago.

Abb. 12: Skulptur des Dhyani-Buddhas Vairocana aus dem Borobudur. Permissions: Photograph by H. Bongers, courtesy of Tropenmuseum, part of the National Museum of World Cultures. Licensed under https:// creativecommons.org/ licenses/ by- sa/ 3.0/ deed.en.

Lektion 8: Ein gesunder moderner Stoizismus

Abb. 13: Der sterbende Seneca, Peter Paul Rubens, 1612/1613. Permissions: Public domain.

Stichwort- und Namensverzeichnis

Stoizismus und die Kunst, glücklich zu sein

Donald Robertson

Die philosophische Tradition der Stoiker, vor mehr als 2000 Jahren von Zenon von Kition in Athen gegründet, schuf ein Gedankengut mit verblüffenden Einsichten in die menschliche Psyche – Einsichten, die bis zum heutigen Tag Bestand haben. In vielerlei Hinsicht ein Vorläufer der modernen kognitiven Verhaltenstherapie, bietet der Stoizismus ein Arsenal an Strategien und Techniken, um psychologische Widerstandsfähigkeit zu entwickeln und gleichzeitig das Leben zu genießen. Dieses Buch zeigt auf einfache und leicht zugängliche Weise, wie sich diese uralten Weisheiten nutzen lassen, um praktische, positive Veränderungen im eigenen Leben vorzunehmen.

m-vg.de/qr/bLvu5

400 Seiten | Hardcover | 20,00 € (D) | ISBN 978-3-95972-467-8

Das kleine Handbuch des Stoizismus

Jonas Salzgeber

Schon in der Antike war die Philosophie des Stoizismus eine der erfolgreichsten lebensphilosophischen Schulen. Von großen Denkern wie Seneca, Mark Aurel und Epiktet vertreten, ist sie bis heute unschlagbar in ihrer stringenten Art, Gelassenheit und Gleichmut gegenüber den Untiefen des Lebens zu vermitteln. Dieses Handbuch, gerade auch für Einsteiger in die Thematik geeignet, stellt die wesentlichen Lehrsätze der maßgeblichen Philosophen vor und gibt einen Einblick in den historischen Hintergrund. Der Schwerpunkt liegt auf der praktischen Nutzanwendung der Prinzipien des Stoizismus. Jonas Salzgeber zeigt, wie sie sich auf das eigene Leben übertragen lassen.

m-vg.de/qr/bLvqy

304 Seiten | Softcover | 16,99 € (D) | ISBN 978-3-95972-270-4

Von der Herausforderung, ein Stoiker zu sein

William B. Irvine

Der renommierte Philosoph William B. Irvine kombiniert auf einzigartige Weise antike stoische Erkenntnisse zur Verbesserung der Lebensqualität mit Techniken, die von der zeitgenössischen psychologischen Forschung entdeckt wurden, wie z. B. Ankern und Framing. Das Ergebnis ist eine überraschend einfache Strategie für den Umgang mit unangenehmen und unerwarteten Herausforderungen im Leben – von kleinen Ärgernissen wie einem Stau auf der Autobahn bis hin zu großen Schicksalsschlägen.

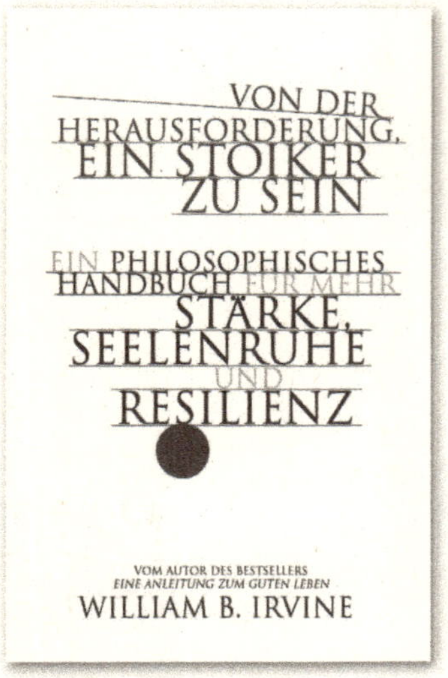

m-vg.de/qr/bLvvG

192 Seiten | Hardcover | 18,00 € (D) | ISBN 978-3-95972-558-3

Mark Aurel: Selbstbetrachtungen

Mark Aurel, Robin Waterfield

Mark Aurel (121–180 n. Chr.) war der sechzehnte römische Kaiser und einer der mächtigsten, aber auch klügsten Männer seiner Zeit. Seine »Selbstbetrachtungen«, die nie zur Veröffentlichung bestimmt waren, haben sich als unerschöpfliche Quelle der Weisheit und als eines der wichtigsten Werke der stoischen Philosophie erwiesen. Diese kommentierte Ausgabe von Robin Waterfield enthält eine völlig neue Übersetzung seines Klassikers mit ausführlichen Anmerkungen und einer aufschlussreichen Einleitung über Leben und Werk Mark Aurels.

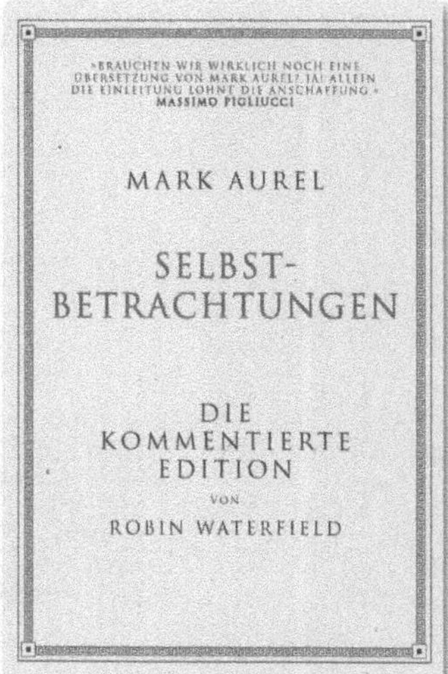

m-vg.de/qr/bLvvw

320 Seiten | Hardcover | 18,00 € (D) | ISBN 978-3-95972-548-4

Stoizismus – Das 5-Minuten-Journal

Matthew Van Natta

Wer möchte das nicht – fokussiert, zufrieden, zuversichtlich, ja sogar fröhlich bleiben, egal welche Herausforderungen das Leben einem in den Weg stellt? Mit einem grundlegenden Überblick über den Stoizismus, anregenden Zitaten von den maßgeblichen Philosophen und viel Platz zum Schreiben bietet dieses Tagebuch alles, was der angehende Stoiker für das Erlernen der stoischen Prinzipien braucht. Jede Übung ist so konzipiert, dass sie nur fünf Minuten pro Tag in Anspruch nimmt, sodass sich das Tagebuch jederzeit auch in kurzen Momenten zur Hand nehmen lässt.

m-vg.de/qr/bLvui

192 Seiten | Softcover | 15,00 € (D) | ISBN 978-3-95972-480-7